# 1989

# ベルリンの壁崩壊後のヨーロッパをめぐる闘争 上

1989: The Struggle to Create Post-Cold War Europe

メアリー・エリス・サロッティ
奥田博子 訳

慶應義塾大学出版会

1989（上）◇目次

下巻目次

# はじめに

はじめに、私は、数多くの先行研究者と本書執筆の際に参照した史料を提供してくれた研究機関に学術的に負うところが大きいことを認めるべきだろう。

一九八九年については、すでに数多くの研究者がその分析にかなりの時間を費やしていたため、拠り所となる先行研究の蓄積があったのは幸運だった。その多くは、事態が進展中であったにもかかわらず、一九八九年を「歴史の終わり」と評したフランシス・フクヤマに代表されるように、その年を「終焉」の瞬間と捉えていた。フクヤマをはじめとする多くの研究者が、東西冷戦の最終的な崩壊とその解体へと向かう軌跡を丹念に辿る素晴らしい研究を積み上げてきた。とりわけ価値がある研究としては、マイケル・ベシュロスとストローブ・タルボット、ジェームス・マン、そしてドン・オーバードーファーといったジャーナリスト、フレデリック・ボゾ、ステファン・ブルックスとウィリアム・ウォルフォース、アーチ・ブラウン、ロバート・イングリッシュ、ジョン・ルイス・ギャディス、ティモシー・ガートン・アッシュ、リチャード・ハーマンとリチャード・ネッド・ルボウ、ハンス゠ヘルマン・ヘルトレ、ロバート・ハッチングス、コンラート・ヤラウシュ、マーク・クレイマー、メルヴィン・レフラー、チャールズ・メイアー、ゲルハルト・リッター、アンドレアス・レダー、アンジェラ・ステント、ベルント・シュテーファー、そしてシュテフェン・ザボーといった研究者の著作を挙げることができる。[*1]

本書で明らかにするように、私は、一九八九年を終わりではなく始まりとして、つまり、今日にまで至る国際秩序が創られた年として捉えている。私たちは、東西冷戦から現在へと至る、この平和的な転換期を正確に理解する必要がある。なぜなら、あえて言うまでもないが、私たちは暴力よりも非暴力を心から望むからだ。ギャディスが言うように、歴史学の目的は「未来を予測することよりも、未来に対して備えること」にある。私たちは、歴史に学ぶことで「直接的かつ間接的な体験」の幅を拡げ、「技や根気、うまくいけば智恵を増やすことができる。そして、学びの原理自体は、歴史書を読むことも、スポーツクラブで運動することも、エアバス七四七型機のシミュレーターで飛行訓練をすることであってもあまり代わり映えしない」のだ。[*2]したがって、耐久性のある新たな民主主義を確立した一九八九年から一九九〇年にかけての転換期を理解しようと試みることで、私たちは歴史から多くの示唆を得られるだろう。そのためには、国際政治学者ジョン・アイケンベリーの言う「歴史のパラダイム転換」の典型的な事例として、この転換期を注意深く分析する必要がある。[*3]

私は、ベルリンの壁崩壊から新生ドイツ、新生ヨーロッパの誕生に係わったすべての主要な当事者の証言を調査することで、この「歴史のパラダイム転換」を探究することにした。それはつまり、米ソ二超大国の役割を検証することを意味する。しかし、アメリカ史のエレン・シュレッカーがアメリカ中心の東西冷戦研究を嘆いた著作で苦言を呈したように、これまでの研究においては、中東欧諸国が東西冷戦体制崩壊のプロセスに関与していた事実が充分に正当な評価を与えられてはいないのだ。[*4]同じことは、西欧諸国についても言える。したがって、本書では、アメリカとソ連だけではなく、東欧諸国と西欧諸国の主要な当事者を正当に評価することを試みた。また、モスクワから、ワルシャワ、ドレスデン、ベルリン、ライプツィヒ、ハンブルク、コブレンツ、ボン、パリ、ロンドン、ケンブリッジ、プリンストン、ワシントン、カレッジ・ステーション、そしてシミ・バレーに点在する公文書、私文書、そして音声・録画ビデオに加え、これらの場所や北京、ブダペスト、プラハといった場所で入手可能な記録文書など多岐にわたる史料を丹念に読み解く学際的な研究となるよう努めた。

この転換期の史料は、近年としては驚くほど多く残されている。なぜこれほど多くの史料が、一連の出来事が起こった直後から入手可能となったのか。これには、三つの理由が考えられる。一つには、冷戦体制の崩壊が上からの改革と下からの革命という内部の力によって突き動かされたため、それに係わる史料の多くが極秘扱いされなかったことに拠る。いくつか例を挙げれば、TV番組や声明文《マニフェスト》、毎週月曜日にライプツィヒの主要教会で行われていた平和礼拝での祈りのことば、抗議デモのなかで掲げられたプラカードなどの標識《サイン》、そして円卓会議や反体制派グループの議事録《スクリプト》などがある。このため、本書の調査は「崇高な政治理念」といった理想主義的な政治文化の枠を超えた現実の実態、そして、旧東ドイツの地域教会の牧師、反体制派活動家、抗議デモに参加した一般市民が残した日記や落書き、写真や映像といった思い出の品々や手紙、メモやメディア・アーカイヴ作品なども対象とした。[*5]

二つ目は、いまは亡き政治組織、かつてのワルシャワ条約機構加盟国やワルシャワ条約機構自体が通常であれば多くの史料について一定期間、情報公開を禁止するはずが、実際には、機能停止に陥っていたことが大きい。なかでも役に立ったのは、ゴルバチョフ財団のロシア関係史料、ソ連の元共産党書記長ミハイル・ゴルバチョフと国際問題担当補佐官アナトリー・チェルニャーエフが公開した東西ドイツに関する厖大な文書、また、ロシアの指導者ボリス・エリツィンが後に収集したソ連共産党とソ連に関する通称「ファンド89」(Fond 89) と言われる記録文書である。[*6] 旧東ドイツ政党や国家秘密警察《シュタージ》の記録文書もまた、ほかのワルシャワ条約機構加盟国の文書と同様、不可欠な史料となった。

旧ソ連陣営の史料はとても役立つものの、研究者には「勝者の裁き」、つまり、いまなお存在する国家の視点から、敗者として跡形もなく消えた政権の史料を用いて歴史を紐解く傾向があることに留意すべきである。この問題に対処するため、私はすでに消滅した政権の記録だけではなく、今日の世界で最も権威のある独立機関の記録文書を丹念に検証した。公開された文書を読み、アメリカの情報公開法（ＦＯＩＡ）に基づく開示請求やそれに準じた申し立てを行った結果、最終的に、四ヶ国が史料を開示してくれたことで徹底調査することができた。また、他の研究者がＦＯＩＡに基づいて申し立てた開示請求も活用した。

さまざまな公文書管理機関の尽力によって、情報公開禁止期間中の文書に目を通す許可を得られたことが、結果として、本書の刊行に結びついた。言い換えれば、西側諸国の指導者の視点から見れば、東西冷戦の終結は「勝利」であった。彼らは、この勝利に対するしかるべき対価を得ようとしたが、一方でそこから教訓を得ようと、一九八九年から九〇年にかけて流血の事態を引き起こすことのなかった「歴史のパラダイム転換」に関する情報を共有しようとしたのである。その結果、当事者であった多くの政治家、とりわけドイツの元首相ヘルムート・コールは何千頁もの文書を公開し、刊行も厭わなかった。このコール元首相府文書の刊行は、指導者としての偉業を文書化したものだったが、大接戦の末に敗北を喫した連邦議会選挙と同時期の事業であった。このような文書は非常に役に立つ史料である。また、ドイツ連邦公文書館も、機密扱いの公文書に早い段階でアクセスする許可を与えてくれたため、同時代の社会的文脈のなかで公文書を読む機会に恵まれた。[*7]

同じように、アメリカのテキサス州カレッジ・ステーションにあるジョージ・H・W・ブッシュ大統領図書館が一九八九年から九〇年にかけての数千頁にのぼる文書について、FOIAに基づく開示請求を認めてくれた。多くの部分が非公開ないし編集されていたものの、とりわけ当事者であったコンドリーザ・ライスやフィリップ・ゼリコウが書き記した詳細な文書と照らし合わせることで、当時のアメリカ政府中枢の外交政策立案について理解を深めることが可能となった。[*8] また、これらの文書を元国務長官ジェイムズ・ベイカーの厖大な私文書と照らし合わせながら読むこともできた。ブッシュ大統領とベイカー国務長官の文書は、各々、この転換期におけるアメリカのホワイトハウスと国家安全保障会議（NSC）による外交政策立案と、国務省による外交政策立案という二つの主潮に対する洞察を可能にしてくれた。[*9]

コール以外の西欧諸国の指導者はどこか口が重かったが、近年、イギリスのFOIによって、マーガレット・サッチャー首相政権下のイギリス首相官邸文書とダグラス・ハード外務・英連邦大臣下の外務・英連邦省の一次史料を本研究に活用することができた。この転換期をめぐる両者の意見は一致していなかったため、両者の見解を吟味するのに役立った。イギリスにおける四年に及ぶ嘆願と請求の結果、本書を刊行するにあたってその両者の見解を盛り込むことができた。[*10] フランスには、そのような公的な行政手続きが存在しないため、個人的に情報公開前の記録文書へのアクセスを嘆願して同じように認められた。そこには、フランソワ・ミッテラン大統領が刊行した主要文書の選集も含まれている。[*11] 加えて、いくつかの首脳レベルの史料は北京で入手することができた。[*12]

これらの史料すべてに加え、スミソニアン学術協会のもとに設置されたウィルソン・センターが支援する冷戦史国際プロジェクトとジョージ・ワシントン大学のキャンパス内にあるアメリカ国家安全保障文書館という特筆すべき二つのアメリカの組織が世界中のさまざまな場所から文書を収集・編集し、そして多くの場合、翻訳して研究者に提供してくれている。研究者はこれらの文書を入手することができ、歴史学の主要な学会では「概要報告書」という形で配布されることがよくある。私は、これら二つの組織を介して、チェコスロヴァキア、ハンガリー、ポーランド、そしてアジア諸国の興味深い史料を入手することができた。[*13] これらの史料を本書に引用するにあたっては、強調は原文表記のまま、それ以外の強調はその旨を註に明記した。

近現代史研究の難点は、貴重な一次史料が少ないことにある。しかし、上述したように、本書はそれに該当しない。一方で、近現代史研究の利点は、その時代を生きた当事者にインタヴューできることにある。ベイカー、ハンス＝ディートリヒ・ゲンシャー、ハード、チャールズ・パウエル、ブレント・スコウクロフト、ホルスト・テルチク、ゼリコウ、そしてロバート・ゼーリックといった多くの当事者がインタヴューに快く応じてくれた。私自身がインタヴューした人名リストは、下巻巻末の参考文献を参照してもらいたい。彼らの洞察力は、上述した一次史料を分析するうえで、大いに役に立った。彼らのなかには、本書の草稿を進んで読んで貴重な助言を与えてくれる人さえいた。[*14] さらに、回想録という厖大な文献史料と、ワルシャワ条約機構、北大西洋条約機構（NATO）、ヨーロッパ共同体（EC、後のヨーロッパ連合（EU））といった国際機関から刊行されたさまざまな文書にも助けられた。

これらの史料を用いながら、私は重大な出来事を選択し、できるだけ慎重かつ丁寧に実証しようと試みた。本書は、次のような三つのステップを踏んでいる。第一ステップとして、史料の場所を特定し、開示請求をし、検証し、そして当事者にインタヴューを行った。第二ステップでは、これらの史料から最も重要なTV番組、文書、インタヴューにおけるコメント、そしてTV画像など一〇〇〇のものを厳選してデジタル・データベースに圧縮した。そして最後のステップにおいて、本書の物語仕立ての章立ての基となる、一連の出来事の年代順の詳細な配列を分析的に組み立てた。[*15]

本書は、アレキサンダー・ジョージの提唱した二つの重要な出来事のあいだの構造的な類似性を浮き彫りにする方法論を枠組みとして援用する。[*16] シーダ・スコチポルによれば、比較歴史分析は「実際のところ、非常に多くの変数はあるが、充分な事例がない場合にやむなく用いる、多変量解析の方法である」。[*17] この方法のヴァリエーションは、ここ数十年のあいだに刊行された国際関係に関する優れた研究書を特徴づけている。特に重要な著作として、一九八二年刊行のギャディス『封じ込め戦略』（未邦訳：*Strategies of Containment*）、一九八七年刊行のポール・ケネディ『大国の興亡』（*The Rise and Fall of the Great Powers*）、そして二〇〇五年刊行のオッド・アルネ・ウェスタッド『グローバル冷戦史』（*The Global Cold War*）の三冊を挙げることができる。[*18] これらの研究は（それぞれ、封じ込め戦略、帝国主義的な拡大戦略、介入戦略といった）問題に焦点を合わせ、主要な当事者が直面した課題をどのように克服しようとしたかを比較分析し、成功している。ギャディスは封じ込め戦略を、ケネディは帝国主義的な拡大戦略を、そしてウェスタッドは介入戦略を比較分析したのだ。

本書では、歴史の永遠の課題である、崩壊した秩序を再生する戦略を比較分析する。一九八九年にこの課題に直面した指導者の世代はカオスを目の当たりにし、できるかぎり速やかに秩序を回復する見取り図を考案し、それを実行に移そうと努めた。そこで本書は誰が主導し、なぜ成功したのかを探究する。本書が対象とする時間的な枠組みは、上述したギャディスやケネディの著作のような数十年、数世紀という長いスパンではなく、数ヶ月という短いスパンである。しかしながら私は、本書で採った方法は妥当だったと考えている。本書の方法が成功したかどうかの判断は、読者諸氏に委ねたい。

# 序章　東西冷戦後のヨーロッパを創造する

## ――一九八九年と秩序の構築

ある世代全体が崩壊のなかに浮かび上がる。

――東ドイツ出身のヤナ・ヘンゼル、一九八九年当時一三歳

数多くある都市のなかでもこの都市、ベルリンは、自由を夢見ることを知っている。

――バラク・オバマ、二〇〇八年ベルリンにて[*1]

一九八九年一一月九日、ベルリンの壁は崩れ、世界は変わった。その象徴的な瞬間の記憶は、驚くことではないが、時間《とき》を経てなお薄れることはない。その印象の強さは、後に「変化」の象徴となるバラク・オバマ自身が、アメリカ大統領になるという歴史上最も達成しがたいアメリカン・ドリームを実現するにあたって、その記憶を利用しようと決断したことからも明らかである。まだ大統領候補であった二〇〇八年、選挙キャンペーン中の夏に、オバマは、壁の崩壊から二〇年近く経てなお際立つシンボルであったベルリンの壁を訪れ、その象徴的な瞬間の記憶をみずからに結びつけようとした。

オバマは、ジョン・F・ケネディとロナルド・レーガンが東西冷戦下の分断されたベルリンを訪れたことで、物事は簡単には変わらないというイメージが生まれたことをよく理解していた。そこで、今度は、自らが統一されたベルリンを訪れることで何かが生まれ変わることを期待したのだ。とりわけ、オバマは東西ベルリンの分断を象徴する場であったブランデンブルク門を民主党大統領候補として海外で行う最初の演説の背景に使おうとした。しかしながら、ベルリンの壁をめぐる記憶の政治は、いまなおとても重要であるため、ドイツの中道右派の指導者で旧東ドイツ出身のアンゲラ・メルケルは、オバマが記憶の場を政治利用することを許さなかった。メルケルは、ブランデンブルク門がさまざまな感情を呼び起こし、ドイツ政府がアメリカ大統領選挙に影響を及ぼそうとしていると思われかねない、とも告げた。対立候補だったジョン・マケインの支持者は、メルケルの決断を歓迎し、オバマのベルリン訪問は、候補者が当選する前に大統領を演じるようなおかしな振舞いであると揶揄した。そこで、オバマは、

図1　2008年7月24日、ベルリンで演説するバラク・オバマ。

ブランデンブルク門に近い、ティーアガルテンの中央に立つ戦勝記念塔で演説を行うことにした。それでも、二〇万人近い聴衆が集まった。「数多くある都市のなかでもこの都市、ベルリンは、自由を夢見ることを知っている」と、オバマは歓声を上げる大衆に語りかけた。「あなた方ドイツ人民は、壁を、東と西に分断していた壁を崩壊させた。その時、世界中で、自由と独裁、恐怖と希望とを分断していた壁も崩壊した。ウクライナのキエフから南アフリカのケープタウンに至る監獄は閉ざされ、民主主義の扉が開かれた」[*2]。この演説と大統領選挙キャンペーンは見事に成功を収めた。二〇〇八年の暮れ、オバマがアフリカ系アメリカ人として初のアメリカ大統領に当選した夜、彼の心はベルリンに舞い戻った。彼は、シカゴで行った勝利宣言の演説のなかで、一連の偉大な変化を列挙した。すべての人びとに選挙権が保障されるようになったことや、人類が月面着陸した最初の一歩を想い起こした後、最後に「壁はベルリンにおいて崩壊した」と付け加えた[*3]。

オバマは、流血の事態を回避した平和的な変化の事例として、壁の崩壊を称賛できたが、一九八九年当時は、壁の崩壊が現在のように称賛される事例になるかどうかは誰にもわからなかった。壁の開放は歓喜だけでなく、恐ろしい疑問も生み出した。ドイツ人は、かつての激しい憎悪を甦らせるようなナショナリズムの高まりのなかで、急進的に統一を求めるのではないか。東ドイツに駐留するソ連軍はそのまま駐留し続けるのではないか。ゴルバチョフは、何の見返りを得ることもなく壁が崩壊するのを傍観したことで、大統領の座に留まることができるのか、それとも強硬派が彼を排除するのか。中欧のほかの共産主義諸国はドミノ倒しのように暴力行為によって終焉を迎え、流血の事態という痕跡を残すことになるのか。中央集権的な計画経済は即座に自壊して、何百万人ものヨーロッパ人が困窮することになるのか。[*4] 西欧の社会福祉体制と市場経済はこのような新たな民衆を受け容れることができるのか、それとも忙殺されるのか。社会が様変わりする衝撃について描いた、後のベストセラー『アフター・ザ・ウォール』の著者ヤナ・ヘンゼル（壁の崩壊当時一三歳）のような何百万人もの東欧の若者たちは、このような激動の時代に個人的かつ心理的な課題を克服することができるのか。[*5] 国際機関は今後の課題をうまく切り抜けることができるのか、それとも未来に禍根を残すような意見の不一致に陥るのか。

たしかに、歴史が転換点に至ったことに疑いの余地はなかった。しかし、先行きを見通すのは容易ではなかった。いまにして思えば、私たちはこの「歴史のパラダイム転換」が流血の事態を引き起こさなかったことを知っているが、なぜ先行きが不透明だったのか、計画どおりだったのか、それともまぐれだったのか、あるいはその両方だったのか。言い換えれば、一九八九年とその後に起きたことを、私たちはどのように理解すべきなのか。

一連の事態を分析する者たちは、一九八九年という年を、ある種の区切りであり、終点と捉えている。

しかし、私は、一九八九年を、終点ではなく、起点の時間《とき》と捉える。[*6] 東西冷戦の秩序は長いあいだ批判を浴び、一九八九年の崩壊はある程度まで必然であった。しかし、その後に続いて起きたことにはまったく必然性はなかった。本書は東西冷戦の終結ではなく、東西冷戦後のヨーロッパの創造をめぐる闘争を描く。それは、次のような謎を解く試みでもある。現場の抗議デモの参加者たちは、なぜ、一九八九年に一連の劇的な出来事をクライマックスへと導くことができたのか。なぜ、壁は一一月九日に開いたのか。その後の新生ヨーロッパをめぐる闘争は、なぜ、数多くの選択肢があるなかで現在のシステムに到ったのか。「新たな」世界秩序は、なぜ、あきらかに重大な変化があったにもかかわらず、旧い世界秩序によく似たものとなったのか。

　これらの問いを解き明かすため、私は、当事者や理念、イメージ、重大な影響を及ぼした要因や当時の権力闘争を検証した。東ドイツから追放された後にふたたび密入国した反体制派の人物から、自分たちが何をしているのか、自覚もないままにベルリンの壁を開いたTV報道記者、夫ゴルバチョフの身を案じて西側の外交官に誓約を迫った妻ライサ、ソ連のスパイとしてドレスデンで一九八九年を直接体験したウラジーミル・プーチンに至るまで、さまざまな転換点の、多くの驚くべき人間的なストーリーがそこには浮かび上がってきた。

　これらのストーリーは後ほど述べることになるが、うちいくつかは序章で強調しておくに値する。本書は、壁の開放が計画されたものであったとか、アメリカがその後の一連の出来事に継続的な影響を及ぼした、あるいはドイツの再統一は大西洋をはさんだ同盟関係にあまり影響を与えることなく終わった、というありふれた、しかし誤った思い込みに異議を唱える。私はまた、以下の点についても明らかにする。もし東西冷戦後のヨーロッパを創造するにあたって唯一の、最も影響力のある指導者がいたとすれ

図2　KGBの配属先、東ドイツ・ドレスデンへ向かう直前の1985年に、両親とともに写真に写る未来のロシア指導者ウラジーミル・プーチン。

ば、その人物はブッシュでもゴルバチョフでも、ましてやレーガンでもなく、なぜコールでなければならなかったのか。また、ミッテランが、ドイツ統一に反対するのではなく、懸念を抱きながらも、むしろいかに重要な牽引役であったのか。そして、今日に至る地政学を形づくるうえで、ロシアに激しい憤りを抱かせることになるもののドイツは統一され、EC（ヨーロッパ共同体）やNATO（北大西洋条約機構）が拡大するなかで、その周辺諸国がいかに取り残されていったのか。簡潔に言うと、私は「二〇年経ったいまでも、ドイツ統一の法的手続きがなぜこれほどまでうまくいったのかわからない」と言うアメリカの政策立案者の考えに疑問を抱いている。純粋にアメリカの視点から見れば、この見解はもっともだが、普遍的に共有されているわけではない。国際的な見解は、後に明らかにするように、一九八九年から九〇年にかけて起きた事態についてむしろ批判的に解釈している。一つだけ具体的な例を挙げると、イギリスの元外相ハードは、実際、もっとよい選択肢がいくつかありえたと考えている。

一九八九年から九〇年にかけて、「アメリカはあらゆる面で頂点にあったため、オバマでさえ抱くことのないような、世界を変える」理論的な可能性を秘めていた。さらに、「もしジョージ・ブッシュとジム・ベイカーに並外れた才能があったなら、一九九〇年に腰を据えてじっくり考え、自分たちが勝負《ゲーム》の主導権を手中に握っていると言えた」。そして、「われわれは、いま、国連も含むすべての秩序を更新して、世界を変える機会を手にしている」と結論づけただろう。「おそらく、もしジョージ・ブッシュとジム・ベイカーがチャーチルとローズヴェルトであったなら、そう結論づけていたかもしれない」。しかし、ハードは「二人ともそのような傑出した人物ではなかった」と断じている。「ジョージ・ブッシュが将来への展望を描くようなことはしなかった、と言ったのは有名である」。つまり、「どちらも先見の明がある人物ではなかった。そして、私たち自身も」[*7]。そう語るハードは、ブッシュとベイカーが、良識的で、実際彼の希望どおりだったのだが、リスクを冒さなかったことで、世界を変える絶好の機会を逃した可能性について回想した。

したがって、本書では、東西冷戦後のヨーロッパを創造する核心にあった、ドイツ統一をめぐる国際政治の論争に主眼を置く。過去数十年にわたる旧い秩序の終焉は多くの国民によるところが大きいが、その終焉は、未来を決定づけるドイツ統一の条件をめぐる抗争でもあった[*8]。本書の焦点となる一九八九年一一月から一九九〇年末までの一年余は、その後の数十年にわたる国際関係を形づくる政治的秩序を決定したのである。

この「歴史のパラダイム転換」は急転直下であったが、急転したからといって、その重要性が否定されるわけではない[*9]。重要な変化は、ゆっくり生じるとはかぎらないのだ。天文学者は全宇宙が一瞬のビッグバンから生まれ、その結果がいまなお今日の生命を決定づけていると信じている。長期的かつ直接的な要因のあいだの相互作用はあきらかにあるが、ここでは、壁の崩壊に直接的に係わる出来事と、新たな秩序の現れ方を重視する。

そこで本書では、次のように議論を展開する。一九八九年一一月に旧い秩序が崩壊しておよそ一年のあいだ、国家指導者などの当事者グループは、自分たちにとって最も有利な方法で秩序を再生しようと積極的に競い合った。長期的な目標は、もちろん、東西冷戦後の世界のなかで、覇権を握ることにあった。最終的に、ボンとワシントンが協同でこの闘争に勝利することになるが、その勝利は必然の結果ではなかった。両国の勝利の遺産《レガシー》は、いまだに今日の国際関係に大きな影響を与えている。

西ドイツとアメリカがどのように勝利を収めたかを説明するうえで、私は、一連の出来事の主要な当事者の例に倣って、実際に何が起きたのかを比喩的に理解すべきではないかと考えた。一九八九年から九〇年にかけて、中心的なアクターたちは、さまざまな言葉で、自分たちの願望を建築に譬えて繰り返し説明した。彼らは将来に向けた青写真を競い合って提示したが、新たにヨーロッパの屋根ないし「ヨーロッパの共通の家」を建設するとか、大西洋をはさんで新たな建造物を創造する、といった言葉遣いで比喩的に表現したのである。このような比喩的な理解は、歴史的な根拠という基礎知識に加えて、壁の崩壊後に実際に多くの建物が建てられたベルリンを中心とする研究にふさわしいものだった。その結果、私は、本書を構成するにあたって、建築の比喩を用いることにした。そうすることによって、多くの次元、多くの場所で同時並行的に進むストーリーが理解しやすくなることを願っている。[*10] 本書はこのように、さまざまな未来の秩序をめぐるヴィジョンを互いに競い合った、一九八九年から九〇年にかけての競争を建築コンペとして思い描く。

「建設した」「製作した」といった建物が目に浮かぶような表現を用いることで、私は、客観的な事実が存在するかどうかを疑問視する方法を採るが、そのような表現が本書で実際に用いられるという意味ではない。建築の譬えがもつ意味について考えたいのだ。政治とよく似た目的を有する建築分野の用語を援用することで、政治家や建築家は、私たちに未来を創造する許可を求めているのだということを示したいのである。また、建築コンペというアイディアは、競争という進行中のエピソードを意識するうえで役立つ。そのようなコンペの選抜を勝ち抜くことは、決して優勝者が実際に何かを建設できるということではない。製作モデルでクライアントをうならせることと、実際に建設することはまったく異なるのである。建築家は、政治家と同じように、旧い残骸を取り除き、場所を準備し、必要な建設許可を得るために支持者の要求を満たし続けなければならない。何も書かれていない石盤と同じような未開発の土地に何かを建設できるという贅沢が許されることはほとんどない。しかし、一方で、その一連の手続きが確かな道となるのは建築家にとって慰めともなる。ひとたび新たな青写真にしたがって建物の基礎が築かれると、それを取り除くことは困難になるのだ。ドイツの思想家たちのお気に入りの概念である、事実に基づく規範的な力が浸透し始めるのである。つまり、正当な根拠のある事実を変えることは困難なのである。[*11] 建築家や政治家が下した決定の遺産《レガシー》は、ひとたびコンクリートが注ぎ込まれて形になると、数十年、数百年、場合によっては数千年後まで残る。だからこそ、基礎が築かれる最初の時間《とき》が、最も肝心なのである。[*12]

一九八九年から九〇年に至る競争は具体的な未来の建設現場、つまり分断されたヨーロッパの中心をめぐるものであった。東西冷戦の地域紛争は、数十年にわたって地球上のあらゆる場所で起きたにもかかわらず、その起源はヨーロッパにあった。本書は、そのクライマックスもヨーロッパであったことを明らかにする。[*13] ヨーロッパは地政学的な権力闘争だけでなく、近代化《モダニティ》をめぐる闘争の最終局面の場でもあった。東西冷戦はたんなる軍事的な膠着状態であっただけでなく、まったく異なる二つのヴィジョン〈西欧の近代化《モダニティ》 vs. ソ連の近代化《モダニティ》〉の対立でもあったのだ。[*14] 一連の出来事の当事者は、近代とは何かを定義する闘争のなかで、西欧モデルが勝てば、物質的のみならず、イデオロギー的にも勝利を意味すると信じた。実際、数年後に、レーガン大統領図書館とブッシュ大統領図書館はかつてベルリンの壁であった欠片をその敷地内に戦勝記念物として飾ることを決め、どちらも成功を収めたのは自分だと主張しようとした。一九八九年から九〇年は、冷戦構造の長期にわたる闘争の最も重要な最終局面であった。

この最終局面において、中心的なアクターたちは、どのような具体的なモデルを提案したのか。なぜ一九八九年一一月が、未来を描くモデルが打ち出される瞬間になったのかを第1章で概観し、つづく第2章から第4章にかけては、次に述べるような時間軸に現れた四つの主要なモデルの検討に重点を置く。

まず、一九八九年の終わりに登場するソ連の提案した復元型モデルである。ソ連は、新生ドイツが冷戦構造の変化に寄与する余地が生み出される前に、一九四五年当初と同じく米ソ英仏戦勝四ヶ国による旧共同占領統治メカニズムを復元し、第二次世界大戦の戦勝国として影響力を行使しようとした。モスクワは変化による影響を最小限に抑え、占領当初に享受していた法的な地位を取り戻そうとしたのである。このモデルは、分断されたドイツでその後に起きた一連の出来事に影響を与えた旧連合国管理委員会を再生させることを求めた。それはまた、東西ドイツ各々が社会的・政治的秩序を堅持し、資本主義（＝アメリカ）であろうと社会主義（＝ソ連）であろうと、各々の国益を追求しながらも、主導権を握る国が影響を及ぼす政治という現実主義《リアリズム》のヴィジョンの典型であった。

次に、ほぼ同時に登場したのが、コールが提案した再生型モデルである。このモデルは、ドイツ国家連合〔ドイツ史においては、ドイツ同盟、ドイツ連邦などの呼称もある〕論の復活、あるいは適応再生の典型であった。このようなドイツ国家連合は、実際には、（ナチス・ドイツによる領土拡大はあったけれども）一九世紀以来存在しなかったが、レトリックとしては、「一つのドイツ民族、二つの国家」という決まり文句に象徴されるように、一九七〇年代前半の緊張緩和《デタント》に至るまで存続し、いままさに、二一世紀の二つのドイツのために再生されようとしていた。この近代の「二国家論」は、国家主権の境界を曖昧なものにしたため、東西ドイツは、それぞれの政治的・社会的秩序を維持しながらもゆるやかな国家連合という国家の屋根を共有することもできただろう。この考えをより大規模に推進したのがミッテランのヨーロッパ連邦国家構想である。だが、コールと同様に、米ソどちらでもない第三の勢力を作ろうとしたミッテランの構想も充分に検討されることはなかった。もともとは真剣な選択肢であったものの、ゴルバチョフが最初に提案した復元型モデルのように、誰もが想像しないような速さで進展した一連の出来事に追いつけなかったのである。[*15]

その後、一九九〇年初頭に、ゴルバチョフは自身が提案した最初の復元型モデルに挑戦するマルチナショナリズムという壮大なヴィジョンを提示した。復元という理念を完全に捨てる代わりに、大西洋からウラル山脈までを覆う広大な建造物を新たに建設することを提案したのである。このゴルバチョフの願望が実現されれば、「ヨーロッパの共通の家」が創造されるはずであった。[*16] 国家は、このモデルのもと、それぞれの政治的秩序を維持しながらも、国際的な経済・軍事機構を介して協力することになっていた。このモデルは、建築用語では「大胆な」ものと言われたが、一般的な用法よりもかなり両義的な意味を孕んでいた。実際、「大胆な」という語は建築家のあいだでは不評を招く用語であった。二〇世紀の大胆なモダニズムは多くのユートピア構想を生み出し、時には露骨に政権の公共事業として試行されたが、見掛け倒しの、見当違いなものであることがわかった。ゴルバチョフのヴィジョンは、このパターンに当てはまった。彼が意図したとおりに広く浸透したものの、不運なことに歩み寄りが見られなかった。皮肉なことに、ソ連の支配を揺るがした旧東ドイツ反体制派の社会的・政治的な運動は、マルチナショナリズムによく似たモデルを提案していた。それよりも限定的ではあったが、新しい憲法も望んでいた。その目的は、東ドイツに私有財産と経済危機の時の国家介入をどちらも可能にする、「所有の社会的多元主義」とでもいうべき興味深く先見の明がある改良された社会主義を構築することにあった。[*17]

最後の四つ目のモデルは、西側同盟諸国、特にコールが一九九〇年に対応に用いて勝利を収めたプレハブ型モデルである。このモデルは、言い換えれば、アメリカと西ドイツが西側の国内秩序と国際経済・軍事協力のために設計されたプレハブ型の制度を東側に拡大することを納得のいくように主張したにすぎなかった。この制度的な転換モデルは、一九四九年に西ドイツで東西ドイツ統一までの仮称として憲法ではなく基本法として制定された西ドイツ基本法、一九四八年六月二〇日から西ドイツの法定通貨であった西ドイツ・マルク（DM）、北大西洋条約第五条の相互防衛保障など、速やかに実現してうまくいったとしてよく知られる前例を踏襲することで対処できるという強みがあった。実際、ECとNATOはともに構造的に拡大することができた（うえ、すでに当初の範囲を超えて拡大していた）ことから、前例として役立った。このプレハブ型モデルは、東欧の国内制度と国際制度をあらかじめ西側基準に設定するために相違点を手際よく調和させようと提案されたモデルでもあった。コールはまた、このモデルによって、警戒心を抱く西欧諸国に速やかな東西ドイツ統一への彼の意欲を正当化した。コールは、EC内の微妙な勢力バランスを脅かす可能性のある法的手続きに、近隣諸国をいかに協調させるかという課題に直面するなかで、ヨーロッパ統合を支持する西側の指導者の一人として、ドイツ統一はヨーロッパ統合の延長線上にある、と同世代のほかのヨーロッパ統合を支持する指導者を説得することができた。[*18]このモデルであれば、西ドイツと東ドイツが既存のドイツという構造のなかで統一されていくように、西と東も既存のＥＣという制度のもとで協調していくことが可能になると説得したのである。

しかし、このプレハブ型モデルには、もともと大きな欠陥があった。その欠陥とは、仮設だから耐久性が低いのではなく、むしろ西側の制度が耐久性に優れ、うまくいっていることが証明された点にある。そもそも、東西冷戦下の分断された世界のために仮設された構造を、そのまま冷戦終結後の統一された世界に存続させたことに問題があった。そのようなプレハブ構造が、新たな世界に実際に適しているのかという問題である。たとえ国境がなくなったとしても、何十年にもわたる東西冷戦という国際政治の二元的対立によって創造され、具体化された政治制度が冷戦後に統一された世界の東方へと拡大され、影響を及ぼすようになったのである。このことは、急激な変化に速やかに対応する必要性から生じたものの、致命的な結果をともなうことになるのは必然であった。冷戦構造を拡大するのは迅速な解決策ではあったが、敵意を孕むこの構造を、強大な敵であるスラブ民族という他者に受け容れられるように改変することは、容易ではなかった。なぜなら、この構造の当初の機能そのものがスラブ民族という敵対者に対峙するためのものだったからである。ジェイムズ・ベイカーは、後に、二〇世紀についての回想録のなかで「偉業の多くは、その成功のうちに、将来の問題の種を宿している」と認めている。彼は正しかった。この場合の問題とは、ロシアと西側諸国のあいだに和解する可能性の窓が開かれていたにもかかわらず、実際にはロシアに対してしかるべき場所が開かれなかったことである。まもなくその窓は閉ざされ、機会は失われた。[*19]

加えて、これら四つのモデルの構想者は一九八九年から九〇年にかけて、すべてのモデルに係わる矛盾に対処しなければならなかった。モデル間の競争は非常に混沌とした形で展開した。競争は東欧諸国とソ連自体が崩壊する寸前に唐突に始まり、経済規模や財政状況の異なる多くの当事国どうしのあいだに生じた。新たな秩序を創造しようとする闘争は、民衆あるいは有権者が左右するきわめて公共的な出来事と、政治エリートの秘密裡の事前工作とのあいだで揺れ動いていた。政治エリートのあいだで密かに合意が形成されたとしても、最終的には、彼らは国民にふたたび向き合わなければならなかった。

これら四つが最も有力なモデルであったとして、誰がそのなかから一つのモデルを選択することになったのか。ヴァイマール時代以来初めてとなる自由選挙のタイミングによって、事実上最初の選択をしたのが、東ドイツの有権者である。彼らは、四つの選択肢それぞれを支持する政党を選ぶことで明白な選択を行った。モデルの運命は、その長所と、ほかのコンペティターよりも有能であることを国民に納得させようとする構想者の能力に委ねられた[*20]。

東ドイツの人びとの目には、このコンペが、たくさんの部屋がある邸宅を建てるという、旧い社会主義の秩序を担保するゴルバチョフの大胆な試みか、西側のプレハブ型制度の全面的な適用か、という二者択一に絞られたかのように見えた。そして、後者のプレハブ型モデルが最終的に勝利を収めた。多くの国にまたがる仕組みを新たに構築する試みに共感や支持はあったが、新しい有権者の大多数は、最も安全な選択肢は確かな政治家によって実施される既存のプレハブ型制度だと考えたのである。その結果、とりわけポーランドやＮＡＴＯにおいて深刻な権力闘争がなかったわけでも、実行にあたって問題がなかったわけでもないが、コールが主導する西側モデルが勝利を収めた。

東ドイツの人びとが最初の決定権を得たのだとして（そして、彼らの意見表明のタイミングが重要だったとして）、ドイツの近隣諸国、それも東側と西側双方が、最終的には、そこで提案されたモデルに同

図3　1989年11月、ブランデンブルク門前のベルリンの壁。

意しなければならなかった。より重要なのは、ソ連には、コールに対して、途方もない問題を引き起こす力が残っていた点である。たしかに、ソ連は破綻寸前ではあったが、第二次世界大戦に遡る法的な権利を有していた。また、東ドイツには四〇万人近いソ連軍がなお駐留していた。これらの事実は、ソ連国内におけるゴルバチョフの立場いかんにかかわらず、彼に影響力を残していた。結果的に、プレハブ型モデルが勝利を収めた後でさえ、コールはその建設を始めるための建築許可書を手に入れなければならなかった。その手続きが本書第5章のテーマである。

最後に、本書の結論では、一九八九年から九〇年の闘争の遺産《レガシー》について考察する。そこでは、多くの建築コンペと同様に、勝利を収めたモデルであっても、いかに先見性を欠くものであったかを論じることになる。当時のあらゆる制約を考慮すれば、プレハブ型モデルは、限られた時間のなかで最もうまくいく可能性を秘めていた。そして、成功を収めたすべての建築や政治にとって、そのことがきわめて重要であり、最終的な結果を左右することを示した。しかし、実行可能であることと普遍的な理想を追求することは同義ではない。したがって、そのモデルの勝利に孕まれた将来の禍根について明らかにしておく必要がある。

もしベルリンが、ナチズムや東西冷戦による分断といった絶望の淵から「自由という夢」を実現するためにゆっくりとよみがえる不死鳥のような都市であるならば、私たちは、それが実際どのようによみがえったのか、そのためにいかほどの犠牲を払ったのかを理解しなければならない。歴史家たちは、ヨーロッパが分断された初期の時代を分析するために、すでに多くの時間を割いてきた。いまや、一九八九年の闘争について、そしてその闘争が東西冷戦後の世界に何を遺したのかを考える時間《とき》である。

# 第1章　一九八九年の夏から秋に、何が変わったのか？

静かな声の長老たちは私たちを
ないし彼ら自身を欺いたのではないか、
私たちに欺瞞の容器を遺しただけではないか。

——T・S・エリオット　一九四三年[*1]

一九八一年。アメリカの大統領はロナルド・レーガンであった。ソ連では、イリーナ・シェルバコワの七歳になる娘が学校から帰宅したところだった。シェルバコワは、その日学校で何をしたのか、娘に尋ねた。娘は、授業で出された課題について話し始めた。その課題とは、「一番嫌いな人物」についてエッセイを書くというものだった。教師が選んだ課題に驚き、不愉快に思ったが、シェルバコワは、一番嫌いな人物は誰か、と娘に訊ねた。

アドルフ・ヒトラー、と娘は答えた。しかし、クラスのなかでそう答えたのはシェルバコワの娘だけだった。ほかの学生は皆、レーガンと答えたのである。[*2]

一九八三年。ソ連のアフガニスタン侵攻が長引くにつれて、米ソ二超大国の競争が新たな段階に達した。レーガン大統領は国民に「悪の帝国」に立ち向かうことを訴えかけ、短距離アメリカ巡航ミサイルと準中距離弾道ミサイル「パーシングII」を西ドイツに配備する準備を進めた。このような過熱した雰囲気のなかで、東ドイツの平和団体「剣《つるぎ》と鋤《すき》」のメンバーの一人、ローラント・ヤーンは東ドイツ国家保安省、通称、秘密警察《シュタージ》の要注意人物に指定されていた。ヤーンには、秘密警察を憎む特別な理由があった。一九八一年四月、秘密警察が彼の友人の一人を連れ去り、その二日後、友人は死体で発見された。それ以来ヤーンは、秘密警察にとって頭痛の種であった。秘密警察はいまや最も威圧的な行動が必要だと判断して、一九八三年六月に彼を逮捕した。逮捕は初めてではなかったが、今回、彼は電車のなかで縛り上げられた。

それから、秘密警察の諜報員は不本意にも国境を越える身となったヤーンを乗せた電車が西へ向かって出発するのを見送った。[*3]

一九八九年。東欧諸国の人びとは、現実に目の前で奇跡が起きていることを信じられない思いでいた。ソ連軍がアフガニスタンから撤退している。政権を握るポーランド当局がかつては非合法だった自由労働組合「連帯」と「円卓会議」交渉を行うことに合意した。ハンガリーは複数政党制を合法化した。ゴルバチョフを熱愛するゴルビーマニアが西側にも拡がり、ゴルバチョフの行く先々には熱狂的な民衆が集まった。東ベルリンには、東ドイツの若者を中心にベルリンの壁を越えることを禁じた規則が変わるという噂が拡まっていた。そのなかの二人の若者が、この噂が本当かどうかを確かめるために、壁を越えてみることにした。

国境警備隊は一人の足下を撃ち、もう一人のクリス・ギュフロイの心臓を撃った。ギュフロイは数分後に亡くなった。生き延びた彼の友人は、二月の夜の凍てつくような寒さのなかを引きずって運ばれ、禁固三年の有罪判決を受けた。[*4]

これらは一九八一年、八三年、八九年を垣間見ることができる三つの断片的なエピソードにすぎないが、それぞれ、東西冷戦の末期によく見られた特徴をしっかりと捉えている。一九八〇年代に入っても対立と膠着状態の雰囲気に包まれ、一九八九年後半にはさらに驚くような一連の劇的な出来事へと到った。実際、ソ連のアフガニスタン侵攻後の新たな緊張状態と、レーガンが選ばれたアメリカ大統領選挙に続き、ソ連で起きた反レーガン運動《キャンペーン》、そして一九八三年に物議を醸したミサイル防衛プログラム「スター・ウォーズ計画」に特徴づけられる一九八〇年代は、人びとが東西冷戦に最も不安を感じた時期であった。ソ連国内では、反体制運動が、いつの日かより良い未来が来るだろうという希望を失い始めていた。あるソ連の歴史家は、一九八〇年代は、「反体制運動が一九六〇年代に抬頭して以来最も退潮したように思われる。多くの主だった反体制派活動家は強制労働収容所に送られるか、あるいは国外追放中だった。釈放されて国内に留まった反体制派活動家は四六時中ＫＧＢ（ソ連国家安全保障委員会）に監視され、旧ソ連の地下出版文学はかろうじて命脈を保つほどに減少した」と指摘している。[*5]

シェルバコワの記憶が示唆するように、この膠着状態を支配していたのは恐怖と憎悪であった。東側と西側、それぞれで生活する普通の人びとは、双方の世界の指導者が熱核兵器という破壊的な力を手にしているのではないか、という懸念を抱いていた。そのような兵器は、実際、人びとの日常生活に大きな暗い影を投げかけていた。東側は西側が、西側は東側がいかに邪悪であるかを、学校教育を通して、子どもたちに刷り込んでいたのはその一つの顕れでしかなかった。[*6] 一九八三年にテレビ放映された終末論的な映画『ザ・デイ・アフター』（*The Day After*）は少し趣が異なった。この映画はソ連との核戦争によるアメリカの都市の身の毛もよだつような破壊と、タイトルが示すように、初期の核攻撃を生き延びた人びとが放射線に身体を蝕まれていくおぞましい結果を生々しく描き出した。テレビ放映の翌日に『ワシントン・ポスト』紙が行った映画とその平和（反戦）主義のメッセージに関する世論調査は、アメリカ人の八三パーセントが、熱核兵器製造の凍結を求めていることを明らかにした。[*7]

ヨーロッパの人びとも、似たような懸念を抱いていた。東側と西側双方のミサイル同盟が、一九七〇年代終わりから八〇年代初めに配備した短距離核ミサイルによって、超大国どうしが撃ちあえばほぼ即座に自分たちが犠牲となるのは明白だった。一九八三年一〇月のある一日だけでも、一〇〇万人に上る西ドイツ市民がそのような核兵器配備への抗議集会に集まった。翌八四年には、ポップ・ミュージシャンのヘルベルト・グレーネマイヤーが、アメリカ人とロシア人は、ヨーロッパではなく、月のような人類のいない場所で戦争すべきだと歌った「アメリカ」(Amerika) というヒット曲で億万長者になった。この曲が入ったアルバムは、西ドイツの音楽チャートで八週連続一位を記録した。鉄のカーテンの反対側では集会の自由も、言論の自由も、そして通商の自由もないため、同じような抗議、ポップ・ミュージックのヒット、アルバムの売上といった現象は見られなかったが、反対運動は東側と西側双方の軍縮をその信条の一つとしていた。このことは、前述したヤーンが所属していた平和団体の名前「剣と鋤」にも表れている。[*8]

そのような恐怖は、概念的に大きな意味がある。いま現在、研究者のなかには、東西冷戦がたんなる嘘か作り話、人為的な概念、表向きはいまだに存在するものの陳腐で滑稽なものにすぎなかったのではないか、と問いかける者もいる。いまにして思えば、という学術的に優位な観点から考えると、帝国と植民地化からの連続性が一連の変化に暗い影を落としている、という議論である。いわゆる東西冷戦は、実のところ、新しい名の下に継続された帝国と植民地化の典型だった。したがって、この見解において、研究者は「東西冷戦という色眼鏡を外したほうがよい」、過去を人為的に歪める「虚構の範疇《カテゴリー》化を超越したほうがよい」という類いの主張を展開した。[*9]

実際、東西冷戦という概念がそれ以前のものとは完全に断絶していると考えるのは、誤解を招きかねない。そこには、前世紀との連続性が確かにある。国境を越えて武力行使することは、あきらかに帝国主義的である。しかし、地上、とりわけ東欧とソ連、さらにアフガニスタンやベトナムといった地球上の多くのほかの地に住む人びとは、独特の方法でこの冷戦構造という虚構の代償を払わなければならず、東西冷戦が終結するまでその代償を払い続けた。ソ連陣営の住民は、日常生活への甚大な損害だけでなく、国内外の核戦争に備えた守備隊が駐屯する国家での生活に耐えなければならなかった。ソ連の国内総生産（GDP）の多くが軍需用品の調達と部隊の展開に費やされていた。ゴルバチョフは、当時の主要国では防衛費がGDPに占める割合が大体一パーセントから四パーセントであるのに対して、ソ連は二〇パーセントから三〇パーセント、と少なくとも五倍以上の開きがあることを書記長になって初めて知った。軍国主義的な学校教育は兵役を義務づけていた。東ドイツの総人口は一六〇〇万人だったが、そのうち約三パーセントに当たる五〇万人が軍隊か秘密警察《シュタージ》の一員として法的に武器の携帯を認められていた。また、治安維持の必要性から住民を絶えず監視して、政府にとって望ましい行動を強要することが正当化されていた。東ドイツの秘密警察は、最盛期には国民一八〇人当たりに一人という割合だった。つまり、兵器と監視の技術が、特異な時代を創り出していたのである。[*10]

結果的に、東西冷戦をたんなる植民地主義の最終局面だった、と捉えるのはあまりにも単純化しすぎている。その時代は特異ではなかったという観点もあるかもしれないが、決してたんなる虚構などではなかった。熱核兵器による破壊という恐怖が社会秩序や一般の人びとの考えや経験に与える影響は、西側と東側双方を新たに特徴づけ、この時代を規定した。

東西冷戦の二つ目の特徴として、東欧における政治状況は、ローラント・ヤーンのエピソードから明らかになる。特に覚えておくべきなのは、より良い未来への希望がつねに西側へ亡命することや西側の生活様式を輸入することだったわけではないという点である。ヤーンが西ベルリンへ無理やり追い払われたのは、秘密警察が意図したように、彼にとって懲罰以外のなにものでもなかった。ヤーンは新たなドイツ民主主義共和国、東ドイツ（GDR）を創ろうとしていたのであって、快適な資本主義国家でくつろぎたいと思っていたわけではなかった。彼は二年後の一九八五年、危険をともないながらも密入国して東ドイツに戻った。東ベルリンのシェーネフェルト空港経由で直接西ベルリンへ向かうかのように装って東ベルリンに入ると、空港管理局から姿を消して旧友らとともに故郷のイェーナに隠れ処を探した。ヤーンは東ベルリンのレジスタンスの現場にいる有力メンバーとも会って話をした。驚くことに、彼らはヤーンに西側に留まらなければならない、そうすることが東ドイツの民主化運動にとってより大きな助けになると言った。彼らの助けを借りてふたたび西ベルリンに戻ったヤーンは、後述するように、一九八九年に非常に重要な役割を果たすことになる。[*11]

この件に関して一点だけ付け加えるとすれば、東ドイツの反体制派活動家の多くが、ワルシャワ条約機構の腐敗した首脳部さえ取り除くことができれば、西側の社会民主主義の簡略版としてではなく、社会主義にはまだ成功する余地があると信じていたことである。ある意味では、この信念が、東ドイツの人びとと、社会主義が成功する見込みに対してより懐疑的だった他の東欧諸国の抗議デモの参加者とを分けた。ゴルバチョフが政権を掌握すると、東ドイツのこのような見解が、皮肉なことに、反体制運動をソ連の指導部に近づけることとなった。ゴルバチョフが提唱したソ連の新しい外交理念「新思考」も社会民主主義の模倣ではなく、より良い社会主義の実現を目指していた。ゴルバチョフは一九八九年にソ連が崩壊寸前であると理解していたが、民主主義や市場経済を全面的に取り入れるよりも「新思考」のような考え方が解決策になると強く信じていた。言い換えれば、彼の考えはソ連の過去とも西欧の現在とも異なる何か新たなものを創ろうとしていたのである。この考えは、イタリア語で言う第三の道やイタリア共産党が一九七〇年代に普及させたユーロコミュニズムのヴィジョンによく似ていた。そのような考え方は、東欧諸国やゴルバチョフを通じて改革派の人びとにとって説得力のある基準となり、将来への確かな道を拡げることになった。[*12]

最後に、東西冷戦を特徴づける第三の政治状況は、一九八九年二月のギュフロイの死から明らかになる。その年、反体制派が現状を打破するにはまだ危険性が高く、実際、致命的でさえあった。国際的な次元では核の脅威があったように、個人的な次元でもまさに八九年の終わりまで暴力の脅威が残っていた。ギュフロイの事件はその極端な例だったが、八九年一〇月まで、北京からベルリンに至る抗議デモの参加者に行使された暴力は、現状を打破しようとする挑戦者の誰しもが立ち向かうべきものを明らかにして見せた。いまから考えれば、私たちはヨーロッパで流血の事態がほとんど起こらなかったことを知っているが、当時の状況はリスクを孕んでいた。つまり、中欧における東西冷戦の平和的な終結は自然の成り行きではなかったのである。とりわけ、一九八九年のドイツ国内の国境では、依然として、いつもの場所で射殺訓練が行われ、何千人もの外国軍がいまだに駐留していた。現状に異議を唱える試みは非常に危険をともない、痛手となりうるものだったのである。

現状に異議を唱える試みは、組織の上層部のレベルでも危険をともなうものであった。一九八八年、アメリカ大統領としてゴルバチョフに最後に会った時、レーガンはリンドン・ジョンソンに教えてもらったお気に入りのジョークを繰り返した。ジョンソンは、自分が大統領在職期間中にポトマック川へ行き「水嵩を確認して立ち去ったなら」、報道機関は「大統領は（泳がなかったのではなく）泳げなかった」と報じるだろうと愚痴をこぼした。[*13] ゴルバチョフは笑って、レーガンがかつて同じジョークを言ったことをあからさまに指摘した。しかし、（それが意図的であろうとなかろうと）あきらかにそのジョークに含意された（できたことはニュースとして取り上げられず、できなかったことがニュースとして取り上げられる。つまり、変えたことではなく、変えられなかったことが強調されるという）教訓は二度とも的確に理解されることはなかった。ゴルバチョフがどれほど多くの奇跡を起こしたとしても、彼の批判者に好印象を与えることは絶対にありえず、それゆえゴルバチョフとレーガンは熱核兵器戦争の世界的な恐怖を無くそうと数多くの軍縮条約を締結したが、民衆はさらに多くを望むのであった。

ゴルバチョフの「新思考」は、実際、彼が応えきれないほど多くの人びとに高い期待を抱かせるようになった。彼が行った改革は、一九八九年にソ連共産党以外の新しい機関を創ることで、彼の反対者がその反対意見を表明する機会を与えた。また、九〇年までに物資不足が戦時中と同じくらい深刻化していたソ連の重大な経済問題という内政を最優先したことが、東欧諸国に対する内政不干渉というアプローチを取る要因ともなった。[*14] その間、ポーランドとハンガリーの指導部は反体制派に新たな門戸を開いた。しかし、ゴルバチョフが改革派の共産党員や交渉に友好的な反体制派の指導者の目標にかなり好意的だったとしても、そこには限界もあった。プラハにおける一九六八年の一連の出来事は、実際には不名誉な反革命だった、とゴルバチョフは主張した。つまり、共産主義の秩序の劇的な転覆は限度を超えていた、というのである。[*15] ゴルバチョフは偉大な改革者だったが、分断されたドイツの劇的な変化に充分に満足していたわけではなかった。

要するに、もし一九八〇年代の東西冷戦に特徴的な政治状況が、国際的かつ個人的な次元の脅威が入り交じり、なおかつ新たな未来への希望とも結びついた、現在進行形の何かであったならば、一九八九年に突然ベルリンの壁が開くに到ったのは、いったい何が変化したからなのか。この問いに答えることはきわめて重要である。なぜなら、第2章から詳述するように、壁の崩壊という現実とそのタイミングがその後に続く新たな秩序を構築する思いがけない闘争をもたらしたからである。

一九八九年には、それまでの長期的な変化が何らかの展開を迎えるなかで、とりわけソ連の経済的な崩壊が目に見えて明らかになった。そのことについて、ここでは詳述しないが、だからといって、そのような展開の重要性を否定するわけではない。しかし、その多くは何年にもわたって進行していたものである。本書の目的はそれを要約することでも、八〇年代後半に起こった重大な出来事を一つひとつ詳細に説明することでもない。むしろ、問いは絞られている。八九年の夏から秋にかけて、いったい何が変わったのか。なぜ、その変化は壁が開いた年に起きたのか。それ以前には、ポーランドやハンガリー、そしてソ連においてさえ八九年三月に不完全ながらも自由選挙が行われ、緩やかな開放、協調、ゆっくりとした改革が当時の風潮であった。しかし、思いがけなく壁が崩れ落ちると、まったく異なるプロセスが始まった。

一九八九年に起きた五つの出来事を綿密に読み解く作業は、上述の問いに対するヒントを与えてくれる。一一月九日に東ベルリン市民が西ベルリンでシャンパンを飲んで乾杯するに至るまでの因果関係の連鎖は、次に述べる五つの重大な出来事の積み重ねからなる。第一に、北京での前例はヨーロッパには通用せず、非暴力という意見の一致が確たるものとなり、東西冷戦の終結の年となる八九年に到るまで冷戦を規定してきた脅威が和らいだことがある。第二に、アメリカが少し距離を置いてゴルバチョフにも内政干渉しないように牽制し、東欧の現場にいる民衆が自ら率先して変化を起こさなければならない、と傍観者の立場を取ることを明確にしたことがある。第三に、東ドイツ市民が、抗議デモのなかで後れをとっていたにもかかわらず、現状に異議を唱える主導権を握ったことと、それによって、第四に、人びとが自信を深めたことが挙げられる。そして最後に、第五の点として、テレビがきわめて重要なタイミングで現実を変えたことがある。

## 天安門事件は通用せず

一九八九年の重要な記念日は、政治体制がいかに変わりやすいものであるかを世界に想起させた。[*16] 四〇年前の一九四九年に中国共産党と二つのドイツ国家、そして新たな軍事同盟であるNATOが第二次世界大戦の混沌状態がなかなか終息しないなかから誕生した。五〇年前の一九三九年にはヒトラーが第二次世界大戦を誘発し、世界秩序を破壊した。そして二〇〇年前の一七八九年、運命の七月にフランス革命が絶対王政という体制を揺り動かした。

北京の抗議デモの参加者は、中華人民共和国の建国四〇周年にあたる一九八九年が、同じように大きな政治体制の変化が起きた年として記憶されるだろうと希望的な観測を抱いていたが、失望する結果に終わった。北京やライプツィヒなどの都市における八九年の反体制運動の結果は、共産党指導部が民衆に対して武力を行使することが実行可能かつ成功する選択肢として残っていたことを示した。一方で、ヨーロッパの社会的文脈では、もはや武力の行使が許されないことが明らかになった。これは、その後起きる一連の出来事の前提と

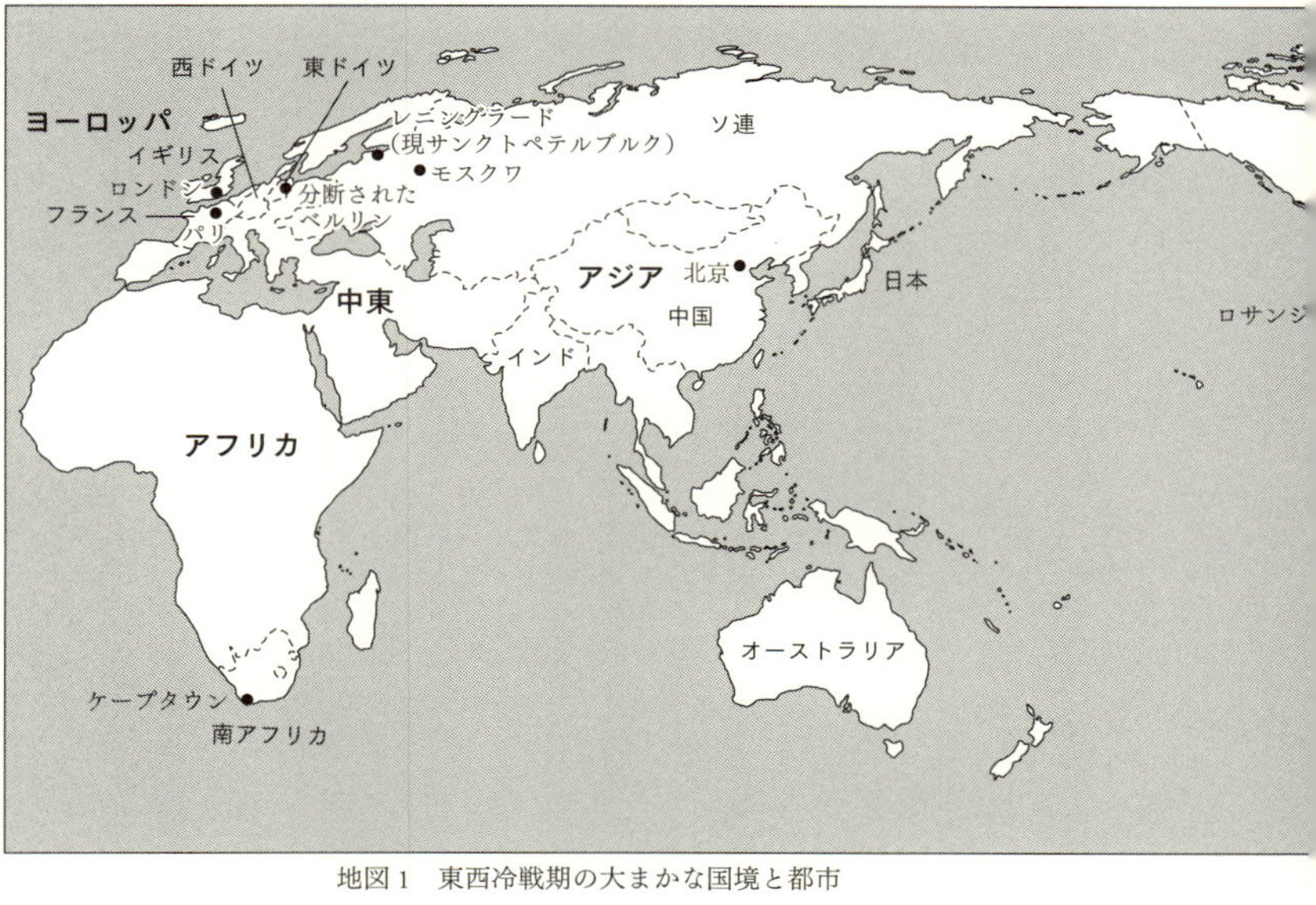


地図1　東西冷戦期の大まかな国境と都市

なる必要不可欠な条件であった。つまり、一九八九年に、ヨーロッパは政治体制の変化の先駆けとなり、中国はそうならなかったのである。では、北京で何が起きたのか。そして、ライプツィヒと何が違ったのか。なぜ、天安門事件という前例はヨーロッパでは踏襲されなかったのか。

一九八九年五月末、中国の首都北京の中心にある天安門広場を、抗議デモの大勢の参加者が埋め尽くした。彼らは、皮肉なことに、中ソ関係の改善のために予定されていたゴルバチョフの訪中に勇気づけられていた。これらの抗議デモの参加者は権力を掌握している中国共産党指導者、鄧小平にあきらかに異議を申し立てるために、民・清代の宮城である紫禁城の入口に掲げられた巨大な毛沢東の肖像画の目の前に粗削りな自由の女神像のレプリカを置いた。伝えられるところによれば、鄧小平は、共産党の政治局員に向かって、こうなったのは彼らの自業自得だと言い放ったという。「われわれの一番大きな過ちは教育にあった。われわれは子どもや学生に充分な教育を行ってこなかった」。だが、充分に強硬な措置を取れば、「禍を転じて福と為すことができるだろう」。おそらく鄧小平が言いたかったのは、まもなく天安門広場に押し寄せる戦車が、それまでの教育の欠陥から学習が遅れたり、誤った学習習慣をもった学生である抗議デモの参加者に、矯正教育を行うことになる、ということだった。[*17] 人民解放軍（ＰＬＡ）は、六月三日から四日にかけて、天安門広場から抗議デモの参加者を徹底的に排除した。向こう見ずにも、武器を持たずに、たった一人で戦車の縦隊の前に立った男性のイメージが、世界的に中国共産党政府による弾圧の象徴的な映像となった。すべてが終わると、中国赤十字はどれほど多くの人びとが死傷したかを明らかにしようと、主要な地域病院の全体像の掌握に乗り出し、最終的に、二六〇〇人の人びとが亡くなり、七〇〇〇人を超える人びとが怪我をしたと推定した。ゴルバチョフはこの流血の事態に驚き、呆然とした、と伝えられている。天安門事件は彼に異なる方向を追求しようという思いを強くさ

図1　1989年6月5日、デモの参加者がたった一人で北京の天安門広場の入口で戦車の縦隊を止めようとした。

せた。この流血の事態は、たとえポーランドで連帯がそれまで政権を握っていた指導部と協力して政権を担うことになる選挙が進行していたとしても、たとえソ連の指導部が武力を行使するほうがいいと思うプロセスが進行していたとしても、いずれにせよ、起きるべくして起きたのである。[*18]

西側諸国は、中国共産党指導部による武力行使を非難したが、非難の声を上げたヨーロッパの多くの指導者は、東ベルリンの武力行使を非難することはなかった。七六歳になる東ドイツの指導者エーリッヒ・ホーネッカーの健康は目に見えて衰えていた。彼は、ゴルバチョフが蒔いた頭痛の種を、鄧小平のように取り除こうと、中国の天安門事件に一縷の望みを見出していた。中華人民共和国と東ドイツが一九八九年にともに建国四〇周年を迎えることを考えれば、ホーネッカーが中国から何を学んだかもわかるだろう。

ホーネッカーは、天安門事件の後、秘密警察《シュタージ》長官に「反革命的な社会不安」を理由に在中国東ドイツ大使館を特別警護するように命じた。[*19] 次に、国営テレビのニュース番組のなかで、天安門事件の死傷者の写真が捏造だったと報道するように指示した。[*20] 最後に、一九八九年一〇月初旬には、自身の後継者であるエゴン・クレンツを注目度の高い中国建国四〇周年記念式典に出席させようと訪中させた。クレンツは、李鵬首相や江沢民総書記をはじめとする中国共産党政治局員らや、鄧小平に会って話をした。その後、気味の悪いことに、クレンツは鄧小平の六月の所感を一言一句違わずそのまま繰り返す報告書を提出した。[*21] 中国共産党は、副首相兼党政治局員である姚依林の率いる代表団を、東ドイツ建国四〇周年記念式典に出席させようと東ドイツに訪問させることで政治的な返礼をした。[*22]

東ドイツの反体制派活動家が見当違いをすることはなかった。ホーネッカーは北京の同志に歩調を合わせて行進することを強く望んでいた。NATOを密かに偵察するように命じられたKGB将校の一人、ロシアの未来の大統領となるプーチンも、ドレスデンで抗議デモの参加者を威嚇しようとしていた。その後すぐ、プーチンはKGBの暖炉を壊すほどの猛烈な勢い《スピード》で機密文書を燃やすことになるが、それはまだ先のことである。一九八九年一〇月の時点では、まだ、機密文書を燃やすことになるか、それとも抗議デモと戦うことになるかは皆目見当がつかなかった。プーチンは当時、KGBにはあらゆる手段を用いてソ連の国益を護る権利がある、という強い思いを抱いていた。ほかの東欧諸国の人びともまた、不安を感じていた。[*23] チェコスロヴァキアの反体制派指導者ヴァーツラフ・ハヴェルは、とりわけ、プラハで第二の天安門事件が起きる可能性を懸念していた。[*24]

さまざまな証拠資料からはっきりしているのは、ホーネッカーが実際にライプツィヒで一〇月九日の月曜日の夜に「ドイツ版天安門事件」を扇動したいと願っていたことである。一〇月九日が選ばれたのは、それまでの大規模な抗議デモ行進が毎週月曜日にライプツィヒで起きていたからだった。デモ行進は毎週月曜日に主要な教会で行われる平和礼拝に続いて行われていた。一〇月九日の月曜日は、東ドイツ建国四〇周年を祝うことを義務づけた記念式典の二日後にあたり、不穏な流血の事態には最もふさわしい日と思われたため、彼の目には幸先が良いように映った。[*25]

その夜に備え、ホーネッカーの指示に従って秘密警察長官《シュタージ》エーリッヒ・ミールケは、秘密警察が公認したすべての諜報員につねに武器を携帯するように命じた。ライプツィヒ当局は警察官のみならず、秘密警察と国家保安省武装部隊など八〇〇〇人の部隊を出動させた。[*26] ライプツィヒのニコライ教会クリスチャン・フューラー牧師によれば、ライプツィヒで銃創治療を専門とする医者が軍務に就くように命じられた、と彼に電話を掛けてきた。病院は病床の収容力を急増して、入手できる血液を備蓄しておくように告げられたという。[*27] 記念日にベルリンで抗議デモに参加する市民を撮影しようとして乱暴な扱いを受けた外国人記者たちはみな、ライプツィヒへの立ち入りを固く禁じられた。平和的な抗議デモの参加者に対して犬を使った暴力的な襲撃を海外に報道され、不快に思ったホーネッカーが、同じような事態を阻止しようとしたためであった。[*28]

驚くべきことに、ドイツ版天安門事件が進行しつつあったにもかかわらず、一〇月九日に行われた抗議デモ行進は完全に平和的なままだった。銃声は鳴り響かず、病院の備蓄血液が使われることもなかった。ソ連が軍事介入を躊躇したこと、ライプツィヒの著名な人びとが公の場で非暴力を呼びかけたこと、父親殺しのチャンスと捉えたクレンツの個人的な野心、といったさまざまな要因が交錯して、東ドイツ共産党政治局に、瀬戸際から一歩退いて自らを取り巻く状況を客観的に見ることを促したのだった。[*29] 結局のところ、ゴルバチョフは東ドイツ建国四〇周年記念式典の訪問中に「ゴルビー」と連呼する東ドイツの民衆に温かく迎え入れられた。ソ連の指導者はホーネッカーに対して、面と向かってではなかったが「馬鹿な奴」と軽蔑するほどの不快感を露わにした。つまり、クレンツはあきらかにモスクワからの指示を受けていた。ゴルバチョフは大々的かつ平和的な変化こそが、深刻な危機が起きる可能性を未然に防ぎ、武力の行使を時代遅れのものにすると信じていたように思われる。結果として、中国的解決策で秩序を回復しようとしたホーネッカーの私欲の最大の犠牲者は、ホーネッカー自身であった。クレンツは、その一〇日後、一〇月一八日に正式にホーネッカーの後任となり、その交代劇によって政治局内部の分裂とホーネッカーが画策した武力行使が明らかになった。[*30]

秘密警察《シュタージ》の旧敵であるヤーンは、遠く西ドイツ国内から一〇月の激変に一役買うことに成功した。ホーネッカーが外国人記者をライプツィヒから強制退去させたため、ライブ映像の放映ができなくなった。西ドイツの夜の国民的ニュース番組『ターゲスシャウ』は、代わりに、あるライプツィヒ教会の指導者と電話で話す司会者の映像のみを放映した。[*31] しかし、ヤーンが東ドイツに密かに持ち込んだカメラを手にした写真家アラム・ラダムスキーとジークベルト・シェフケは、西側の報道記者の空白を埋めるために、人目を忍んで教会の尖塔に登り、そのカメラで大規模な民衆を不法撮影した。[*32] 一〇月九日のライプツィヒの夜を録画した彼らのビデオ映像は、翌日、西ドイツで放映された。ニュース番組『今日の問題』は、その情報源をあかさずに「初めて、ある程度正確に東ドイツの抗議デモについて報道します」と告げた。[*33] 旧東ドイツの反体制派活動家トム・セロは、この映像をレジスタンスの大きな勝利として記憶している。それは、当局の検閲を受けることなく初めて西側で放映されることになる、東ドイツ人によって録画された「革命の首都」となるライプツィヒの抗議デモの映像であった。言い換えれば、映像が大きな影響を及ぼすには、東ドイツで抗議デモを撮影する者、その映像を不法に国外に持ち出す者、その映像が西側で確実に放映されるようにする者を必要とした。ヤーン、ラダムスキー、シェフケのお

図2　1989年10月、東ドイツ・ライプツィヒの抗議デモ。

かげで、一九八九年の秋、そのすべてがうまく融和した。[*34]西ドイツのテレビ番組は突然、抗議デモの大きさと、現実的な対応策がまったく見つからない状況を放映することに成功したのである。これらの映像の最も重要な視聴者は、西ドイツのテレビ番組を通して、その映像を東側で不法に受信することができ、実際に目にし、あるいは、その描写を耳にした東欧の人びとだった。

一〇月のライプツィヒの重要性は、ヨーロッパの社会的文脈において、天安門事件モデルを無効にしたこと、つまり流血の事態を回避したことにある。中国共産党政治局の措置は、ほかの場所でも抗議デモの参加者を武力で弾圧する行動指針とすることはできたが、そうはならなかった。[*35]代わりに、一九八九年から九〇年にかけて起きた数多の驚くべき事態の一つに、中華人民共和国が八九年六月以降あまり目立った役割を果たさなくなったことがある。ある歴史家は、「中国が別の国際的なシステムを構築する重要な変化を引き起こす要因の一つになりながらも、未知の未来を怖れて突然引き籠もった」と表現した。[*36]中国指導部は内向き志向になり、経済改革に重点を置き、ゴルバチョフの構想がもたらす影響から中国をできるだけ遠ざけようとした。[*37] ヨーロッパの共産党政権は、東ドイツの秘密警察《シュタージ》が「中国型解決策」と呼ぶものを実行できなかった。このことは、アジア型モデルがそれほど単純に適用できるわけではないことを示した。[*38] 後にルーマニアで起きることを除けば、一九八九年一〇月のライプツィヒ以降、非暴力が当時のヨーロッパ秩序となったことは明らかだった。このような事態の展開の意義は、どれだけ強調してもしすぎることはない。ヨーロッパにおいては、抗議デモの参加者の自信を深めることに大きく貢献したのである。

## アメリカは介入せず

このことは、一九八九年後半に、別の思いがけない事態へと至る。中国と同様に、アメリカもソ連も事態の進展を主導しなかったのである。[*39] 短くも重要なその時間《とき》にヨーロッパの現場で起きた一連の出来事は、米ソ二超大国の行動以上に重要だった。西側諸国も、ECやNATO、国連といった国際機関さえも、基本的には、その年の終わりの劇的な「歴史のパラダイム転換」の観客でしかなかった。[*40]

アメリカにとってはとりわけ、意識的な選択であった。一九八九年初めに、新たに大統領に就任したジョージ・H・W・ブッシュは、東西冷戦の攻撃防御手段や態勢が急速に解体していく流れをあえて一時的に止めようとした。減速させようとする姿勢は、ブッシュ政権のスタッフが権力を握るや否や明らかになった。レーガン前大統領の影響力から逃れ、誤った方向から正しい方向へ転換させようと懸命だったこともまた、すぐに明らかになった。ブッシュ政権のもとで国家安全保障会議（NSC）のメンバーだったロバート・ハッチングスは、このことを「完全に新しいチームがレーガン政権とは根本的に対立する外交政策のアプローチを掲げて政権を取った」と表現した。本質的には、「「レーガン－ブッシュ」外交政策といった外交の政策的継続性はなかった。一九八九年以前はレーガンの、そしてその後はブッシュの外交政策であった」。[*41]

研究者はいまなお、レーガンからブッシュへの政権交代を共和党内部での政権委譲がいかに険悪であったかということの事例としている。ある政権交代の専門家は、「ジョージ・H・W・ブッシュが前政権の職員全員を首にした」ことに注目した。[*42] ロシアとの関係や核軍縮について、レーガンの世間知らずの理想主義が実際の現実的な状況を上回り始めていた感は否めなかったが、いまや冷静な政策立案の時代に立ち戻ったのである。一九八九年から九一年まで、国家安全保障担当大統領次席補佐官として、後に中央情報局（CIA）長官や国防総省長官を歴任するロバート・ゲイツは、レーガンと国務長官ジョージ・シュルツが八八年に政権交代を迎える前に名誉を得ようと、「アメリカ軍の戦略的影響分析やアメリカの情報能力について熟慮することなく、事態の進展を急いだ」ことを知っていた。[*43]

政権を握ったいま、ブッシュとベイカーは、現状を変えようとするソ連をアメリカが支援し続けるべきかどうかをめぐって、あれこれ考えていた。ベイカーは、一九八九年初めに米ソ関係を総括したなかで、ロシア人は「難しい選択をしなければならない。われわれは選択肢を狭めるために、ゴルバチョフのためにあえて何もしなかった」と書いた。ベイカーは、ゴルバチョフの場合、間違いなく必要に迫られると考えた。「ゴルバチョフは、その必要があると考えたため、アフガニスタンから撤退する選択をした。その必要があると考えたため、兵器削減を選択した」。ベイカーは個人的にこのように考えていたが、国防長官ディック・チェイニーは、CNNのテレビ番組で、ゴルバチョフは「最終的には失敗する」だろう、とぶっきらぼうに言った。その後、ソ連の外相エドゥアルド・シェワルナゼが、チェイニーのコメントに対して、「国防長官は資金を必要としている。もしソ連の脅威が無かったなら、国防プログラムはどのようにして予算を獲得するのか」と応じているが、これは驚くには当たらない。[*44]

ベイカーとヘンリー・キッシンジャー元国務長官の対立も明らかになりつつあった。ブッシュは新しく大統領に就任したばかりだったが、一九八九年一月にキッシンジャーを特使としてゴルバチョフのもとへ派遣した。[*45] アメリカ政府はソ連がアフガニスタンから即時撤退する必要はないと考えていた。キッシンジャーは一月一六日と一七日両日、モスクワで当時ソ連共産党政治局員だったアレクサンドル・ヤコブレフとゴルバチョフに会った際、そのことを、「アフガニスタンについて、われわれはあなた方に撤退してほしいが、「その結果として」安全保障問題を抱え込むことになるのは望ましくないと考える」と伝えた。またドイツについては、アメリカとソ連双方が民族主義者の抬頭を阻止することに共通の関心があるのではないかと指摘した。ドイツとほかのヨーロッパ諸国で起こりうる政治的暴発を未然に防ぐうえで、キッシンジャー自身を仲介役とした米ソの緊密な関係は不可欠だった。ホロコーストを引き起こした「ヨーロッパ人の無謀さ」に対して担保が必要とされたのである。[*46]

キッシンジャーは、一月二一日、ワシントンに会合の要約をファックスで送信した。「個人的な見解として、ゴルバチョフはロシア語で「再構築（改革）」を意味する政治体制の改革運動ペレストロイカを推進しながらじっと待っている。外交政策を出口戦略として考えているため、かなりの代償を払う覚悟でいる[*47]」。しかしベイカーは、ソ連の立場に理解のあるキッシンジャーのアプローチが進むべき最善の道であることに納得せず、米ソ間に生まれつつあった非公式ルートの窓口を間違いなく潰した。ベイカーの行動によって、ブッシュの新しい政権チームに入ったキッシンジャーは自身の評判へのダメージコントロールを迫られた。ベイカーは、かつてキッシンジャーと良好な関係にあった時、国務省を主導する方法や国務省のキャリア官僚に対処する方法について助言を求めた。キッシンジャーは、その時、熟練の公務員は「とても純真である」がゆえに気をつけるべきだ、と冗談めかして答えた。「彼らは核戦争、無条件降伏、そして自分たちにとって都合のよい方策、という三つの選択肢を提示する」と。しかしいま、キッシンジャーは気分を害したり、卑屈にふるまう人びとに救いの手を差し伸べる、ベイカーがワシントンの「昔ながらの習慣」と呼ぶ作法を遵守しなければならなかった。[*48] 彼はベイカーに宛てて「新聞は、私が外交上の覚書を介して、いかに政策に影響を与えているかを面白おかしく描いて楽しんでいる」と、私信を送った。キッシンジャーは、今後、お節介な干渉をしないことを「確固たる方針として、すでに過重な負担のかかっている政府高官に政策提言を進言することはない」と約束した。[*49] しかしキッシンジャーは、人生のどの時点でその方針を実行に移したのか、は一切明らかにしなかった。

同時代の人びとはすぐ、レーガンとブッシュのさまざまな違いを感じ取った。一九八九年六月、コール首相とゴルバチョフ書記長は、一対一の会談の際、この二人のアメリカ大統領を比較した。コールは、かつて俳優だったレーガンが七九年にまだ大統領候補者だった頃に会ったことを思い起こした。当時西ドイツ首相だったヘルムート・シュミットは、時間の無駄と考えてレーガンとの面会を断ったが、コールはレーガンに会うことにした。だがその結果、ひどく落胆した。レーガンが「ヨーロッパについて実質的に何も知らない」ことを知って驚いたのである。コールは当時「これはどうなることやら」と自問自答した。ブッシュと会った時の状況は、幸運なことに、「まったく異なって」いた。「ブッシュは、俯瞰的にヨーロッパ人の目で多くの課題を捉えている……レーガンよりもヨーロッパに理解がある」。[*50] 一方で、ミッテランは、数週間後にパリの自宅アパートで開催した私的な夕食会において、ゴルバチョフにコールとは異なる見解を述べた。ブッシュは五月にメイン州ケネバンクポートにミッテランを招いて米仏関係の改善に努めたが、ミッテランは、依然として「ブッシュには、大統領としてとても大きな欠点がある。彼には独創性がまったくない」と考えていた。ゴルバチョフは、コールとミッテランに対して、レーガンとブッシュに関する彼自身の見解を口にすることはなかった。[*51]

レーガンとブッシュのアプローチの違いは一九八九年二月一五日により鮮明になった。その日、ブッシュは、省庁間にまたがるアメリカ外交政策に関する研究「国家安全保障政策レヴュー3」に取り組むよう命じたことを大々的に発表した。[*52]この発表は、国内外の聴衆が新政権に失望する前に数ヶ月の時間稼ぎを目論んだものだったが、うまく機能した。ブッシュ政権は、レーガン政権がそうだったように、現状では敵を確定する段階にはない、という明快なメッセージを発信した。

政策面で何も新たなことはなかった。ゲイツは後に、「政策レヴューが劇的な新展開をもたらす、といった過度な期待はまったくなかった」ことを認めている。国家安全保障顧問スコウクロフトにとっては、政策レヴューそのものがかなり期待はずれであり、その後すぐ、別の研究に取りかかった。[*53]ベイカーは、政策レヴューの結果が使いものにならない「曖昧なもの」だったことを認め、その失敗を「レーガンが遺したものに支配され……官僚が物事を本質的に刷新しようとしない」せいにした。[*54]しかしゲイツは、こっぴどく批判されたこの政策レヴューを擁護した。まさにこの失敗によって、新たな主導権やアプローチが生まれなかったために、ブッシュ政権首脳部は自分たちが個人的にアイディアを出し合う必要があることを学んだ。その結果、「ブッシュ、ベイカー、スコウクロフト、そして各々の側近グループが緊密に連携する」なかでのみ政策が生まれることになる。[*55]

ブッシュ政権は、ソ連と同様に、東欧のソ連同盟諸国に対する判断も保留した。ハンガリーは、アメリカから支援を得ることがいかに難しいか、と西ドイツに何度も愚痴をこぼした。[*56]そしてブッシュは、なかなかポーランドに言及しなかったことから、国内外の批判を招いた。ブッシュは、七月にワルシャワを訪問する前の六月一五日、内密の電話で、コールに自分の考えを説明した。ブッシュはポーランドの国民感情が高まっていることを知ってはいたが、そのような感情を共有しながらも、「金をどぶに捨てることがないよう、注意深く行動することが大切だ」とも考えていた。[*57] ポーランドとアメリカの有権者のあいだには強い結びつきがあるにもかかわらず、そのような結論に到ったのである。ワルシャワ駐在のアメリカ大使ジョン・デイヴィスは、七月のワルシャワ訪問の夜、ブッシュに「多くのポーランド人にとって、アメリカは、理性的な言葉では表現できないほど深い尊敬の対象である。ある野党指導者は、そのことを「盲目の愛」と言っているがうまい表現だ」と助言した。[*58] だが、この助言にも、ブッシュが心を動かされることはなかった。一九八九年七月一〇日、ポーランド議会に向けた演説のなかで、ブッシュは、負債返済の繰り延べと、アメリカの直接援助よりも世界銀行の該当国への経済支援に重点を置いたが、アメリカ連邦議会にポーランドに対する資金援助を要請することを約束した。[*59] 一九八九年後半、連邦議会は最終的に三年にわたる九億三八〇〇万ドルの援助を認可するが、三九〇億ドルもの負債を抱えるポーランドが期日までに返済できないだろうことを考慮すれば、彼らがもっと多くの資金援助を必要としていたのは明らかだった。[*60] ブッシュは上級大将ヴォイチェフ・ヤルゼルスキの大統領への立候補を支持することも明らかにした。デイヴィス大使は、ブッシュ大統領に倣って、ヤルゼルスキがかつて連帯を弾圧するために戒厳令を施行した当人である事実を連帯に黙殺するよう促した。この支援表明によって、ヤルゼルスキは僅差でかろうじて大統領に当選した。[*61]

つまり、ドイツとポーランドを訪問したにもかかわらず、ブッシュ政権は意図的に介入を控えたのである。レーガンはあまりに極端に、あまりにも早く踏み込みすぎたという空気が支配的だったが、ブッシュのこのように慎重な姿勢は、一九八九年秋の激変のなかで、アメリカを守勢に回らせたのである。

## 現状に納得せず

ゴルバチョフの場合、交渉のテーブルの向こう側に同じ考えをもつアメリカ大統領がいなければ、事態を迅速に進展させることなどできなかった。そのため、ゴルバチョフも行き詰まっていた。彼の補佐官アンドレイ・グラチェフは、アメリカが態度を硬化させたことにゴルバチョフが非常に落胆したのを覚えている。関係改善に何年も費やした後も現状を変えようと熱意を持って取り組んでいたゴルバチョフは、新たに発足したブッシュ政権が、なぜ、現状を変えようという取り組みに突然一時的な停止《モラトリウム》を望んだのかわからなかった。[*62]

とりわけ軍縮については、ゴルバチョフだけが変化を強く望んだわけではなかった。レーガンとゴルバチョフは一九八七年に軍縮条約の一つである中距離核戦力（ＩＮＦ）全廃条約に署名したが、ブッシュ政権はそのような核戦力の削減に関心を示さなかった。アメリカは、一九八九年五月に行われたＮＡＴＯ四〇周年記念米ソ首脳会談において、西ドイツに配備された射程距離五〇〇キロメートル以下の戦術核と呼ばれる最新式の短距離核戦力（ＳＮＦ）の現状維持を主張して譲らなかった。この対立は、ブッシュ政権にとって、既存のＮＡＴＯを維持することが重要であり、アメリカの軍事戦略にとって、ドイツ連邦共和国（西ドイツ）が核心にあることを強く印象づけることとなった。

一九八九年の時点で、こうした現状が分断されたドイツに与えていた実際的な影響は、その地に何千もの外国軍が駐留していることだった。もともと占領軍として到着した部隊が（東ドイツの場合、民主主義的な正当性はないが）、同盟相手国となり残留していた。コールは、八九年五月、西ドイツはアメリカ本土で最長最大の島ロングアイランド最西端のニューヨーク港から東西に約一九〇キロメートルという長さほどの面積しかないにもかかわらず、「九〇万人もの外国人兵士が駐留し、軍事演習を行っている」とブッシュに辛辣に言った。[*63] このことに加え、一平方マイル当たりの核兵器が世界中で最も多く西ドイツに集中していて、しかもそのすべてを外国人が掌握していた。西ドイツよりももっと狭い東ドイツはさらに四〇万人を超えるソ連の兵士を抱え、その扶養家族を合わせるとソ連市民は六〇万人にも上った。[*64] 第二次世界大戦の無条件降伏に端を発する旧占領四ヶ国の核保有の権利は、縮小されながらもなお、あいまいな形で一九八九年にいまだ効力を維持していた。コールは、西側諸国の軍隊は西ドイツからの要請を受けて駐留しており、ソ連軍とは違うとつねに細心の注意を払って指摘したが、どちらの軍隊も少なくとも二つの共通点を有していた。西側諸国の軍隊もソ連軍も（絶対に要請など受けていない）戦時中にやって来て、一九八〇年代後半に米ソの緊張緩和《デタント》が進展したにもかかわらず、撤退するつもりなどなかった、あるいは人数を削減するつもりはあっても撤退するつもりはなかった、という二点である。

ベイカーの心配の種は、西ドイツ市民が、その地に配備されたアメリカのミサイルの近代化の延期ないし破棄によって、国防費を削減し、その分を経済の回復に振り向ける「平和の配当」を要求する可能性であった。このことは、ベイカーを非常に不安にさせた。アメリカとイギリスは、とりわけ、西ドイツに配備されている八八の移動式短距離弾道ミサイル・システムMGM－52ランスを近代化しようとしていた。射程距離五〇〇キロメートルという短距離ミサイルはワルシャワ条約機構の通常兵力・兵器をはるかに超えて製造され、そろそろ近代化ないし後継のミサイルに取り換えてもよい頃であった。[*65] しかし西ドイツ市民はみな、政治イデオロギーを問わず、いかなる配備ミサイルの近代化にも反対していた。

左翼の平和抗議デモの参加者は、外相でもある自由民主党党首ハンス＝ディートリヒ・ゲンシャーの支持を得ていただけではなく（ゲンシャーは配備ミサイルの近代化に反対し、ワシントンがモスクワと核ミサイル削減交渉を行うことを強く望んでいた）、最も意外な人物、中道右派の議会メンバー指導者アルフレート・ドレッガーの支持も得ていたのである。ドレッガーは、ミサイルの最も恐ろしい側面は充分な飛距離がないこと、つまり、もう一つのドイツである東ドイツに落下する可能性があることを公然と指摘した。「短距離になればなるほど、より多くのドイツ人に「死者」が出ることになる」という彼の発言は有名になった。[66] ベイカーは、「ゲンシャーは［ミサイルの近代化に反対して］以前にも増して急進的になり、コールも同じように急進的な方向に引っ張られている。われわれは、ゲンシャーが度を越す前に、すぐにでもドイツの人びとと最新式の短距離核戦力（ＳＮＦ）について高官レベル協議を始めなければならない」と述べ、ブッシュとの会談のための協議事項のなかにその議題を入れた。[67]

一九八九年四月、ベイカーは、アメリカの考えを伝えるために、ゲンシャーと西ドイツ国防相ゲルハルト・シュトルテンベルクと個人的に話をした。ベイカーは会談で話し合うつもりだったことを書いた覚書を読み上げた。「率直に言って、われわれが賢明に対処しなければ、この事態が何を引き起こすことになるのか、私が懸念するところを言わせてもらいたい。核カップリングという大きなリスクとともに、われわれの防衛が非核化への道を滑り落ちていくように思われる」。ベイカーは、もし西ドイツが「通常兵力の態勢を大きく変更する前に、同盟の防衛を非核化」すれば、われわれの「前線防衛戦略も破綻する」ことになるだろう、と告げた。あらかじめタイプで文書化された文章を口頭で伝え、事の重要性を手書きで書き加えた。「アメリカ大統領はヨーロッパにアメリカ軍を維持する」ことが認められている。「そのわれわれの部隊を護るために、核兵器は必要である」と。[68]

このように強硬な言葉にもかかわらず、西ドイツのミサイル配備をめぐる問題は一九八九年五月のNATO首脳会談の公式晩餐会の時間《とき》に至ってもなお、未解決のままだった。真夜中過ぎまでその問題に取り組むなかで、NATOの外相たちは基本的に意見が合わないことで一致し、移動式短距離弾道ミサイル・システムMGM－52ランスの近代化をめぐる問題は先延ばしすべきであるという結論に達した。[*69] アメリカと西ドイツの意見の相違を克服するには、両者の溝はあまりにも大きすぎて埋まらなかったのである。

現状維持を望んだのは何もアメリカに限ったことではなかった。サッチャーも現状維持を望んでいた。イギリスの二〇世紀前半の記憶は痛みをともなうものであり、後半は前半に比べればはるかにましに思えた。当然のことながら、どんな変化も引き起こすつもりはなかった。サッチャーはゴルバチョフと良好な関係を築いていたため、一九八九年九月のある会話のなかでそのような感慨をはっきりと伝えることにした。[*70] ゴルバチョフの側近チェルニャーエフが記録した覚書によれば、サッチャーは、ドイツ統一を求めるNATO指導者たちの儀礼的な公式見解に注意を払うべきではない、とゴルバチョフに説明した。「イギリスと西ヨーロッパはドイツ統一に興味がない。NATO共同声明《コミュニケ》に書かれた言葉のニュアンスは違って聞こえるかもしれないが、無視してもいい。私たちはドイツ統一を望んでいない」。その理由は、「ドイツ統一は戦後に画定した国境に変化をもたらすことになる。そのような事態の進展は国際情勢全体の安定を脅かすことになるため、現状の変更は認められない」というものだった。サッチャーはゴルバチョフに「このことはアメリカ大統領の見解でもある」と、アメリカとイギリスはこの見解を共有していると断言した。[*71]

ポーランドの国家元首ヤルゼルスキもサッチャーからほぼ同じことを聞いた。ヤルゼルスキが東ドイツの国家元首に伝えたように、サッチャーはヤルゼルスキとの一対一の非公式会談のなかで、公然とは口にできない自身の考えを語った。それは、「統一は絶対に受け容れられない。この「［政治的・経済的］併合《アンシュルス》」を容認することはできない。容認すれば、西ドイツはオーストリアをも呑み込んで、次には、戦争という本当の危機が迫りくるだろう」というものだった。[*72] ゴルバチョフは、西ドイツの元首相ヴィリー・ブラントに（ミッテランも同様の懸念を抱いていたと附言して）サッチャーの懸念を告げた。ゴルバチョフ自身は、コールの率いるドイツキリスト教民主同盟（ＣＤＵ）の党内議論が民族主義的かつ失地回復主義的であることに不快感を抱いているとだけ付け加えた。

つまり、アメリカは、レーガンが数々の印象に残る発表を行った後の新たな状況に大いに関心を示していた。アメリカだけでなく、サッチャーもほとんど同じような姿勢を示した。しかしレーガンとゴルバチョフがもたらした変化の勢いは、アメリカがその勢いを止めようとしても、止まらなかった。西ドイツのすべての政党は最新式の短距離核戦力（ＳＮＦ）に嫌悪感を抱いていた。また、劇的な変化はもはや終わったという考えは、とりわけ東欧諸国の人びとには受け容れられなかった。人びとは、武力弾圧という脅威があきらかに無くなったことで、現状維持の必然性に納得しなくなっていた。彼らはやがて、自分たちで変化を引き起こす必要性に気づき、そのための自信を深めていった。

## 東ドイツ市民に自信がよみがえる

四つ目の事態の進展は、東欧の人びとのあいだに新たに芽生えた自信であり、それまで我慢して受け容れてきた制約へのレジスタンスであった。一九八九年、この現状へのレジスタンスがポーランドの連帯やハンガリーの改革者たちとは対照的に従順であると思われていた東ドイツ市民のあいだにも特に目立つようになった。東ドイツ市民に積極的な自己主張が抬頭したのはきわめて重要だった。なぜなら、ベルリンの壁はたんに開いたのではなく、突き破られたからである。[*73]

いくつかの要因が、東ドイツ市民に、自らの未来を変えるために必要な勇気を与えた。東ドイツ指導部は長いあいだ大規模な抗議デモに寛容さを示すことなく、いかなる状況においても断固たる厳格さで対応してきた。しかし、一〇月九日のライプツィヒでの抗議デモに対して、これまでのような厳格な対応を躊躇《ためら》ったことが指導部の致命的な弱点を露呈させることとなった。東ドイツの指導部や市民に対して、ゴルバチョフは機会あるごとに、非暴力による改革こそが時代の風潮だと示唆していたため、東ドイツ指導部が武力行使をしない場合に、ソ連が代わって武力介入するという懼れが取り除かれたのである。[*74] 経済的な不満も、もうたくさんだという市井の人びとの感情を強めた。自動車を所有するまで一六年も待ち、家に電話が設置されるのを二五年も待ち続ける生活はもはや耐え難いものとなっていた。東ドイツの物資不足の状況はポーランドやルーマニアほど悪くはなかったが、それでもなお苦しい状態であることに変わりはなかった。一〇万人ほどの人びとが住む三万五〇〇〇戸の住宅には、一九八六年から八七年にかけて、真冬であっても暖房が一つもなかった。一九八八年から八九年にかけては、（闇市を除いて）市場で肉を手に入れることが非常に困難になった。東ドイツの人びとの憤りは、西ドイツ経済の成功と比較して、より一層深刻なものとなった。[*75] 政権を掌握するドイツ社会主義統一党（ＳＥＤ）が繰り返し判断ミスによる失敗を引き起こし、人々の不安をさらに増幅させた。[*76]

東ドイツ市民は、それぞれ、自分たちの生活を改善するために故国を捨て去るか、政権を掌握する政府に立ち向かうか、立て続けに生じるさまざまな事態を従順に受け容れるかのいずれかを選択しなければばならなかった。つまり、人間らしく生きるのか、不満の声を上げるのか、あるいは黙って受け容れるのか、という三つの選択肢に直面していた。[*77] そして、最初に事態が動いたのがハンガリーである。ハンガリー政府は、一九八九年九月、東ドイツ市民にハンガリーを通ってオーストリアへ向かうことを認めると発表したため、出国する選択肢が最も魅力的に思われたのである。

ハンガリーの首相兼大統領ミクローシュ・ネーメトは、東西冷戦が終結するにあたって、従来の立場を変える決心をし、この決心が前述の発表に結びついた。一九八九年の春、同じ考えをもつように思われたネーメトとゴルバチョフは、三月のある会談のなかで、「一党支配体制に内在する多元主義と複数政党制に違いはない」という意見で一致した。[*78] しかし、その夏にハンガリーで起きた政治の自由化は思いがけない結果を招いた。一九八九年五月に、ハンガリーの国境フェンスを突っ切ってオーストリアへ出国することが可能になった際に、ハンガリー人のみならず東ドイツ人も機に乗じようとしたのである。ハンガリーは当初、条約上の義務のため、鉄のカーテンの内側に生じたこの新たな割れ目を東ドイツ市民に利用させることは想定していなかった。しかし、東ドイツ市民はそれでもハンガリー側の国境近くにやって来て居座った。[*79] 最初は祝日のようなお祭り騒ぎの雰囲気が支配的だったが、中欧の夏が終わりに近づくにつれて、湿地のように蒸し暑くなると群集は

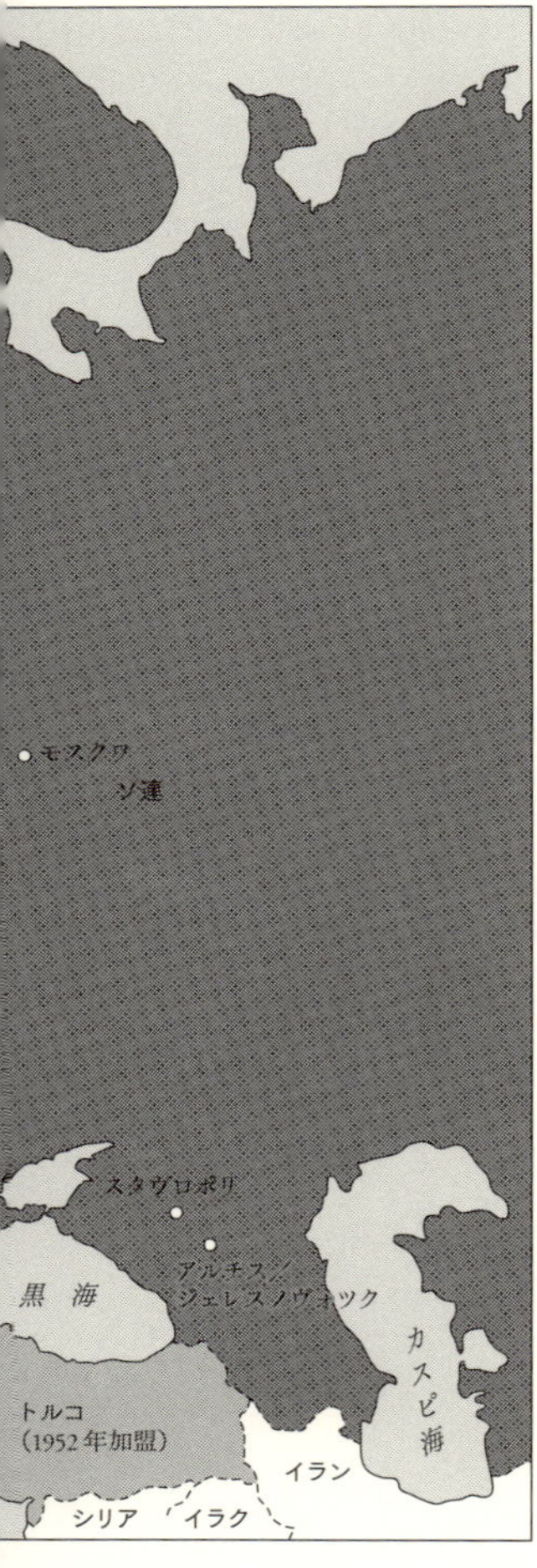

落ち着きを失っていった。[80] 神経質なハンガリーの国境警備隊員が、八月二一日には、口論の末に一人の東ドイツ人を銃で撃つことさえ起こった。[81] 何か手を打たなければならないことは明白だった。

ネーメトと外相ジュラ・ホルンは、一九八九年八月二五日、急遽設定され、ボン近郊のギムニッヒで開かれた秘密会談において、コールとゲンシャーに、ハンガリーはもはや東ドイツ市民がオーストリアへ向かって違法

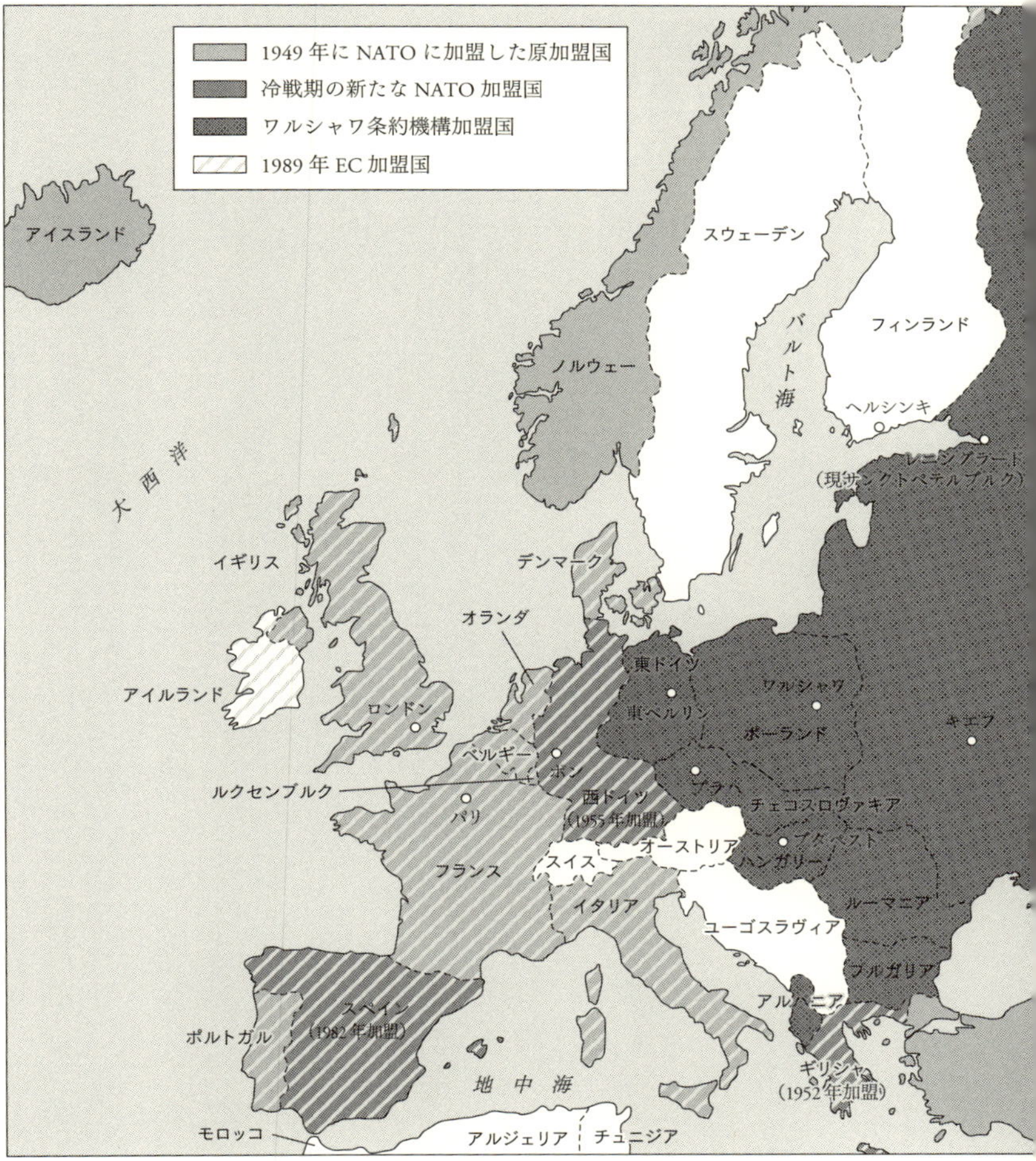


地図 2　東西冷戦期のヨーロッパ

(あるいは、不法)に(一九八九年五月二日に鉄条網・警戒装置を撤去した)ハンガリー・オーストリア国境の「緑の国境《グリーン・ボーダー》」を越え、西ドイツへと向かうのを妨げることはできないだろうと告げた。ハンガリー指導部は、この不安定な状況の解決を積極的に利用しようとした。ネーメトは、コールとゲンシャーに「外国の軍隊や政治勢力がわれわれに異なる行動を強いることがない」かぎり、「東ドイツ市民に国境は開かれるだろう」と伝えた。この発言を耳にすると、コールの目には涙が浮かんだ。コールはネーメトに西ドイツはハンガリーのこの申し出にどのように応えればよいか、と尋ねた。ネーメトは当初、国境の開放を政治的な取引材料にするのを拒んだが、結局、ドイツからの資金援助を引き出すことに成功した。コールは、ドイツ銀行とドレスデン銀行に、ハンガリーからの支援の要請を前向きに検討するよう促すことに同意した。結果として、両銀行からハンガリー政府への多額の信用供与が行われた。[*82]

ネーメトは約束を守り、九月、東ドイツ市民に国境を開放した。すると集団大移動が生じ、その劇的なシーンが世界中のテレビ画面に氾濫した。九月末までに、ハンガリー指導部ないしほかの誰かが予想したよりもはるかに多い四万人ほどの人びとが東ドイツを出国した。[*83]このハンガリーの国境の開放は、東西冷戦体制の崩壊へと到る最も重要な出来事の一つであった。ゲンシャーは、後に、「続いて起きたすべての事態はこの決断の結果だった」と言い、ホルンにシュトレーゼマン勲章を授与した。[*84]

このことに怒り狂った東ドイツ共産党政治局は、ハンガリーへの旅行を差し止めた。しかし、そのことは問題をワルシャワ、そしてとりわけプラハへと移し変えただけであった。ワルシャワとプラハにある西ドイツ大使館は、移住を希望する東ドイツ市民で一杯になり始めていた。特にプラハは、チェコスロヴァキアの内相が一九八九年秋に起きた出来事について報告書に書き留めているように、東ドイツから西ドイツへの移住希望者で集中することになった。チェコスロヴァキアはすでに東ドイツ市民にとって、ハンガリーからオーストリアへと国境を越えるための「中継地点」とされていた。[*85] 東ドイツ市民は、ハンガリーへ行くことが拒絶された場合、故国には戻らずにそのままそこに留まった。

コールとゲンシャーは、プラハとワルシャワの西ドイツ大使館から東ドイツの避難民を一度だけ特別に出国させる交渉を行い、この危機を打開しようとした。東ベルリン政治局は合意したが、そこには大きな落とし穴があった。それは、東ドイツの避難民が西ドイツに人間の積み荷として送り届けられるためには、東ドイツを通過する際に密閉された列車に乗って通過する必要があるという条件だった。この東ドイツを電車で通り抜けるリスクは合意に暗い影を投げかけた。なぜなら、東ドイツ政治局は列車の通行を妨げるために数多くの手段を持っていたし、ドイツの密閉された列車には恐ろしい歴史を連想させるイメージがあった。だが、ほかによい選択肢があるようには思えなかった。ゲンシャーは個人的にプラハへ赴き、大使館で、この政治的な交渉を芝居がかったしぐさで群衆に説明した。彼は歓喜と恐怖が入り交じるなかで迎え入れられ、東ドイツ市民はこの説明を聞くと大慌てで即刻出発の準備を始めた。[*86]

プラハとワルシャワの西ドイツ大使館員は寝不足のまま慌てて避難民を列車に乗せ、この交渉条件が変更される前に西ドイツへの移送を完了させようと奔走した。プラハでは、四〇〇〇人から六〇〇〇人と推計される人びとを六本の列車に詰め込むことになった。[*87] 列車が駅を出たのは真夜中を数時間過ぎてからのことで、それでも数多くの西ドイツ職員の護衛が乗客の管理に最善を尽くした。護衛はまた、何度も列車を止め、立入検査を主張する東ドイツのさまざまな国家安全保障チームにうまく対処しなければならなかった。特別警察官が乗客に身分証明書を見せるように要求するたびに、その場の空気がさっと張りつめた。何人かの避難民はその要求に応じて警察官の足下に彼らの身分証明書を投げつけた。西ドイツ大使館員は、このような挑発的な態度がもし暴力行為に発展した場合、どう対応すべきかわからず、西ドイツ本国とのコミュニケーション手段が無く連絡も取れないなかで、どんな結末を迎えることになるのか想像がつかなかった。[*88]

プラハから出発した列車に同乗した西ドイツ外務省官房審議官フランク・エルベは、「列車は午前一時過ぎに出発し」「不安と恐怖に包まれた」雰囲気だったことを覚えている。夜行列車の旅は、その途上、子連れの家族がトラックで現れるとさらに現実離れしたものとなった。列車は当初、出発点であるプラハにいた群集を運ぶことしか想定していなかった。しかし、プラハの西ドイツ大使館に間に合わずチェコスロヴァキアに遅れて到着した東ドイツ市民は、列車が徐行する場所や、規則上の理由で停車する場所を見つけた。彼らは途中乗車に希望を託して、運べる所持品は何でもトラックに積み込んで大慌てでやって来たのだった。プラハから出発した別の列車に乗車していた西ドイツの報道記者リヒャルト・キースラーは、そのほとんどが途中乗車できなかったと記憶している。[*89]

エルベの乗った列車がチェコスロヴァキアの最後の停車駅に到着した時、一触即発の事態がふたたび差し迫ったものとなった。列車がゆっくりと停車すると、乗客は駅のプラットフォームに一列に並ぶ警官隊を見た。東ドイツからやって来たみすぼらしい姿の数家族が治安部隊と向き合っていたのである。彼らに乗車しないように命じる声が拡声器から流れ駅舎に反響していた。列車がどのくらい停車させられるのか、また、何が起きるのかは誰にもわからなかった。

エルベはいまでも、突然、「ある家族がスーツケースを持って、列車に向かって歩き始める勇気を手に入れた」瞬間を覚えている。それは、心臓が止まるような瞬間でもあった。両親は子どもと所持品をつかむと、一列に並ぶ武装警官隊のなかに突き進んでいった。どのような結果になるのかまったく見当がつかなかった。ただ、どんな結果になったとしても、鉄のカーテンの背後に一日でも長く留まるより悪くなることはない、と信じるだけだった。その家族が夜明け前の光の中を突き進む光景は、同じようにじっと待ち続けていたほかの家族を促した。彼らもその後に続いたのである。この時、列車の中から「彼らに手を伸ばして、列車の中へ引っ張り上げたい」と思った、とエルベは言う。チェコスロヴァキアの警官隊は何もしなかった。プラハを出発した時よりも幾分すし詰め状態になった列車は旅を続けた。

このような成功体験は、西ドイツに一マイル近づくたびに乗客の自信を深めることになった。東ドイツの終着駅に到着すると、一〇代の男の子が、持っていた東ドイツ通貨を窓からすべて投げ捨てた。最初はためらいがちに、その後はひとまとめに投げ捨てたのである。ほかの乗客も彼に倣って、終止符を打った東ドイツの日常生活の基盤だった東ドイツ通貨、身分証明書、アパートの鍵といったものを次々と列車の窓から投げ捨てた。[*90] 列車の駅員は、シャワーのように降ってくるコインや鍵に応え、歓喜に満ちた乗客に向かって帽子を軽く持ち上げて敬意を示した。次の停車駅は西ドイツだった。エルベは「想像できないほど歓喜に溢れた」その瞬間をいまだに覚えていた。

エルベはほかの西ドイツ大使館職員とともに、表向きは密閉された列車に、想定以上の乗客を乗せてそちらに向かっていると上司に報告した。この時ボンは、東ドイツから来る人びとに避難所を提供することにしていた。質問を受けた場合に、「乗り継ぎ地点でさらに多くの人びとが列車に乗り込んできた事実はあからさまに認めるべきではない」という指示が出されていた。[*91] エルベは自分の体験のすべてが、避難民の問題が明らかになるだけではすまされない兆候のように感じた。西ドイツはこれまでも亡命してきた東ドイツの人びとを引き受けてきたが、今回は様子が違っていた。東ドイツ自体が存続できるかどうかの瀬戸際にあるのではないか、と思い始めたのである（後にエルベは、アメリカ国務省のロバート・ゼーリックと緊密に連携しながら、ドイツ統一のロードマップに取り組む重要な外交官の一人となる）。[*92] エルベと同じように、東ドイツ共産党政治局は、プラハへの市民の流出を、あきらかに潜在的に致命的な脅威と捉えた。そのため、一〇月三日に、東ドイツ側のチェコスロヴァキアへの国境を閉鎖することで一時的に人びとの出国を塞《せ》き止めようとした。だが、国境の閉鎖によって人びとの不満を国内に封じ込めることができたとしても、すでにハンガリー、ポーランド、そしてチェコスロヴァキアを出発して西ドイツに向かっている避難民がメディアで取り上げられ、その映像が世界中のテレビ画面に溢れかえるのを食い止めることはもはやできなかった。[*93]

チェルニャーエフは、日記に、西ドイツのテレビ局が撮影したプラハからの列車はとりわけ「ひどいシーン」となり、その「ひどいシーン」が「東ドイツの至るところで放映されている。すべての西側メディアはドイツの再統一に関する記事で埋まっている」と書き留めた。[*94] チェルニャーエフは、ゴルバチョフがこのプロセスを推進したのは幸運であったと言い、一連の出来事を都合よく解釈しようとした。[*95] 一方コールは、ゴルバチョフに電話を掛けて、西ドイツは東ドイツの不安定化を望んでいないと言って彼を安心させなくてはならないと考えた。[*96]

このようなメディア報道は東ドイツに「残った」人びとの生活にも影響を及ぼし、自分たちの惨めで辛い思いを声に出す選択肢へと向かわせた。すぐに、「まだここにいるの?」と訊くことが、「こんにちは」という挨拶代わりとなった。東ドイツに残った人びとは、日中、どれほど多くの人びとが職場から姿を消したかを知った。夕方、仕事を終えて家に帰ると、西ドイツのテレビが茶の間に届ける映像には、自分たちの近所の人びとが、活力に溢れ、西ドイツで歓声を上げる姿が映っていた。[*97] その結果、これまでに蓄積されたフラストレーションに、新たなストレスが加わることになった。東ドイツ市民は、自分たちが出国せずに留まっていることを正当化しなければならなかった。この新たなストレスは、東ドイ

図3　2004年、旧東ドイツの反体制派指導者ベアベル・ボーライ。

ツに留まることを正当化するために、進んで政府に立ち向かおうとする東ドイツ市民の意志を強めた。このことは小規模の反体制派グループやそのグループに好意的な教会に非常に有利に働いた。[*98] 西ドイツに追放されたものの東ドイツに戻った芸術家で反体制派活動家のベアベル・ボーライは、一九八九年一〇月、東ドイツに留まることの意味を「対立は真実が話されるようになるとともに自然に生じた。この対立を回避したいと願う者は、真実を敬遠したいと願う者でもある」と擁護して、大衆に語りかけた。[*99]

東ドイツにおける西ドイツ政府代表部の職員は、当初、このような東ドイツの反体制派に対して以前と変わらず冷ややかだった。たとえば、西ドイツ政府代表部の高官フランツ・ベルテレは、夏から秋にかけて、東ドイツの抗議デモは不運にも機を捉えることができなかったと報告している。また、「われわれの報道機関の「抗議デモ」に関する報告は誇張されたものだ」とも結論づけた。「ベアベル・ボーライは素人くさい印象で、目的を実行するうえで……実際には、多くの解決すべき問題が山積みであり」、反体制派グループの支持者は「知識人」でしかなく、「そのなかに少しでも政治的才能があるように思えるような知識人」はいなかった。[*100]

たとえ組織上の欠点がどれだけあったとしても、一九八九年の秋に、ボーライと著名な反体制派活動家は、その欠点を克服して重要な変化を引き起こす役割を果たした。この点はとても重要である。反体制派グループやそれを支援する教会によって入念に計画された抗議デモのイベントへの参加は、八九年一〇月から一一月にかけて徐々に大きくなり、ベルリンでは一一月四日、ライプツィヒでは一一月六日に五〇万人以上の抗議デモが行われるクライマックスを迎えた。[*101] いずれのデモ行進も抗議デモもうまく行き、さらに多くの人びとが次のデモ行進や抗議デモに参加しようと触発され、参加した人びとの自信が急速に膨らんでいった。党に忠実な党員さえも、クレンツに変化を要求する文書を送っていた。[*102] 政府に対する人びとの異議申し立ては夏から秋にかけて集団出国という形で現れ、次に、国境閉鎖によって国内に封じ込められると大規模な抗議デモという形をとって現れた。これら二つの表現方法はどちらも、労働者と農民の国家に同じように壊滅的な損害をもたらすことになるが、質的には重要な違いがあった。この二つのグループはまったく相容れないわけではなかったが、総体的に、移住者は東ドイツを逃れたいと思い、デモの参加者は東ドイツを変えたいと願っていた。初期の抗議デモにおいて、民衆が連呼したシュプレヒコールは、「われわれは脱出する」だったが、その後には「われわれは人民である」「われわれはここに留まる」に変化した。

ドイツ社会主義統一党（SED）は、民衆の反発を和らげるために新たな旅行と移住の規則の策定を試みたが、この新規則は従来のものとあまり変わらなかった。地方の党事務局には苦情が大量に送りつけられていた。また、東ドイツにおける抗議デモの参加者は、数多くのデモのなかで、政権与党である

SEDに自分たちが実質的に何を望んでいるかを伝えようとした。[*103] 東ベルリンの抗議デモで掲げられたプラカードには、東ドイツのあちこちで人びとが実感している思いを目に見える形で示していた。そこには、「ここはベルリンの壁の両側に落書きをするための場だ」「考証《ビザ》なしでハワイまで」「皆にパスポートを――SEDにはクビの通告を」と書かれていた。[*104]

人びとのこのような期待に沿うことができなければ、その結果がどうなるのかを推測するのは容易だった。東ドイツは、西ドイツへの国民の流出の増加と、国内政治・経済状況のさらなる不安定化に直面した。[*105] 国家として、もはやこれ以上の国民の流出と政治・経済の不安定化には耐え切れなかった。東ドイツ指導部は、国内すべての国境を一ヶ月間にわたって閉鎖し、国内に緊張状態をもたらしたことが、国民に耐えがたいほどのフラストレーションを引き起こし、街頭デモの参加者の増大につながったことに遅ればせながら気がついた。[*106] 東ドイツ政治局は、チェコスロヴァキアへの新たな安全弁が人びとの怒りを和らげることを願って、出国許可を再開することにした。これを受けてチェコスロヴァキア指導部は、プラハのあらゆる通りに東ドイツ人が溢れかえる光景をふたたび目にするのを恐れ、彼らがチェコスロヴァキアから直接西ドイツへ向かうことを認可すると発表した。それによって、一一月一日から七日のあいだに三万七〇〇〇人を超える人びとがこのチェコスロヴァキア経由で東ドイツから出国した。ときおり、一時間当たり三〇〇〇人という出国率に達した。[*107] 一方で、出国ルートが再開されたにもかかわらず、東ドイツにおける抗議デモは収束しなかった。

最終段階は、SEDがさらに「改正」旅行法の公布を決めた時に起きた。その改正法案には、これまで外国旅行を妨げてきた数多の細則がそのまま残されていた。東ドイツの人びとには、憲法が定めているように、規定の上では、東ドイツを出国する権利があった。しかし、「国家安全保障」という規則の例外はこれまでどおりに記載されていた。この規則が人びとが権利を行使するのをつねに妨げてきた。

そのような細則をともなった「改正」旅行法は、一一月九日、放心状態にあったSED指導部から正式に承認された。[*108] 当時、上層指導部は国家経済が破綻した報告を受けるなど、ほかの問題処理に追われて忙しかった。新たにSED党首になったクレンツは、（ホーネッカーに提示されてきた楽観的な報告とは反対に）東ドイツの経済的健全性の実態を尋ねた。そして東ドイツが「最大限可能な範囲で資本主義的な信用供与に依存して（つまり、借金して）」いたことを知った。[*109] 東ドイツはソ連の最大貿易相手国だったため、ゴルバチョフはこのことを知らされた時、不快感を示した。[*110] ゴルバチョフは、CIAの見解とは対照的に、東ドイツ経済が不健全であることを知っていたが、この報告は厄介だった。一九八七年に至ってもなお、CIAは重大な間違いを犯し、『実態調査書《ファクトブック》』のなかで、東ドイツの一人当たりの国内総生産が西ドイツよりも一〇〇ドル多いと報告していた。[*111]

国家財政が破綻しているという報告は党指導部の注意を改正法案から逸らした。重要なことではあったが、最新の変更の文言がさまざまな人の手を経て書き直されたために、紛らわしい言葉遣いとなっていることに注意が払われなかったのである。これらの加筆・修正といった変更は従来の制約を取り除くことを意味しなかったが、取り除くことを意味するかのように書き直されていた。しかし、問題は、規則を変更する法的手続きのどの段階においても基本的な問題を議論しなかったことにある。たとえば、国境を開くことについてソ連に相談する、国境警備隊を増員して増加する交通量を規制する任務にあたらせる、あるいは国境警備隊に何をどう告げるかといったことさえ議論されなかったのは、改正旅行法が入念に計画された結果ではなかったことを示している。こうして、後にゴルバチョフは、東ドイツ指導部が彼に相談することなく、ベルリンの壁を開いたことに驚くことになる。東ベルリンに駐在していたソ連大使代理は、東ドイツ指導部全体がおかしくなったのではないかと考えた。実際には、彼らにも何が起きているのかまったくわからなかったため、ベルリンの壁が開かれることになるとは誰もソ連に通告しなかったのである。[*112] 西側から金銭的補償を受けることなく壁を開く、あるいはナチ党員がユダヤ人の居住地域やシナゴーグなどを襲撃、放火した一九三八年の「水晶の夜《クリスタル・ナハト》」の記念日に壁を開くことの妥当性についても、誰も意見を述べなかった。要するに、改正旅行法がきっかけとなって、一一月九日の夜にベルリンの壁が崩壊することになる空気を誰も読めなかったのである。[*113]

その日の夕方六時、東ドイツ共産党政治局員で政治局メディア報道官を務めていたギュンター・シャボウスキーは記者会見を開く予定になっていた。記者会見が始まる直前に受け取った一枚の紙には、旅行に関する法律の変更点の最新情報と、公の場でその変更点に言及するようにという指示が記されていた。シャボウスキーはこれらの「改正」法案をめぐる議論にまったく関与していなかっただけでなく、その最新の変更点を読む暇もなかった。そこで、記者会見の終わりの方でついでに触れることにした。

シャボウスキーは、面白くもない一時間の予定の記者会見が五五分ほど過ぎたところで、ようやく旅行規則に触れた。あまりにもつまらない会見だったので、出席していたアメリカのニュース番組総司会者トム・ブロコウは「うんざりしていた」ことを覚えている。まさに会見が終了すると思われた時、あるジャーナリストが旅行規則について質問したことがシャボウスキーの記憶を蘇えらせたようだった。彼はその質問に答えて、冗長かつ支離滅裂な言葉遣いで、改正旅行法を要約しようとした。理解が不充分なまま、しどろもどろに長い文章を読む声は次第に小さくなって途絶えた。その長ったらしいフレーズのなかに散りばめられた――「とにかく、今日、私が知るかぎりでは、決定が下された。それは政治局の勧告である。旅行に関する規則の草稿からある一節が外された」――不明瞭ではあったが、「東ドイツを出国する」「すべての市民に可能な」「国境を越えて出る」といった人びとを興奮させるような言葉の断片を聞き取ることはできた。

シャボウスキーは部屋にいたすべてのジャーナリストが突然手を挙げて質問したがる様子を見て驚いた。「いつ施行されるのですか」と一人のジャーナリストが叫んだ。「え、なんですか?」とシャボウスキーが戸惑って訊き返した。「すぐに?」と別のジャーナリストが叫んだ。シャボウスキーは、いらいらしながら、質問への回答を求めて彼の前に置かれた書類をパラパラとめくり始めた。「その改正された規則はいつ施行されるのですか?」と同じ質問がしつこく繰り返された。シャボウスキーはかなり慌てながら、机の上の書類に集中しようとしばらく独り言を呟いていたが、「すぐに、いまからすぐに」という言葉を口にした。

ブロコウはその瞬間をあたかも「大気圏外から来たシグナルが部屋全体に感電した」かのように感じた、と表現する。室内は突如として騒がしくなった。何人かのジャーナリストはシャボウスキーの会見終了を待たず、慌てて報告をしに部屋を出た。すぐに多くの質問が一斉に大声で浴びせられた。なかには、「これから、ベルリンの壁で何が起こりますか」という質問もあった。このような展開に不安を抱きながらも、シャボウスキーは「七時です。これが最後の質問です」とあきらかに安堵して答えた。シャボウスキーは壁についての質問をはぐらかすように、次のように答えて記者会見を締めくくろうとした。「旅行に関する質問、われわれの側から壁を越える際の通過に関する質問にはまだ答えられません。改正された規則の趣旨に関するご質問、このことについては、このように言いましょう。東ドイツの国境の防御を固めた、と」。このように曖昧に返答した後、シャボウスキーは別の言い方を試みた。「その場合、われわれにはつねに考慮すべき多くの別の要因があると言ってきました。……もし連邦共和国

（西ドイツ）が、もしＮＡＴＯが態度を明確にして武装解除を行うのであれば、ご質問をめぐる議論に前向きな影響を及ぼすことになるでしょう」[*114]。

ＮＡＴＯが翌日の朝までに軍の武装解除を行うとは思えなかったが、シャボウスキーがその夜に起きることをまったく予期していなかったのは明らかである。彼は壁をめぐる推測に水を差そうと試みたが、ほとんどのジャーナリストがいま耳にしたニュースを広めようとすでに会見場を後にしていた。シャボウスキーは言葉どおり、七時を五四秒過ぎた時点で記者会見を打ち切り、問題をそのまま放置した。改正された規則の変更点を明確にするために、一分というほんのわずかな時間さえ充てなかった。まさかそのことがベルリンの壁を崩壊させる導火線に火を点けてしまったとは思いもよらなかったのである[*115]。

## テレビが現実を変える

もし東ドイツ市民のあいだに深まる自信が、一九八九年の夏から秋にかけての四つ目の主要な事態だったのなら、その自信がマスメディアの影響と交差した点がきわめて重要な五つ目の、そして最後の事態の展開であったと言える[*116]。テレビはとりわけ特別な役割を果たした。テレビ番組の解説者は東西冷戦を通して、国際政治に非常に大きな影響を与えてきたが、一九八九年、彼らはあきらかに、壁が崩壊する因果関係の重要なファクターとなった。

テレビ番組の解説者の影響が頂点に達したのは一一月九日だった。シャボウスキーが呟いた所感は、旅行規則が緩和されたことを示唆した。しかし、壁はまだ開かれていなかった。そして、あまりにも楽天的なメディア報道と、自信を深めた東ドイツ市民が国境へ向かう危険を冒す勇気や行動とが結びつき、

地図3　分断されたドイツ

人びとの感情が爆発した結果として壁が開かれるのである。テレビで見ることができたのだから、真実であるにちがいない、あるいは、少なくとも夕方のニュースで繰り返し放送される程度には真実であるにちがいない、と思ったのだ。希望に満ちた東ドイツ市民は、信念以外の防衛手段もなく、武装した警備隊のいる国境に立ち向かった。では、メディア報道は一一月九日にどのように現実になったのだろうか。

報道記者は、生涯に一度あるかないかの特ダネを逃すまいと、午後七時にシャボウスキーの記者会見場を急いで飛び出すと、可能なかぎり自分たちに都合のよい解釈を報告した。ベルリンの壁は開いた、と。世界各国の報道機関が諸外国のニュース報道の情報源として依拠する通信社は、この情報をはっきりと、そして明瞭に伝えた。ロイター通信は第一報を七時二分に、その二分後の七時四分にはドイツ通信（ＤＰＡ）が速報を流した。これらの情報が報道されているにもかかわらず、ブロコウは事前の打ち合わせどおり、シャボウスキーとのインタヴューを行っていた。記者会見直後のインタヴューに同意していたため、ベルリンの壁がいままさに開いたと思ったアメリカの報道記者は、シャボウスキーから疑う余地のない言質を引き出そうと考えた。発言を明確にしようと、ブロコウは、シャボウスキーが新しい規則であると理解したことを「東ドイツ市民は壁を通り抜けることができるのですね」と確認した。寝不足が続き、記者会見の最後の数分に起因する大騒ぎに狼狽したシャボウスキーは、さらに慎重に「東ドイツの市民は国境を通り抜けることができる」と発言して、アメリカ人報道記者を遮った。東ドイツの法律はつねにその市民が国境を越えることを認めてきた――もちろん、ほとんど誰もそれを実現する許可を得られなかったが――と言い換えることで、シャボウスキーは安堵した。壁についての明瞭な発言は避けた。しかしながら、ブロコウが「旅行する自由」というフレーズを口にすると、シャボウスキーは「ええ、もちろん、観光旅行には何の問題もありません。東ドイツを出国してもよいという許可です」とたどたどしい英語で答えた。

ブロコウと報道チームは、やや理解に苦しむ返答だったにもかかわらず、これで充分だと判断した。その後すぐに西ベルリンのブランデンブルク門へと向かい、アメリカに向けた生放送の準備をした。その夜遅く、ブロコウはテレビ番組の解説者として、東ドイツの人びとは「いまや壁を越えることができる」と報道した。地元のテレビ番組制作チームはブロコウの報道を撮影し、国境をはさんだ両側にいるドイツ人が、同じようにそのテレビ番組を見た。[*117]

アメリカとの時差の関係で、ブロコウのスタッフはNBCニュース報道番組『NBCナイトリーニュース』のアメリカ東部時間午後六時三〇分から七時までの三〇分間の放送が始まる前に、速報とシャボウスキーのインタヴュー映像について、じっくり考える時間があった。だが、西ドイツのテレビ局にはそんな余裕はなかった。そのうちの一つ、ドイツ公共放送ARDは午後七時三分から八時の夜のニュース番組にどんなニュースを報道するかを決める必要があった。テレビ局のスタッフは、初めのうちは、壁は「往き来しやすくなるべきだ」というスタンスで、比較的慎重なアプローチを取ることにしていた。もともとシャボウスキーの記者会見の前にトップニュースとして予定されていた、国賓としてポーランドを訪問するコール首相の空港到着までを扱う報道が、夕方のニュース番組のほとんどを占めていた。

しかし、午後一〇時四二分のニュースで、西ドイツ第一放送ARDのスタッフは大きな賭けに出ることにした。リベラルで愛国的な姿勢から「アメリカの良心」と呼ばれたウォルター・クロンカイトと同じような評価を西ドイツで受けていた番組司会者ハンス・フリードリヒスは、報道は「この上なく慎重でなければならない……が、今晩は、あえて賭けてみることにしたい」と厳かな口調で番組を始めた。

だが、やがて彼は興奮して慎重さを忘れ、「今日、一一月九日は歴史的な日です。東ドイツは、すぐにその国境がすべての人びとに開かれる、と発表しました」と公言した。「壁の門は大きく開かれている」と宣言すると、番組はベルリンからの中継に切り換わった。固唾を飲んで見守っていた視聴者たちはそこに何を期待すればよいのかわからなかった。

テレビ視聴者は少し乱れた映像を目にした後、静寂に包まれた国境の通過地点インヴァリデン通りの前に、独り居心地悪そうに立っている通信記者ロビン・ラウテンバッハを目にした。シャボウスキーの記者会見が終わってから三時間半が経って午後一〇時三〇分を少し回っていたが、壁には国境を越える人びとや浮かれ騒ぐ人びとなど一人もいなかった。ラウテンバッハは、フリードリヒスから厄介な問題を振られたことを痛ましいほど自覚しているように見えた。ベルリンの現実は、メディアが煽り立てた視聴者の期待に応えていなかったのである。ラウテンバッハと番組は、残り時間を埋めるために最善を尽くした。番組は壁について録画済みの報道に切り換わった。ラウテンバッハは、東ドイツ市民の脱出を耳にしたと言う西ベルリンの人びとにインタヴューを試みた。やがて、シャボウスキーの記者会見の映像を繰り返し流し、最後にはスポーツニュースさえ流した。ベルリンから何か興奮するようなニュースはないかと最後にもう一度だけ試みたが、基本的には番組の失敗を認め、視聴者に、人びとの大きな波は「おそらくまだ押し寄せていない」と告げた。[*118]

報道記者は現実を先行していたが、現実はその報道に追いつこうとしていた。東ドイツの膨大な数の人びとが、表向きは禁じられていたが、ARDのようなニュース番組を見たり、ラジオ放送を聴いたりすることができた。チェルニャーエフは、東ドイツの約九〇パーセントの人びとが西ドイツのテレビ番組を見ていると、コールが見積もっていたことを回想している。[*119] 西側の分析者は、東ドイツの政権がこ

地図4　西ベルリン（アメリカ占領区、イギリス占領区、フランス占領区）と東ベルリン（ソ連占領区）

のように多くの不法なテレビ視聴を容認したのは、出国制限に対する抗議を抑制するためだった、と推測していた。東ドイツ市民は、実際に出国する代わりに、毎晩テレビの受信機を介して、西ドイツへのヴァーチャルな「夜の移住」をしていたのである。[*120]

しかしながら、いま、一九八九年という社会的文脈において、テレビは人びとの怒りを鎮めるどころか、行動を促すファクターとなった。夕方のテレビ報道や、夜にはフリードリヒスの番組のような事実と確信させる報道に触れて、東ドイツ市民は実際に国境を越えられる、と確信したのだった。永久に出国するのではなく、国境を越えられるあいだに、たんに西ドイツを見てみたい、と思い立ってパジャマのままで、あるいは別の部屋で寝ていた子どもたちを連れて、慌てて駆け出した者さえいた。

こうして、数十年に及ぶ東西冷戦によるドイツ分断は、一一月九日夜一一時三〇分少し前に、東西ベルリンの国境通過地点ボルンホルム通り検問所で終わった。そこには、東西ドイツどちらの政界の有力者もいなかった。旧占領四ヶ国の代表も居合わせなかった。では、なぜ、そこで起きたのか。分断されたベルリンには数多くの国境通過地点の検問所があったが、さまざまな要因がボルンホルム通り検問所を人気観光スポットにしていた。たとえば、国境通過地点ハインリヒ＝ハイネ通り周辺の建物は、多くの警察や軍関係者に割り当てられた人気のある新しい居住地区だった。そこに住む人びとが壁を襲撃することなどしないだろうし、近隣に住む人びとはそうなることを恐れていた。外国人旅行客は国境通過地点フリードリヒ通り駅を通り抜けることに満足していた。しかし、ボルンホルム通り検問所は中心地の行きやすい場所にあっただけでなく、反体制派にとっても拠点となる場所だった。（不正操作の選挙にふさわしく、一〇〇パーセントに近い投票率を目指したドイツ社会主義統一党（ＳＥＤ）の目から見れば、それは犯罪としか思われないことだったが）周辺の近隣地区では、投票を棄権する有権者の割合がほかのどの地区よりも高かった。これは、政権不支持を表明する指標でもあった。

ボルンホルム通り検問所の国境警備隊員ハラルト・イエーガーは一九六四年以来二五年間にわたってこの仕事に就いていたが、いままさに起こりつつあることが現実になるなど全く夢想だにしなかった。その夜、いつものように検問所内で夕食を食べながら、テレビに映るシャボウスキーの記者会見を見ていた。ちょうど午後七時になる前に耳にした言葉で、イエーガーは食べ物を喉に詰まらせた。この時、シャボウスキーの発言に啞然としたのは彼一人だけではなかった。[*121] イエーガーは、同僚の警備隊員に、シャボウスキーの言葉は「錯乱したくだらない発言」だと言った後、実際に何が起きているのか知る人物を探そうと電話を掛け始めた。上司は、通常どおり国境は封鎖されたままだと保証した。しかし、七時三〇分には、イエーガーの警備隊チームは、「国境は開いていない」と言って、国境を越えようとする人びとの波を押し戻すのににわかに忙しくなった。一台の警察車両が、拡声器で「国境は開いていない」と同じメッセージを繰り返し告げ始めた。その時には援護部隊を得ていたが、群衆の数は膨れ上がっていた。イエーガーと同僚は武装していた。非常手段としての武器使用は建前としては可能だったが、ギュフロイの射殺について人びとが公然と非難し始めて以来、おそらくイエーガーと他の警備隊員は撃たないように口頭で命じられていた。一一月九日、非常手段としての武器使用を東ドイツ国境警備隊に躊躇させたのは、二〇歳で亡くなったギュフロイの知られざる遺産《レガシー》であるように思われる。[*122]

群衆が膨れ上がり、状況はますます悪化の一途を辿った。国境警備隊は数の力で群衆に勝っていたが、群衆を一掃しようとする警察の取り組みは完全に失敗していた。この状況はほかの国境検問所でも同じように繰り返された。国境通過地点インヴァリデン通り検問所の警備隊も、機関銃で武装した四五人の部隊を増援に呼び寄せていた。しかし、ボルンホルム通り検問所では、事態の進展がすでに重大な局面を迎えていた。多くの電話でのやりとりの後、イエーガーのチームは精神的・肉体的な重圧を少しでも軽減しようと人びとを少しずつ、一度に数人ずつ通し始めた。一人ずつ個別に確認し、名前を記録し、後で再入国を拒むことで騒々しい人びとを罰することにした。九時頃には、再入国禁止となる人びとの顔写真にスタンプを押してこの手続きを推し進めた。巨大な群衆が「門を開けろ、門を開けろ」と、不気味に連呼し始めるまでの一時間三〇分ほどは、何とかこの手続きで対応した。

テレビ番組司会者フリードリヒスが、一〇時四二分に放送を始めた少し後で、ボルンホルム通り検問所の国境警備隊は、一度に二、三人ずつ国境を通すことでは重圧を軽減する試みが簡単には機能しないことに気づいた。イエーガーは、警備隊のなかで議論を重ねた後、集団的な暴力行為以外に残された唯一の手段は、検問所を開くことだと決断し、部下の警備隊員たちに開放を命じた。その結果、膨大な数の人びとが壁に押し寄せてきた。イエーガーのチームは後に、たった三〇分ほどのあいだに、数千の人びとが我先に西へ進んだと見積もった。ドイツ分断はここに終わったのである。

この時、もし西ドイツ公共放送ＡＲＤの通信記者ラウテンバッハが、午後一一時頃にそのような主導権を進んでとろうとする警備隊員のいなかったインヴァリデン通り検問所ではなく、ボルンホルム通り検問所の前に立っていたなら、驚くべき映像に恋焦がれることなどなかっただろう。彼の代わりに幸運が訪れたのは、ハンブルクに本部を置くドイツの週刊誌『デア・シュピーゲル』運営のシュピーゲルテレビ局取材記者のゲオルク・マスコロとカメラマンのライナー・メルツであった。彼らは、国境通過地点ボルンホルム通り検問所で生涯最高の映像を撮ることになる。彼らのビデオ映像は後に世界中に放映され、ＣＮＮ制作の東西冷戦の歴史といったドキュメンタリー番組のなかで重要な場面《シーン》を構成することになった。[*123]

ベルリンや、東西ドイツのほかの国境通過地点の検問所も、ほぼ同じように夜通し開かれた。警備隊員たちは、群衆に怯えながら、指導部からの明確な指示も得られず、検問所を開けることを決めた。[*124] すべての検問所の開放は、より多くの人びとが西ドイツのカメラの前に流入することを意味した。それは、より多くの映像が東ドイツに送り返されることをも意味した。さらに、その映像をきっかけに、多くの人びとが自らの目で確かめるために街頭に溢れ出た。自己増幅のループとなったのである。秘密警察《シュタージ》司令部は、翌日に慌てて準備した報告書のなかで、東ベルリンから西ベルリンへ徒歩で国境を越えた人は

図4　1989年11月10日未明、東ベルリンから西ベルリンへの国境通過地点ボルンホルム通り検問所。

六万八〇〇〇人、ほかに九七〇〇台の車が国境を越え、うち約四万五〇〇〇人と約五二〇〇台の車が一一月一〇日午前四時までに東ドイツに戻った、と見積もっている。

最も重要な国境通過地点は、言うまでもなく、ボルンホルム通り検問所であった。イエーガーと彼の同僚は二万人がそこから出国したと見積もった。そして楽観的に、二万人全員が戻ってきたとも報告している。再入国禁止の措置が、機能しなかったこともあった。子どもを家に残してきた人びとは、再入国できないと言われると、号泣した。イエーガーは自らの権限で彼らの再入国を認めた。その後、これまでのところ彼は何の尋問も受けていない。[*125]

東ベルリンの光景は、東ドイツの至る所で繰り返し起きた。さらに五四〇四人の人びとと二一九二台の車が東ドイツのあらゆる場所から国境を越えて西ドイツに入国した。うち一万九九人と三三五台の車が翌一〇日午前四時までに戻って来た。秘密警察の報告は、大規模な移動の理由は明白だと記している。記録には、マスメディアの影響とある。報告書は「あきらかに、人びとが旅行を決心したのは、西側メディアのニュース報道にその起源をたどることができる」と記している。[*126] 秘密警察は、彼らにとって好ましくない行為は、西側メディアの扇動に起因するとたびたび非難してきた。しかし、その夜、国境にやって来た人びとの証言によれば、意図したものではなかったにせよ、この事例は、西側メディアの報道が正確であったことを示唆している。

国境を越える人びとにとって、期せずして幸運だったのは、戦略的な決断を下すことのできる上級官僚がほぼ全員危機管理の会議室に閉じ込められていたことだった。主だったものとして、東ドイツ中央委員会の会議があった。会議は予定時間を大幅に越え、午後六時に終了する予定が八時四五分まで続いた。携帯電話やメールが普及する以前の時代には、会議の出席者に外部のニュースが入ってくることはなかったのである。会議に出席できない下級官僚には、ニュースを伝えに会議室に立ち入って議論を遮るだけの勇気がなかった。その結果、血なまぐさい軍事的・政治的な報復を命じようと考えたかもしれない制服組は、国境が開かれたことにまったく気づいていなかった。

これに加え、軍指導部は、中央委員会会議の午後六時の終了予定時刻に続けて、七時から別に上級将校と下級将校から構成される軍会議を召集していた。上級将校は、まず、中央委員会会議に出席しなければならなかった。この会議予定は意図しない結果をもたらした。中央委員会の構成員となるにはまだ若い下級将校は、定刻どおり、軍会議に出席するために七時少し前に設定された会議室に集まっていた。そのため、シャボウスキーの記者会見の重要な部分である最後の数分間を見逃していた。上級将校が中央委員会会議からようやく解放されて慌てて九時三〇分過ぎに下級将校の待つ会議室に駆けつけて、七時に始まる予定だった軍会議を始めるまでの三時間近く、下級官僚が重要な最新情報を何一つ伝えに入らなかったため、下級将校は呆れるほど何も知らずにただ座って待っていた。上級将校や下級将校をはじめ、軍指導部は国境が開かれたというニュース報道が流れていることすら何も知らなかったのである。権威に服従する支配関係において、部下は誰も、自分の上司に都合の悪い報せを届ける最初の報告者になりたくなかったのだろう。[*127]

国防副大臣マンフレート・グレーツは、後に悲しげに「このきわめて重大な時に、われわれは多くの時間をただぼうっと座って過ごし、会議を重ね、ときおり無駄話をしてタイミングを逃してしまった」と回想している。夜遅く開かれていた軍会議のあいだに、何人かがようやく電話を入れたが、ほとんどの軍指導部――国境の開放を防ぐのに大規模で組織化された武力を行使する決定を下すことのできる有能な将校――が何が起きているのかを知ったのは、真夜中に会議が終了した少し後のことだった。[*128]

それから一一月一二日までの三日間におよそ三〇〇万人の東ドイツ市民が西ベルリンと西ドイツを訪れた。この勢いを食い止めようとする最後の抵抗のなかで、政権を握るドイツ社会主義統一党（ＳＥＤ）は、まず、旅行を希望する者に考証《ビザ》の入手を求めた。一一月九日の夜に考証《ビザ》なしで西ドイツに旅行する人びとの光景を目にしたにもかかわらず、東ドイツの旧い慣習に縛られ、五二〇万を越える東ドイツ市民が考証《ビザ》を申請し、受け取った。考証《ビザ》の配給を担当する庁舎には大勢の人びとが押し寄せ、配給作業が追いつかない状態が続いた。[*129] 東ドイツ政府は、旅行者が本当に必要とした西ドイツ通貨を供給することもできなかった。西ドイツ政府は当初、西ドイツに来たというだけで東ドイツの人びとに「歓迎金」を与えていたが、その一〇〇マルクという金額は長期の旅行をするには充分ではなかった。[*130] 一一月一二日になってようやく、九ヶ月前にギュフロイを撃ち殺すことになった、考証《ビザ》なしで国境を越えようとする者を射殺する訓練は正式かつ完全に廃止された。[*131]

## おわりに

上述した五つの事態の進展が、一一月九日の夜までに東西冷戦を永久に変え、期せずしてベルリンの壁が開かれるに到る因果関係の連鎖を生み出した。第一に、天安門事件をヨーロッパの社会的文脈に移すことに失敗したが、この失敗により、ヨーロッパでは少なくとも非暴力の合意が成立していたことが明らかとなった。[*132] 一九八九年にはまだ武力行使が共産党指導部にとって現実的な選択肢として残っていたため、八九年の春から夏にかけて中国で起きた抗議デモとそれに対する中国共産党指導部の対応と、東ドイツにおける事態の進展との対照性は、いまだに際立っている。また数多の兆候は、東ドイツの指導者ホーネッカーが武力行使を容認していたことを示唆している。ライプツィヒの抗議デモの参加者が非暴力を選択したこと、ホーネッカーではなくゴルバチョフの例に倣うべきだと考えたほかの共産党政治局員の思惑、そしてさまざまな要因が混然一体となって、ホーネッカーが目論んだ流血の事態が起きることを未然に防いだ。東ドイツは、さまざまな問題を抱えていたとはいえ、八九年一〇月にはまだ武力行使が可能であり、その結果は予想できなかった。だが、武力行使はなされず、支配者と被支配者のあいだに非暴力の合意があることが明らかになるとすぐに、秋の革命は他に類を見ないほど平和的に推移した。

第二に、非暴力の合意が明らかになるにつれて、それまでの合意が疑わしく思われるようになった。つまり、ヨーロッパの平和は分断によって維持されるという東西冷戦の前提が、一九八九年にはもはや機能不全に思われたのである。[*133] 東欧の人びとは、八〇年代になると、もはや東西冷戦という取り決めを喜んで受け容れる気がないことを表明し始めた。さらに、アメリカが八九年には干渉せず、重要な主導権を取らないという選択を意識的にしたため、ゴルバチョフはペレストロイカをほとんど前進させることができなくなった。このように、いまや変化を推し進める主導権は、街頭へ、とりわけハンガリー、ポーランド、東ドイツの街頭《ストリート》へと移ったのである。

第三に、東欧の人びとが現状に甘んじることを止めたにもかかわらず、アメリカが引き続き現状維持を志向する姿勢は明らかだった。NATOの主要同盟国は同盟関係に基づく外交と行動に関係している妥協案に抗うことがいかに難しいかを認識し、現状を少しも変えたがらなかった。レーガンが主導した妥協案はNATOと当時彼の副大統領だったブッシュから数多くの誹謗中傷を受けた。そして、ブッシュが大統領となった。変化の速度を緩めて、既定の現状維持に固執する彼の関心は、とりわけ短距離核兵器の維持をめぐって、東西双方の抗議デモに参加する市民の変革への強い願望と衝突した。

第四の意義深い事態の進展は、東欧諸国の抗議デモの参加者に芽生えた自信であった。ポーランドの連帯や、改革に好意的な考えを持つハンガリー共産党指導部に相当するような反体制派グループが従来は存在しなかった東ドイツにおいて、猛烈な勢いで市民が自信を深めた。一九八九年に、反体制派の指導者が多くの民衆の支持を得ていったのとは対照的に、それまで政権を担ってきた共産党政治局は、(ポーランドのように投票を通して、あるいは街頭を通して) 民衆の支持を次第に失っていくのを目の当たりにした。無能な指導部が西側との生活水準の格差をもたらしたことはとうの昔から明らかだったが、一九八九年に、抗議デモの参加者はその怒りを声に出すと決意したのである。

人びとが声を上げた時、ラジオ放送や、より重要なのはテレビカメラが、声を上げた人びとが大きな影響を及ぼす場面《シーン》を記録するために、もっと言えば、その場面《シーン》を形づくるために、そこに存在した。その秋、西側でテレビ放送され、東側でもその放送が受信された記録映像は事態の進展に大きな影響を与えた。この自己増幅するメカニズムは、一一月九日の夜、東ドイツ市民が国境を越えられることをラジオやテレビで知り、壁を越えることを強く要求した時に最も顕著に現れた。

このような事態の連鎖の特徴は、現状の既定路線を志向するブッシュやサッチャーといった権力の理論家と、ゆっくりとした改革を志向するゴルバチョフやミクローシュ・ネーメト、ポーランドの連帯といった理念の理論家が、何が起きたのかを理解するために互いに注意を払う必要があることを示している。一方では、いくつかの事態の進展は時代遅れの現実主義的な熟慮に基づいていた。ブッシュ政権はあまり譲歩せずとも、ソ連の力の衰退につけ込むことができると考え、ソ連が通常兵力と大量の核兵器保有で優位な立場を堅持していたにもかかわらず、ソ連との交渉を一時的に中断する選択をした。

他方、いくつかの事態の進展は、現状認識能力ではなく現状に向き合う態度、物質的な力ではなく理念によるものだった。東ドイツ政府は、まさに中国が行ったように、武力行使によって街頭の抗議デモの参加者を弾圧する力を持っていた。実際に、一〇月のライプツィヒにおいて、まさに武力を行使する準備が進められていた。しかし、クレンツと彼の支持者は、ゴルバチョフのように、抗議デモの参加者に平和的なアプローチをとることによって、長期的な政権存続がより確実になると考えたのである。同様に、東欧の抗議デモの参加者のあいだに深まる自信は、ソ連軍がなお彼らの国に駐留していたにもかかわらず、生まれたのである。ソ連は、一九五三年、五六年、そして六八年に武力介入によって抗議デモを鎮圧したように、八九年にも、抗議デモを鎮圧できるだけの軍事力を堅持していた。しかし、東欧の市民は、ソ連がいまや抗議デモの鎮圧のために、血の犠牲《コスト》を進んで払おうとはしないことを知っていた。このことは実際の軍事体制の変化というよりむしろ、現状認識の変化を象徴していた。言葉に潜在する力のわかりやすい例として、テレビやラジオというメディアが、最終的にベルリンの壁を開いた功績を正当に評価すべきかもしれない。

つまり、一九八九年、ヨーロッパの半分は、その全体の安定を維持するために非民主主義的な政権のもとで生き続ける必要はないという結論に到った。言い方を変えれば、ヨーロッパの半分は無期限に続く欺瞞を我慢し続けることを止めた。西欧にとっては「善き冷戦」だったかもしれないが、東欧の市民にとっては間違いなくそうではなかった。そして彼らがこれまでとは異なる生活を望んだ時、武力弾圧の脅威はなくなっていたのである。[*134] 既存の秩序の変化は、一七八九年、一九三九年、一九四九年と同じように、一九八九年にふたたび可能となった。ドイツの分断は終わった。平和か、それとも戦争が続くのか。完全に失敗したモデルに取って代わる、新たな政治・社会秩序とはどんなものなのか。

# 第2章　旧占領四ヶ国の復権か国家連合の再生か

ドイツ人は正午に蕪のスープが入ったボウルか、パンを持ってきて、それで一日をしのげと言います。最初はナイフが支配した時期でした……結局、ナイフはナイフでしかありません。単純に確立された秩序の原則です。しかし、それは三ヶ月も続きません……新たに指名された代表は、黒パンを一ミリの違いもなく六枚にスライスする術を知っている者たちで、射ぬくような目で凝視されたなか、普通選挙で選ばれるのです。めったにない、教えられるところの多い光景でした。私は、社会契約の誕生に立ち会っていたのです。

——フランソワ・ミッテラン、ドイツの捕虜収容所における戦時体験を振り返って

自由と偶然は中間に位置する距離の問題、どのくらい自分が離れているかという問題です。わかりますか。

——ベストセラーになったドイツの小説『世界の測量』(*Die Vermessung der Welt*) 二〇〇五年[*1]

東ドイツの街頭《ストリート》、つまり、抗議デモを続けてきた市民と、初めて参加した市民との共闘が、メディアの援護を受けて壁を打ち壊した。全世界の多くの人びとは、テレビの前に座ってただ呆然と眺めていただけだった。その現実は、テレビを通してそれを眺める人びとにとって、共産党政治局と民衆の力の抗争が大規模なスケールで展開する楽しいショーでしかなかった。そしてその終焉は、共産党政治局とその後ろ盾だったソ連が、もはや東西冷戦体制という秩序を維持するために自ら血を流す覚悟が無いことを露呈した。[*2] あきらかに新たな秩序が必要とされていた。そして、すぐに五つの中心的なアクターが新たなモデルを提案し、ドイツ統一をめぐる国際政治のなかで重要な役割を担っていった。

これら五つのアクターと、壁が開いた後に彼らが何をしたかを詳細に見ていく前に、「中心的なアクター」という概念を定義する必要がある。[*3] この概念の定義は、社会的な階級や地位ではなく、その人物に内在する能力に基づく。革命的な変化が起こると、あらゆる規範や制度に対して疑念が呼び起こされる。その時に重要なのは、特別な肩書きや集団のなかで任命された階級や地位ではなく、現実を変えることのできる行動力である。従来どおり、政府や国家の最高責任者とその側近という要人が重要な役割を担うこともあったが、今回は、もっぱら街頭《ストリート》の民衆が重要な役割を担っていた。そこで最も重要なのは、自らが望む方向に導き、変化を成し遂げる力だった。言い方を換えれば、新しい秩序を規定する権力闘争のなかで、主導権を握る指導者として頭角を現すことだった。彼らは、絶えず変化する構成要因でもあった。つまり、一九八九年一二月から一九九〇年九月までの転換期のあいだ、つねに同一人物が中心的なアクターとしての役割を果たしていたわけではなく、その「職務ないし責任」は一つのグループから別のグループへと頻繁に入れ替わっていた。[*4]

年代順に言うと、五つの中心的なアクターは、次の順序で主導権を握る指導者として頭角を現した。最初はコール首相と彼の側近である。しかし、西ドイツ連邦首相府としてではなかった。なぜならコールは、表向きには連立政権を組むパートナーでリベラルなドイツ自由民主党（ＦＤＰ）とは別に、ひそかに独自の政策を策定していたからである。このアプローチは危険だった。連立を組む自由民主党の支持、特にその党首である外相ハンス゠ディートリヒ・ゲンシャーの支持がなければ、そもそもコールの連立政権は崩壊する運命にあった。そのため、コールは連立政権が崩壊しないよう細心の注意を払いながら独自の政策を推進した。このように政治力学をよく理解していたことが、コールが首相の座に就けたことの原点にあった。一九八二年にゲンシャーと自由民主党は中道左派の前首相ヘルムート・シュミットを見放して、コール支持に転じた。このことをよく理解しながらも、コールはゲンシャーの意見を聴くことなく独自の政策を推し進めた。とはいえ、ゲンシャーが中心的なアクターではなかった、と言うのはあまりにも短絡的すぎるだろう。ゲンシャーとコールが多くのことを成し遂げられたのは、たとえば一九九〇年七月のように、彼らが互いに協力した時だった。とはいえ、二人はつねに協力したわけではなかった。コールの意識は、連立政権から切り離して考えると、いちばんよく理解できるだろう。

二つめの中心的なアクターは、一九八九年末に結成された二〇世紀の憲法制定会議のようなものだった。東ドイツの抗議デモの指導者は、自立的な東ドイツを創るために、旧来の党派の分断に橋を架けて一団となって行動しようと考えて、かつて彼らを弾圧した旧勢力と新たな「円卓会議」の創設を試みた。ポーランドの円卓会議は、政権を握る旧勢力が新勢力である連帯を招き入れて連立政権の樹立に成功していた。東ドイツ版の円卓会議は、当初、まさにポーランドでの成功を再現できるように思われた。そのため、かなりの注目を集めた。

三つめの中心的なアクターは、アメリカである。一九八九年の一年間、アメリカは故意に西ドイツとの関係を断絶した。しかし、その後、みずから援助を申し出なければならなくなる。ブッシュ、ベイカー、スコウクロフト、そして彼らの側近は、西ドイツ人でもあったＮＡＴＯ事務総長（元西ドイツ国防相）マンフレート・ヴェルナーと緊密に協議を重ねながら、コールとも緊密に連携をとり始めた。マルタでの米ソ首脳会談とアメリカによるパナマ侵攻が世界に暗い影を落としていた一九八九年一二月、私的でささやかな晩餐会が開かれ、その晩餐会が、ブッシュとコールの連携を推進するうえで、決定的な瞬間となった。ワシントンとボンの協力関係は、一九九〇年初頭に本格的に動き出したのである。

次が、フランソワ・ミッテランである。彼は、ＥＣ（ヨーロッパ共同体）の何人かの最高指導者とともに、重要な役割を担うことになる。当初、ミッテランにはほかの選択肢を考慮する余裕があった。しかし、その後すぐに、ドイツ統一の可能性と向き合わなければならなくなる。この流れは、一九九〇年初めの数ヶ月のあいだに突如として起きた。

最後が、ゴルバチョフと彼の側近グループ、それに加え彼らに対抗するソ連共産党とソ連軍の上層部である。彼らはすべての事態の進展において中心的な役割を担った。たしかに、ソ連経済は崩壊寸前だった。しかし、先述したように、ソ連軍はいまだに東ドイツ国内に駐留していた。この事実は、ソ連との協定なしには交渉が何もまとまらないことを意味した。その協定をめぐって、一九九〇年三月から八月にかけて、西ドイツとソ連のあいだで断続的な協議が行われたのである。[*5]

壁の開放は、これら五つの中心的なアクターたちに、いかに直接的な影響を与えたのだろうか。

## 一一月九日の夜に

コールは、自分が間違った時間《とき》に間違った場所にいるような気がして居心地の悪い思いをしていた。その日は、ほぼすべての側近を含む膨大な人数の代表団とともに、華やかなファンファーレに迎えられて、予定時刻よりも早くワルシャワに到着していた。誰が見ても必要な行事のために、彼らはそこにいたのである。ポーランドへの長期滞在は、一九三九年秋にナチスがポーランドへの侵攻を正当化する口実として、ラジオ局を襲撃したグライヴィッツ事件の五〇周年記念式典に出席するためだった。コールの目的は、西ドイツとポーランドの二国間関係を改善することにあった。ポーランドではいまや、自由労働組合である連帯のメンバーが刑務所から釈放され、政権に就いていた。しかし、空港に到着した瞬間から、コールは東ドイツに関する質問攻めにあった。世界的に有名な連帯の指導者レフ・ヴァヴェンサ（ワレサ）との会談もその例外ではなかった。コールとヴァヴェンサは午後六時五分に話し始めた。その時まさに、東ベルリンでは午後六時から一時間にわたるシャボウスキーの記者会見が始まったところだった。ヴァヴェンサは、もし壁が開くなら、それはポーランドにとって何を意味することになると思うか、と尋ねてコールを驚かせた。コールは東ドイツの民衆はそれほど急進的ではないと答えて、その質問をはぐらかした。[*6] しかし、ヴァヴェンサの直感はコールよりも鋭かった。ヴァヴェンサに別れを告げて記念式典開会の晩餐会へ向かう途上、コールはシャボウスキーが何か重大な発表をしたかもしれないという連絡を受け始めた。

コール首相府の報道情報局局長だったハンス・「ジョニー」・クラインは、この優雅な晩餐会で場違いなことをした。晩餐会のテーブルに着くコールに近づくと、かつて連帯におけるポーランド民主化運動の指導者の一人であり、非共産党政権初の首相となったポーランドのタデウシュ・マゾヴィエッキとの会話を遮ったのである。それは、シャボウスキーの記者会見についてのセンセーショナルな報告がどうやら事実のようだ、と伝えるためだった。午後九時頃に晩餐会を後にすると、コールはボンに残してきた数少ない腹心の一人、首相府広報部長のエドゥアルト・アッカーマンに電話をして、一体何が起きているのか、と訊いた。「首相、報道されているようにベルリンの壁が崩壊しています」と彼は興奮して答えた。「なんだと、間違いないのか」と、コールは念のため訊き返した。「はい、間違いありません」と、アッカーマンは応じた。その頃すでに、東ドイツ側の国境に、出国を希望する群衆が押し寄せていたからだった。実際、何が起きているのかを精確に告げられたとしても、コールにはほとんど理解できなかっただろう。この時のアッカーマンはおそらく、やがて波のように人びとが押し寄せる少し前、まだ二、三名ずつ国境を越えさせていたボルンホルム通り検問所の様子に言及しただけだったのだろう。コールは、アッカーマンの言葉を信じるほかなかった。ワルシャワの西ドイツ大使館では、西ドイツのテレビ番組を見ることはできなかった。ワルシャワ条約機構加盟国の領土内にいながら機密情報をやりとりするには自ずと限界があった。つまり、コールはいま自分が間違った時間に間違った時《とき》間に間違った場所にいることを確信して、この状況を打開するために何か手を打たなければならないと思い始めたのだった。[*7]

コールは、一九三〇年、三人兄弟の末っ子としてカトリックの家庭に生まれた。そして、カトリックの政治家である西ドイツの初代首相コンラート・アデナウアーに憧れながら大人になった。幼い頃、第二次世界大戦の戦渦によって、兄ヴァルターを一九歳で亡くした後で、民主主義の再興に努めたアデナウアーに尊敬の念を抱いたのである。若きヘルムートは、ドイツキリスト教民主同盟（CDU）の青年組織に参加し、大学では政治史を専攻して、できるだけ早い政界での活躍を誓った。一九四五年以降の西ドイツにおける政党の形成について博士論文を執筆し、最終的にハイデルベルク大学で歴史学の博士号を取得した。この研究が彼の政治的なキャリアに支障を来たすことはなかった。CDUの期待の新星だったコールは、一九六九年には、三〇代後半という若さですでにラインラント゠プファルツ州首相になっていた。その後、地方政治や党内政治で培った才能によって、国政レベルでも同じように成功を収めることになる。コールは、一九八二年、前述したようにドイツ自由民主党（FDP）の支持を勝ち取って西ドイツの首相となった。最終的には、一六年にわたり首相の座を維持することになる。[*8]

しかし、一九八九年、コールは重大な局面に直面していた。首相の座を失いかねない潜在的な危機の一歩手前で踏み止まっていたのである。歴史学を専攻した学生として、アデナウアーが犯したのと同じ失敗を犯すつもりはなかった。一九六一年、重大な危機の最中にあったアデナウアーは、西側同盟諸国の忠告に従って、ベルリンを訪れなかった。その時、壁が建設されていたのである。アデナウアーは晩年になってから、壁が建設されている現場に赴かなかったことをこっぴどく批判された。コールは同じような批判にさらされたくなかった。一一月九日の正式な晩餐会が終わった翌一〇日金曜日の夜半を少し過ぎた頃、事態の推移を慎重に見守っていたコールは、分断されたベルリンではなく、彼の権力の基盤である西ドイツのボンに帰る決断をした。[*9]

まず、記念式典の主催者が侮辱されたと思わないように、ポーランドから抜け出す方法を見つけなければならなかった。ワルシャワを訪れ、ワルシャワ・ゲットー犠牲者の祈念碑の前にひざまずいた元首相ヴィリー・ブラントの足跡をたどった朝、コールをさらに動揺させるニュースが届いた。ブラントの率いる野党、ドイツ社会民主党（SPD）の党員である西ベルリン市長ヴァルター・モンパーが、まさにその日の午後四時三〇分から壁崩壊後初めてとなる重要な報道イヴェントを主催する準備をしている、との報告だった。イヴェントが開かれる会場は、かつてアメリカのケネディ大統領がベルリンへの巡礼で訪れたシェーネベルク市庁舎《ラートハウス》であった。もしコールがその場に不在となれば、彼と連立政権与党CDUが、事態の進展を制御する力がないことを印象づける可能性があった。外交・安全保障政策において、コールが最も信頼をおいた補佐官ホルスト・テルチクは、それこそがまさにSPDの狙いだと考えた。

コールは正午にポーランドの大統領ヤルゼルスキに電話をして、その日の午後に設定されていた首脳会談の予定を変更する了承を取りつけた。同様に、ほかのポーランド指導部からも、不満そうではあったが、会談予定の変更を了承してもらった。次に、いまだ拘束力があった旧占領四ヶ国共同統治による航空交通規制によって、西ドイツの航空機が西ベルリンに直行することが認められていない事実に対処する必要があった。ワルシャワから西ベルリンまでの飛行距離は三二〇マイルだった。ここで首相は、東西冷戦という現実の要請に従って、アメリカに救いの手を求めた。[*10] アメリカ空軍は、アメリカの航空機がハンブルクでコールの一団を出迎え、そこから西ベルリンに向かうことに同意した。コールと彼の補佐官たちは、ポーランドを午後二時三〇分に出発して、四時三〇分ちょうどに何とかイヴェント会場に到着した。しかしそこで、イヴェントの開始時刻が延期されたことを知った。

やっとのことで西ベルリンに到着したにもかかわらず、彼らはそこで敵意ある群集から野次《ブーイング》で迎えられた。そのうえ、ボンに残した側近チームからはさらに悪い報告が届いた。CDUの地方支部が、同日の夜、別のイヴェント（午後六時半にベルリンのカイザー・ヴィルヘルム教会でのCDU主催の集会）を企画したというのである。当然、首相はそこでも同じように演説をする必要があった。彼を支えるスタッフがおり、世界の指導者と盗聴されることなくコンタクトのとれるボンに、すぐに戻れる可能性はさらに低下した。重大な事態に責任を持つ人間が負う負担としては重すぎるものだったが、代わりに、ほとんど気づかれることなく、ワルシャワからハンブルクを経由して西ベルリンに駆けつけることはできた。コールは激しい怒りを爆発させ、西ベルリンのCDU党員はみな役立たずだと言い放った。[*11]

ステージに上がると、今度はまったく異なる怒りの爆発に直面しなければならなかった。それは、聴衆が彼に向けた怒りの爆発であった。西ベルリンは、その地元愛とともに、声高に反対や批判の声を上げる活動的な左翼の政治団体がいることでもよく知られていた。したがって西ベルリンの左翼的なイヴェントは、控えめに言っても、ラインラント出身の保守的なカトリックの政治家であるコールを歓迎するような集会にはならなかっただろう。いまや感情の激した群衆は、コールが何をしたとしても我慢ならなかった。左翼の英雄、年老いたブラントが「ベルリンは残るであろう、そして壁は崩れるであろう」と群衆に語りかけ、拍手が起きた直後、何人かの観客がコールをステージから引きずり降ろそうとした。コールをステージから追い払うことで、CDUに反対する姿勢を明確に示そうとしたのである。

耳をつんざくような激しい野次《ブーイング》を無視して、コールはテレビを見ているであろう数百万人の視聴者、とりわけ東ドイツの視聴者に向かって呼びかけた。「東ドイツの皆さんに大きな声で言いたい。あなた方は独りではない、と。私たちはあなた方の傍らに並び立っている。私たちは一つの国民であり、そうあり続けるでしょう。私たちは同じ国家の一員なのです[*12]」。西ドイツの指導者がこのように呼びかけたのは久方ぶりのことだった。続いて演説を行った西ベルリン市長モンパーは、コールの登壇が人びとを当惑させると同時に「過去に囚われている」と断言した。モンパーは、コールが「東ドイツの人びとは再統一に関心があるのではなく、むしろ開かれた国境からなる自由なヨーロッパに関心があることをまったく理解していない」とも指摘した。[*13]

一方、西ドイツ国民も、再統一に関心があったか否かについてはいくぶん疑いの余地があった。一九八七年の世論調査によれば、非常に多くの人びとが表面的には再統一に賛成しながらも、同時に、再統一の実現を期待していなかったことがわかっている。西ドイツ人としての主体性《アイデンティティ》は、国粋主義的で問題の多いドイツの過去よりも、さまざまな国家から成るヨーロッパというヴィジョンを志向しており、特に若い世代のあいだには、西ドイツ人としてのそのような主体性《アイデンティティ》がしっかりと根づいていた。モンパーやほかの多くの社会民主党（ＳＰＤ）党員は、コールがこの西ドイツ人としての主体性《アイデンティティ》に抵触したのではないか、と考えた。彼らは、二〇世紀の終わりに、地域共同体としてのヨーロッパの方が国民国家以上に重要だ、と考えていたのである。[*14]

彼らはたんにコールが表明したナショナリズムに不快感を抱いただけではなかった。この集会が続くあいだにテルチクは電話で、ゴルバチョフから不吉なメッセージを受け取っていた。その主旨は、同日夜にほかの西側指導者に対しても繰り返されていたが、その夜の一連のイヴェントが「予想もつかない混乱をもたらす可能性がある」というものだった。[*15]そのようなメッセージは良い兆しではなかった。実際、その後の数日間は非常に不安定になり、一一月九日から一〇日にかけての二日間は、コールにとって、妨害や不安、そしてリスクとの闘いの連続だった。

西ベルリンでコールに向けられた敵意は、国境を越えることに成功した東ドイツの民衆が体験した歓喜とは対照的だった。数千人の人びとが西ベルリンや西ドイツへと流れ込み、まったく見知らぬ人からのハグやキス、嬉し涙、そしてシャンパンといった歓待を受けた。全体的に雰囲気は平和的で、歓喜に満ち溢れていた。しかし、東ドイツの街頭の誰もが壁の開放を耳にして喜んでいたわけではなかった。東ドイツの抗議デモは、長いあいだ、逆風にさらされ服装や髪型がぐちゃぐちゃになった知識人《インテリ》たちのものだった。この小さなグループは、メンバーを西ドイツに国外追放されるせいでしばしば仲間を失っていた。一九八九年の秋、新たな高まりを見せた抗議デモの参加者は膨大な数に膨れ上がった。[*16]と同時に、壁の開放は旧い抗議デモの参加者と新しい抗議デモの参加者のあいだの致命的な隔たりを露呈した。新しい参加者は、よりよい社会主義のために闘うというより、たんに西に出国したいだけなのではないか。

壁が開いた当時一八歳だったクラウディア・ルッシュは、大人になってから記した回想録のなかで、この頃、「ゴキブリ」という言葉は両親の様子を定期的にこっそり偵察しに来る男たちのことだと思い込んでいた。東ドイツの政権は好きではなかったが、とはいえ意識的に反体制派を選んだわけではなかった。「両親と一緒に反体制活動に参加しようと決意したわけではなかった。反体制派の両親のもとに生まれたにすぎなかった」。しかし、彼女はそのことに感謝していた。「自分がどんな国に生まれ育ったのか、正確にわかっています。自分が何を言っているかわかっていないなんて、誰も私に言えないはず」。

彼女は自分が何を信じていたのかわかっていた。彼女が信じていたのは、主権国家としての東ドイツだった。壁が開かれたということは、その夢が徐々に萎んでいくことを意味した。「それは終焉でした。……壁は開かれましたが、それは西ドイツのディスカウントストア、アルディへの道だった。再統一は早すぎたんです」[*17]。再統一が起きた時に子どもにすぎなかった彼女の「早すぎた」という意見は、大人であった反体制派活動家の意見ととてもよく似ていた。反体制派活動家は自分たちの国が今後進むべき方向を制御しようと、すぐに円卓会議を組織し始めた。

東ドイツ市民は、一一月九日が自分たちの生活や国にとって何を意味するのかを理解しようと努めた。そして世界中の指導者も同様に、一一月九日が自分たちにとって何を意味するのかを理解しようとした。

クラインがワルシャワの晩餐会でコールとマゾヴィエツキの会話を遮ったのと同じ頃、地球の反対側では、アメリカ国務省のステイプルトン・ロイが別の食事会で、上司の会話を遮るところだった。彼の上司ベイカーは、フィリピンの大統領コラソン・アキノのための昼食会を主催していた。ロイがメモをそっと手渡すと、ベイカーはそれを声に出して読み上げた。乾杯のためのグラスを持ち上げながら、「東ドイツ政府は西側への国境をすべて開くと発表した。この発表が意味するのは、現在の東ドイツと西ドイツのあいだにある国境という連絡路を通って、ヒト・モノ・カネの移動が完全に自由になるということだ」と述べたのである。[*18]

その後すぐ、ベイカーは世界中から大量の報道資料を受け取り始めた。彼はそこに太いペンで黒々と「四〇年間われわれが待ち望んだこと、ヨーロッパ全体と自由」と書いた。この「ヨーロッパ全体と自由」という文言は、一九八九年五月にマインツでブッシュが行った演説の主要テーマでもあった。[*19] ブッシュ政権は、「ヨーロッパの共通の家」構想ではアメリカ人の部屋がないと考え、ベルリンの壁の開放をきっかけに、よりよい理念と思われた「ヨーロッパ全体と自由」という文言を繰り返した。

その翌日からベイカーは、ボン駐在のアメリカ大使ヴァーノン・ウォルターズと頻繁に連絡を取り合うようになった。ウォルターズは状況が平和的であることをしきりに保証した。ベイカーはまた、一日に一万人の割合で東ドイツから流入する避難民の仮設住宅としてアメリカ軍施設を使用したいという西ドイツ政府の要請に対応した。これと並行して、多くのテレビ番組に出演する時間も捻出した。それは、テレビ番組の解説者が大統領の冴えない応答を酷評するのを避けるためでもあった。[*20] レスレイ・スタルは、一一月九日、ニュース番組『CBSイヴニングニュース』でブッシュ大統領にインタヴューを行ったが、大統領が歓喜の表情をまったく見せないことに戸惑いを覚えた。彼女が「喜んでいるように見え

図1　アメリカ大統領ジョージ・H・W・ブッシュ（左から3番目、主要補佐官とともに）、左から、大統領首席補佐官ジョン・スヌヌ、国務長官ジェイムズ・ベイカー、国家安全保障問題担当大統領補佐官ブレント・スコウクロフト、副大統領ダン・クエール、国防長官ディック・チェイニー、国家安全保障問題担当大統領次席補佐官ロバート・ゲイツ、統合参謀本部議長コリン・パウエル、そして行政管理予算局長官リチャード・ダーマン。

ないのですが、何か気がかりなことでもおありですか」と訊ねると、ブッシュは「もともと感情を表に出さない性質《たち》なので、これでもとても喜んでいます」と答えた。事態の進展に驚いていることを認め、勝利を見せつけるような振る舞いをして社会的・政治的な反発を買わないようにしたい、とも述べた。[*21] 当時、国家安全保障会議のスタッフだったフィリップ・ゼリコウとコンドリーザ・ライスは、後に共著の回想録のなかで、この時のブッシュの態度が「彼特有のもので……発言の趣旨をよく考えてはいるものの、大統領職の儀礼的な一面には無頓着だった」と説明している。[*22]

　同じ夜、ベイカーはアメリカの立場を明確に示そうと試みて、ある意味では成功したと同時に失敗した。ABCのテレビ番組『プライムタイム・ライブ』のクリス・ウォーレスと話すなかで、ベイカーは「NATOもアメリカも、政策として四〇年以上にわたってドイツ再統一を支持してきた」と指摘した。それに対してウォーレスは、あまり感銘を受けることもなく、「型どおりの文句に聞こえる」と応じた。ベイカーは「それがわれわれの政策だ」と反論した。

この時、ウォーレスは重要なヒントを見落とした。ベイカーはコメントのなかで、NATOについて語ったが、NATOは今後数ヶ月のうちに大きな意味を持つようになるだろうと話していた。ワシントンにとって、NATOが今後の問題の核心になるであろう、と言ったのだ。それから間もなく、統一されたドイツを超えてNATOを拡大していくことは、ボンとワシントンの最重要課題として位置づけられるようになる。そして、この戦略に対処するのに適切な方法を探し出すことが、フランスにとっても、ソ連にとっても、最も差し迫った課題として位置づけられるようになるのである。[*23]

ブッシュは、NATOの重要性に光があたるこの決定的な時機に、そのトップがマンフレート・ヴェルナーであることをとりわけ喜んだ。ブッシュとヴェルナーの温かく気さくな友だちづきあいはその後も続き、ブッシュは一九九四年にヴェルナーが癌で若くして亡くなる四日前に最後に言葉を交わした一人ともなった。[*24] ブッシュはヴェルナーからの提案や協力を前向きに受け容れた。二人の親密な関係は、NATOと統一ドイツの和解プロセスにおいて大きな役割を果たした。ヴェルナーは、コールが党首を務めるCDUの党員であったため、コール首相府の信用を得ていたことも大きかった。

NATO以外で一九八九年のヨーロッパで重要な国際機関と言えば、EC(ヨーロッパ共同体)だろう。EC理事会の議長国は交替制なので、フランス革命二〇〇周年を期する一九八九年後半はフランスが議長国となっていた。そのため、ミッテランは一一月にフランス大統領としてのみならず、EC理事会の議長国としても発言した。フランスとドイツのどちらがEC理事会の議長国を担当するかにかかわらず、ミッテランとコールは、どちらもECにおいて強力な存在《プレゼンス》を示していた。

一一月九日、ミッテランは世界中の人びとと同様にドイツで起きた出来事に衝撃を受けていた。コールに強く促され、その六日前の記者会見で、ドイツ統一を不安に思っていない、と明言したばかりだった。その時は、ドイツ統一が実現する可能性がこれほど早まるとは想像していなかったのである。[*25] ミッテランは壁の開放への対応をじっくり考えていたが、一方で、彼の対応なくしてドイツ統一の法的な手続きが前進することはありえなかった。要するに、ヨーロッパ近隣諸国が受け容れられるように、フランスとECがともに合意できる方法でドイツ統一が行われる必要があったのである。ミッテランは、理論上ありうる将来のドイツ統一のために、ヨーロッパの枠組みの本質を公の場で長いあいだ強調してきた。いままさに統一がほぼ確実になっても、その考えに揺るぎはなかった。しかも、ヨーロッパという枠組みの再構築にあたってはなお多くの可能性が残されていた。ヨーロッパの枠組みにおいて、フランスやECの行動は、ドイツ統一のスピードに影響を及ぼしかねない可能性を秘めていた。

実際、もしフランスないしEC、あるいはその両者が事態の進展に脅威を感じていたならば、ミッテランはドイツ統一を阻止するために、ほかのヨーロッパの指導者と手を組んで強い影響力を行使することもできただろう。性急なドイツ統一がECを台無しにする可能性もあるといったヨーロッパの最高指導者らの意見は、連邦議会選挙の年に、ヨーロッパ統合を強く信じ、東ドイツ市民の生活必需品の支払いをさせられるのではないかという懸念を抱いていた西ドイツ市民のあいだに広まっていた。コールにとって、この状況は困難を極めたはずである。[*26] ECにさほど関心を抱いていなかったサッチャーは、公の場でそのような意見を述べるのを厭わない唯一の人物だった。彼女以外のヨーロッパの最高指導者は公の場で意見を述べることを差し控えたため、サッチャーのように強い影響を及ぼすことはなかった。実際、その後何年か経ってからも、ブッシュ政権の国家安全保障担当大統領補佐官だったブレント・スコウクロフトは、イギリス、フランス、そしてソ連が、ドイツ統一の流れのスピードを落とすために、最初に合意できる戦略を見出せなかったことをなお不思議に思っていた[*27]。その理由として、ここでは、一九八九年から九〇年にかけての事態の進展を理解するうえで、フランスの役割が非常に重要だったことを指摘する[*28]。

フランスの対応や、オランダなどドイツを除く多くのヨーロッパ近隣諸国の対応を複雑にした要因の一つは、第二次世界大戦の苦痛をともなう記憶であった。ブッシュやベイカーといったアメリカの中心的なアクターには、ナチス・ドイツに対する個人的な体験がほとんどなかった。ブッシュは一九二四年に生まれ、大戦中は太平洋上の海軍航空隊に所属していた。ベイカーはコールと同じ一九三〇年にテキサス州ヒューストンに生まれ、一九五二年から五四年までのあいだ海兵隊に入隊していた。彼らとは対照的に、サッチャーとミッテランは青年期から成人期の初めにドイツ軍の猛攻撃を実際に体験していた。一九二五年生まれのサッチャーには、幼少期から一〇代にかけての生々しい戦争の記憶があった。ミッテランのドイツ侵略との関係はさらに彼の人生に踏み込んだものだった。

ミッテランは第一次世界大戦中の一九一六年にパリから離れた地方の町に生まれ、一九三八年にはすでに軍に入隊していた。サッチャーと違って、自分の故国がナチス・ドイツの占領下に置かれるのを目の当たりにした。さらにミッテラン自身、一九四〇年にドイツの戦争捕虜となった。カッセルとヴァイマールで捕虜として過ごし、三度目の試みで脱走に成功するまでに「ナイフが支配した時期」の厳しい教訓を身につけていた。しかし、これらの体験にもかかわらず、ミッテランは故郷に戻ると南フランスに樹立されたドイツの傀儡政権ヴィシー政府に協力した。実際、彼は生涯を通して、ジャン＝ポール・マルタンや悪名高いルネ・ブスケといったヴィシー政府派の人びとと親しかった。戦後、ブスケは人道に対する罪によって告発され、公判中の一九九三年に殺害された。[*29] ミッテランは最終的にヴィシー政府に対峙するようになり、密かにロンドンとのあいだを往き来することでシャルル・ド・ゴール将軍と協力してほかの戦争捕虜脱走者を助けるために尽力した。一九四四年八月二五日、ド・ゴールがパリへ帰還する凱旋祝賀パレードにも参加した。ミッテランは、人生の後半において、自分の脱走を思い起こさせるさまざまな場所を定期的に訪れることで戦時中の歴史の健全な側面に思いを馳せた。しかし、一九九四年にヴィシー政府とのつながりが暴露されると、道徳的にいかがわしい要素が衆目にさらされて一大センセーションを巻き起こした。一九九六年に亡くなった後でさえ、ミッテランと彼個人の経歴や業績をめぐる論争がなお激しく続くことになる。しかしながら、仏独二国間関係がミッテランにとって非常に重要な問題であったことは間違いない。在職中、フランスと西ドイツの和解がヨーロッパにおける彼の主要な関心事だったことは、引退後、彼が『ドイツとフランスについて』という著書を書き終えようと努力したことからも明らかである。[*30]

図2　1986年頃、フランス大統領フランソワ・ミッテランとイギリス首相マーガレット・サッチャー。

　ナチズムをめぐる個人的かつ感情的な体験は、ミッテランとソ連指導部が共有する特性だった。一九二八年生まれのソ連の外相シェワルナゼは、戦争が始まったばかりの頃に兄アカーキーを喪っていた。ある統計によれば、シェワルナゼの世代が体験した肉体的・精神的苦痛は次のように要約される。彼の故郷ジョージアから軍隊に召集された七〇万人のうち帰還したのはわずか半数にすぎなかった。シェワルナゼが一九八九年をめぐる回想録のなかで書いているように、「事態の進展に従って事実に向き合うように強いられたとしても、われわれはドイツ統一に対する国民の先天的な警戒感をあえて無視するようなことはできなかった」。この警戒感は、「ドイツが引き起こした二つの世界大戦の記憶、とりわけ二七〇〇万人の生命を犠牲にした先の戦争の記憶」から生まれたものだ。シュワルナゼは、あるレベルでは「許しを乞うても無駄だった。……勝者は敗者になった。心にそのような痛みがあるかぎり、政治的な合理性が、機会を手にすることはほとんどない」とわかっていた。[*31] 一九九〇年にシェワルナゼと協議を行っていたテルチクには、ゴルバチョフよりもシェワルナゼの方がドイツの人びとと和解を図る姿勢を取るのが難しいように見えた。それに加えて、(前任者アンドレイ・グロムイコから引き継いだ)シェワルナゼの補佐官たちが事態をさらに悪化させた。[*32]

ゴルバチョフは、一九三一年、ロシアの南にあるスタヴロポリ地方のプリヴォリノエという村に生まれた。兵士として戦場を体験するには幼すぎたが、子ども時代に彼の生まれ故郷はナチス・ドイツに占領された。彼の村は、一九四三年一月、別の場所ですでに実行された集団処刑の次の標的になったと噂された。しかし、その前にソ連軍が村を奪還した。ゴルバチョフは後に「前線は生まれ故郷をもう一度通り過ぎた、その時は西への前進であった」と回想した。すべてが破壊され、「機械も、家畜も、種苗も、何も残らなかった。それでも春が来た。それぞれの家から連れ出してロープでつないで土地を耕したのである。この時の光景――女性の泣き叫ぶ声や牛の哀しい目はいまだに鮮明に記憶に残っている」。[*33]

その結果、一九八九年一一月九日以降の日々の会話のなかで、ゴルバチョフ、ミッテラン、そしてシェワルナゼは、何が起きているのかをやむなくナチス・ドイツの比喩を用いて描写するようになった。彼らの個人的な体験や生い立ちといった諸要素は、ベルリンの壁崩壊後の初期に迅速な政策立案を妨げたように思われる。つまり、彼らの行動や理解はなかなか現実に追いつかなかったのである。ミッテランは、最終的には、立ち直ってコールとともに臨機応変に事態に対処するまでになったが、ゴルバチョフは決して本当の意味で現実に追いつくことはなかった。[*34]

もちろん問題は、たんに唾棄すべき記憶を克服する、といったこと以上に重大であった。ソ連指導部は共産党および社会党党内の社会・政治制度改革者の言動を容認し、逆に奨励もしたが、分断されたドイツにおける秩序の完全な崩壊はゴルバチョフのヴィジョンにはなかった。それはさらにワルシャワ条約機構の存在を危機にさらし、彼自身が否定できないほど、社会主義国家のあきらかな経済的脆弱性を促進した。ゴルバチョフには、別の苦悩もあった。ワルシャワ条約機構の指導者として、敵国との軍事境界線でもある国境を開くという重大な影響を与える決定が彼自身に知らされるのは当然のことと考えていたが、実際には、ベルリンの壁を開く決定は彼自身によってはなされなかった。後から考えれば、ソ連にその情報が入らなかった理由は明らかだったが、当時はまったく何もわからなかった。共産党には、改正旅行法がどのように処理されているのかという最新情報は伝えられていたが、国境が開かれたという最重要ニュースは伝えられなかった。そのため、モスクワには動揺が走った。[*35]

一一月九日の夜からずっと、ゴルバチョフをはじめとするソ連指導部は、自分たちが出来事を主導するというより、起きた出来事を受けて対症療法的に、その場しのぎの対応を迫られていることに気づき始めた。大統領補佐官だったアナトリー・チェルニャーエフは当時の思いを「ベルリンの壁は崩壊した。……われわれの親友であるカストロ、チャウシェスク、金日成《キムイルソン》はまだいるが――人びとはわれわれの根性《ガッツ》に憎しみを抱いている」と日記に綴っている。いくぶん肯定的な覚書では、「これはゴルバチョフが成し遂げたことだ。実際、彼は偉大な指導者となった。歴史のスピードを察知して、その自然な流れを見出すことに手を貸した」と結論づけている。[36] ゴルバチョフは後に回想録のなかで「事態の進展やドイツ問題が、最終的にソ連の外交政策にもたらす影響を予見していたと言えば、それは嘘になるだろう」と認めている。[37]

ミッテランとゴルバチョフは、壁が開いたことに衝撃を受けていたが、それでもなお事態の進展にそれなりの影響力を持ち、この先の事態を形づくる中心的なアクターのグループに属していた。一方で、一一月九日の体験は主に、観客として取り残されたポーランドやイギリスの政府関係者を苛立たせることになった。一九八九年の夏、ポーランドの連帯は優位に立っていた。その重要な味方であるポーランド生まれの教皇ヨハネ・パウロ二世はヴァチカンで強い影響力を持つ地位にあり、連帯の指導者マゾヴィエツキは故国ポーランドで最高責任者の地位にあった。ワルシャワ・ゲットーの生還者で、連帯の支持者から後に外相となるブロニスワフ・ゲレメクは当時の感情をこう言葉にしている。「歴史の風はたいていい私たちポーランド人にとっては向かい風である。最後に、私たちの方に向かって吹きつけてくる」。連帯は、ポーランドに対する多額の経済的・財政的援助を西ドイツからうまく取りつけることができると考えた。それは、コールが一一月九日から五日間の日程で国賓としてポーランドを来訪することにすでに合意していたことに因る。コールのポーランド来訪は口先だけのパフォーマンスではなかった。その当時、コールはブッシュとの会話のなかで西側がポーランドを支援する必要性を重ねて強調していた。壁が開いた翌日の一一月一〇日に二人の指導者が話した際にも、コールはワルシャワについて多くを語った。ブッシュはついに「ポーランドについてこれ以上質問はない、代わりにベルリンについて話がしたい」とあからさまに指摘しなければならないほどだった。[38]

東ドイツもまた、ある程度コールと同じように、ワルシャワで行われている改革を支援することに関心があった。しかし、国境が突如として開き、援助を必要とする東ドイツ市民が「ドイツ人」となった今、ポーランド指導部はすぐに自分たちが優先事項ではなくなったことに気づいた。コールでさえも、政治集会が始まる時刻までに西ベルリンにいかにしてたどり着くかに心を奪われて上の空だった。マゾヴィエツキと財務相はできるだけコールの関心を惹こうと、ドイツからの援助を要請する長いリストを提示して見せた。この援助が無償援助の形になることを希望する旨も伝えた。[*39] 西ドイツから経済的・財政的援助を引き出そうとしたものの叶わず、逆に統一ドイツの東側の国境が徐々にワルシャワに近づいてくるのではないか、という大きな心配の種を抱くようになった。何人かの西ドイツの法学者は、第二次世界大戦以来調印したさまざまな協定にもかかわらず、国境の現状を司法用語では未解決の問題としていた。[*40]

ポーランドは影響力のあるカードを持たなかったが、それでも世界のポーランドに対する共感という切り札を用いてうまく対処しようとした。マゾヴィエツキをはじめとする指導部は、記者会見、パブリック・フォーラム、アメリカとのコンタクトといったあらゆる手段を用いて、ポーランドは、一九八九年から九〇年にかけての転換期を、西ドイツが信頼できる民主主義国家であることが証明されるべき時期として見ていることを明確に打ち出した。マゾヴィエツキは「この歴史的瞬間に……和解の準備をめぐるすべての言葉や声明の価値が試されることになると考える」と公言した。[*41]

サッチャーも同じように困った状況に置かれていた。彼女の場合、半ば意識的に半ば意図せずそうなった。彼女は、西ドイツ国内に駐留するイギリス軍について関与せざるをえなかった。二〇世紀にドイツと交じえた二つの世界大戦の記憶、そして前述したように彼女自身の幼少期の第二次世界大戦の記憶のために、サッチャーは強い関心を持たざるをえなかった。しかし、絶えずＥＣと対立し、イギリスの内政問題が深刻化するなかで（一九九〇年末までにイギリス首相官邸をジョン・メイジャーに禅譲しなければならなかった）、サッチャーはワシントンやNATO指導部とも対立するようになった。分断されたドイツの急速な変化に抵抗したい、という彼女の強い願望に賛同する人物を見つけるのは難しかった。外交政策に影響を及ぼす方法として、もはやレーガンとの関係をあてにすることはできなかった。レーガンに代わって大統領となったブッシュとの関係はそれほど強固なものではなかった。[*42] ミッテランはサッチャーの協力者になりうる可能性が最も高かった。長年にわたり、党派の違いを超えて良好な関係を築いてきたミッテランは、実際、かつてカリグラの瞳とマリリン・モンローの唇を持つサッチャーは彼の好みだ、と満足げに評したことがある。[*43] 一つを選択する前に複数の異なる戦略をオーディションにかけるフランス人の癖は、さまざまな相手に自分と同じ意見なのではないかと思わせることが多かった。サッチャーもまた、ミッテランと意見が一致していると思い込んでいた。彼女の外交秘書官は意見の一致をみていないと警告したようだが、無駄であった。[*44]

ほかに可能性のあるサッチャーの味方は、名目上はいまだにNATOの最大の仮想敵国であるソ連の最高指導者ゴルバチョフであった。すでに一九八九年九月、前章で述べたように、サッチャーはNATOのどの国もドイツ統一を望んでいないと非公式に告げることで、分断されたドイツに対するゴルバチョフの態度を硬化させようとした。その後も彼女は、ドイツ統一のスピードを落とそうと、ミッテランやゴルバチョフ、そして国際世論に訴えかけ続けることになる。

## 次に一体、何が起きるのか？

これらの中心的なアクターと世界は、一一月九日の夜を体験して、新たな現実を理解しようと試みた。なかでも最も重要な問題は、次に一体、何が起きるのか、ということだった。言うまでもなく、東西冷戦の秩序は崩れかけており、もはや部分的な変化で済むとは思われなくなっていた。ドイツ最大の経済紙で「ドイツ経済新聞」とも呼ばれる『ハンデルスブラット』は、その状況を「小さな一歩を積み重ねる政治は……もはや終わった」と表現した。[*45] いまや東西冷戦の秩序は崩壊して瓦礫と化した。しかし、その後にはいかなる新たな政治的・社会的秩序が続くのか。

この問いかけに対して最初に提案された二つの応答は受け容れられなかった。しかし、ソ連の戦勝四ヶ国による占領統治を復元させる構想と、西ドイツのゆるやかな国家連合を再生する構想はそれぞれ非常に重要だった。と同時に、多少の違いはあるものの、どちらも時代遅れの解決策であった。ソ連は、一九四五年当時の戦勝四ヶ国による共同占領統治を、その後の変更や修正を取り除いて復元させる構想を提案した。そのため、当時問題だった戦争の補償金と国境の画定が主要課題として再浮上した。一方、西ドイツは旧い構造をもう一度使途に合うように改造し、近代化する、より実行可能な手続きを提案した。復元モデルと再生モデルの両案がともに公表され、支持を集め、新聞・雑誌の見出しやテレビ・ラジオのトップニュース項目にもなったが、やがて突如として時代遅れのものとなった。事態の進展にともなって考え直された別の提案に追い越されてしまうのである。

コールは西ベルリンの集会後にようやくボンの自分の執務室に戻った一一月一〇日の夜には、まだ正確に事態を把握できていなかった。その夜と翌一一日土曜日の朝までしかボンに留まることはできなかったが、ポーランドに戻る前にスタッフから状況の概要を得るには充分だった。コールは米ソ英仏四ヶ国と連絡を取ろうとした。一一月一一日に日付が変わる前の数時間、何とかサッチャーとブッシュの二人とは話すことができた。[*46] 両者との電話会談では、壁の問題に加えて、ポーランドの要望についても長い時間話し合った。コールはミッテラン、クレンツ、そしてゴルバチョフとも話をした。ミッテランには「事態の進展は革命的なものではなく、革新的なものだ」と取り繕って話をした。コールは後に、「ドラマティックなアクセントを排して」彼らと対話する必要があったと強調した。おそらくこのことは、前日九日夜に受けた電話の内容がコールの想像をはるかに上回るものだったというシグナルを各首脳に送ることとなっただろう。[*47]

だが、きわめて重要なのは、コールが信頼する専門家から、対面で、電話で、あるいは即座に準備された報告や電報という形で、それぞれの状況判断を得ていた点である。そしてコールは、土曜日の朝のミーティングに、彼が最も信頼する側近たち——アッカーマン、クライン、テルチクはもちろんのこと、四半世紀にわたって彼を補佐してきた信頼できる私設秘書ユリアーネ・ウェーバー、大使館事務局の長官ルドルフ・ザイタースほか数名——を召集した。[*48]

コールはまた、東ベルリンからさらに驚くべき情報も受け取っていた。西ドイツ政府代表部の外交官フランツ・ベルテレは、第二次世界大戦以来分断されたドイツで起きた最も重大な出来事が間違いだったとコールに知らせたのである。たしかに、国境警備隊は指導部から何の指示もなくお手上げの状態だった。しかしながら、東ドイツ政府内部からの情報によれば、いまだに原状回復を試みているとのことだった。国境が開かれたという西側メディアのニュース報道は大げさに言いすぎているというのだ。ベルテレは正しかった。国境はいまだに、ドイツ社会主義統一党（ＳＥＤ）の目から見れば、表面的には完全な立入禁止区域であった。一一月一〇日午前三時には、国境警備隊がベルリンの壁とブランデンブルク門のあいだの区域から、強制的に東ドイツ市民を排除し始めた。警備隊は一一月一一日まで、壁から市民を追い払うために警察が群衆を制圧する際に使用する高圧放水砲を使い続けていた。九日の夜に武装支援を要請したインヴァリデン通り検問所の警備隊は、一〇日の夜明けまでに国境管理を元通りにすることに成功した。さらに不吉なことに、市街戦向けに訓練された、空軍支援を受ける車両部隊が壁の崩壊後すぐに東ベルリンへの配備に向けて警戒態勢に置かれていた。結果的には、車両部隊が基地から出動することはなかった。SED上層部の機能不全が日を追うにつれてますます明らかになりつつあった。ボンへの報告には、SED内部に誰も責任を取らない空気が醸成されて「できるだけ自分で自分を守れ」という自己防衛のメンタリティが現れた、とある。コール政権の財務相テオドール・ヴァイゲルは、現在起きている事態すべてに対処するには、どのくらいの費用がかかるかという早急な見積もりをコールに報告した。西ドイツ政府はこれまで東ベルリンに助成金を交付していたが、いまや、東ドイツから西ドイツに流入してきた大量の難民を支援する財政負担もこれに加わった。[*49]

結果として、コールは、土曜日の夜遅くポーランドに戻る途上、最近起きた事態の進展で特に顕著な二つの局面について考えることができた。一つは、想定外の事態であったために想像以上に混乱した状態にあることであり、もう一つは、西ドイツはいずれにせよ問題解決のために多額の資金を投入せざるをえないだろう、ということだった。制御不能で費用のかかる問題はとりわけ連邦議会選挙の年には歓迎されない。コールはしばしば飲み込みが遅い人物と誤って評されるが、実際にはこのことをよく理解した実務能力に長けた政治家だった。

コールは人びとの注目が、西ドイツとポーランドの二国間関係から、分断されたドイツをめぐる事態の進展へと移ったこと、そして事態の推移を見守るさまざまな観客を満足させるようなやり方でポーランドとの問題に終止符を打つ必要があることを理解していた。その試みの一環として、コールはアウシュヴィッツを訪れたが、一一月一二日日曜日に、短縮された旅程の悪天候のもと、バスでシレジアを訪れると言って譲らなかった。シレジアは、ポーランドとドイツのあいだで昔から多くの紛争の火種となった土地だった。そこで、コールとポーランド首相マゾヴィエツキはかつて反ナチ運動に参加した「クライザウ・サークル」の中心人物ヘルムート・イェームス・フォン・モルトケ伯爵の所有地で催されたカトリックのミサに一緒に参列した。モルトケは一九四四年七月二〇日にヒトラー暗殺を試みたかどで有罪を宣告され、一九四五年に処刑された。[*50]

コールは、現在の政治的な駆け引きに利用できる余地を残しながら、過去と向き合うことをうまく両立させたいという思惑から、このシレジア訪問を絶対に譲らなかった。いずれ失地回復主義的な問題が出てくることはわかっていた。そのため、失地回復主義者の旧い故国を訪れておくことで彼らに一定の影響力を持てるようにしておきたかったのである。また、ナチス・ドイツの敗戦をきっかけに現在ポーランド領となっている家々から追い出された西ドイツの有権者やその家族に対してだけでなく、敗戦によって喪った領土よりも、東西ドイツがヨーロッパ近隣諸国と良好な関係を築くことにより強い関心を示す相当数の有権者に対しても配慮する必要があった。

コールはまた、戦争の賠償をめぐる不都合な論争が起きることを懼れて、第二次世界大戦の平和条約について新たに話し合うことを未然に防ごうとした。選挙を控えた政治家にとっては難しい状況だったが、ポーランドの利益になることももたらした。ポーランド訪問は一一月一四日の共同声明で終わったが、その声明のなかで西ドイツは、一九七五年にまで遡ってポーランドが抱える多額の借金を免除することに、ほかの措置とともに、合意したのである。[*51] しかし、やがて明らかになるが、コールは、ワルシャワに二億五〇〇〇万ドルの信用供与をするようにブッシュを説得できなかったため、ポーランドの不安を充分に和らげるには到らなかった。[*52]

コールは西の国境をめぐる不安も和らげなければならなかった。ミッテランは一一月一八日土曜日にパリで臨時の晩餐会を開催した。テーブルを囲んで座ったのは一二人のEC加盟国の首脳だけだった。各首脳の側近は、ミッテラン政権の外交政策補佐官ジャック・アタリが主催する別の晩餐会に出席した。年末に控えたEC首脳会談に先立って、「成熟した大人」として互いの考えを率直に話そうとする趣旨だったことは明白である。[*53]

晩餐会は深刻な出来事が起こることもなく進んだが、コールと（おそらくは後にミッテランから話を聞いた）アタリによれば、サッチャーがデザートのところで席を立った。彼女の私設秘書官チャールズ・パウエルがその翌日に書いた要約によれば、サッチャーは「ヘルシンキ宣言〔正式名称は欧州安全保障・協力会議最終文書：全欧諸国とアメリカ・カナダが一九七五年にヘルシンキでの全欧安保協力会議で署名した文書〕で画定されたヨーロッパの国境を変更することはありえない。この問題を提起するいかなる試みも、つまりそれが再統一の問題であろうとも、ゴルバチョフの立場を損なうリスクがある……〔さらには〕まさに中央ヨーロッパ全体に対して国境請求権というパンドラの箱を開けることになる」と彼女が抱く懸念を明確に述べた。それに対してコールは、NATOが一九七〇年の首脳会談で実際にドイツ再統一を容認したことを指摘した。コールによれば、これに対してサッチャーが、この時容認されたのは、当時はドイツが再統一されるとは誰も想像もしていなかったからだ、とかみついたと言う。そうかもしれないが、NATOの決定はいまなお変わっていない、とコールは応じた。コールは自分の返答がサッチャーを怒らせ、彼女が怒りのあまり足を踏み鳴らしたのを覚えている、と記している。コールは、ある意味、自分が置かれた立場をよくわかっていた。一方で、「鉄の女は現状維持を望んでいた」。また、ミッテランがサッチャーの発言に好意的だったことも目に留めていた。[54] そして、ＥＣ加盟国──少なくともそのなかで最も影響力のある加盟国は、コールが主張するドイツ統一を容認する見返りを要求するようになる。

コールは、ヨーロッパ統合へのドイツの貢献をこれまで以上に証明する必要があると気づいた。はじめにその真価が問われたのは、一一月二二日に開催された欧州議会の特別会議において彼が最初にしたことだった。コールは、パリでの嵐のような晩餐会の後、フランスとドイツの両輪からなる車がスムーズに走るように見えることが非常に重要だと確信した。コールは特別会議の開会の際に一緒に登場してくれるようミッテランに依頼した。その前日に至ってもなお、ミッテランはコールの提案に賛成するのを避けていたが、その時が来ると、彼はコールと並び立つことを受け容れた。ドイツの視点に立てば、この特別会議は成功だった。欧州議会は、コールが演説を行った後、東ドイツの人びとが「統一されたドイツの一部である」権利を有するという決議を認めたのである。[55] ミッテランとしては、一一月一八日に開催した特別晩餐会の必要性を正当化したうえで、ＥＣに、ベルリンよりもさらに東にいる人びとが必要とするものに注意を向けるように促した。「ＥＣは、ＥＣに信頼を置いている人びとの期待に応えているだろうか。貧しい人びとのヨーロッパと豊かな人びとのヨーロッパを固定させないように……と、われわれに救いの手を求める苦悩に満ちたマゾヴィエツキの訴えに、本当に応えているだろうか[56]」。

## （占領？）四ヶ国

コールが状況の評価を試みるあいだに、分断されたドイツに軍隊を駐留させていた英仏米ソ四ヶ国も同様に状況を評価しようとした。一九四五年、これら四ヶ国は共同で、無条件降伏した敗戦国ナチス・ドイツの最高統治機構となり、占領国となった。当初の占領統治は、その後数十年のあいだに戦勝四ヶ国による占領統治へと移行した。西側占領ゾーンは合併して一九四九年にドイツ連邦共和国を形成し、ソ連占領ゾーンは同じ年にドイツ民主共和国となった。西側三ヶ国は、ソ連の脅威に対して共同戦線を張ろうと、すでに既成事実化していたことを法律に則って承認した。つまり、ボンが西側においてある程度の統治権力を回復したのである。とりわけ、一九五四年一〇月にパリで結ばれた西ドイツの主権回復をめぐる一連の協定は、一九五五年五月に西ドイツがＮＡＴＯ加盟国となることを承認した。それによって、西ドイツは被占領国ではなく西側の協力国となった。とはいえ、西ベルリンに関しては特に重要な制約が残っていた。戦勝四ヶ国は西ベルリンを往来するすべての飛行ルートを管制する、軍事的かつ政治的に大きな存在《プレゼンス》を堅持したのである。前述したように、これによって、コールは一一月一〇日に西ベルリンに直行することができなかった。その間、東ドイツとソ連も厳密にはワルシャワ条約機構の同盟国となったが、実質的には東ドイツはソ連の衛星国のままであった。[*57]

つまり、当初の戦勝四ヶ国の権利は、変更された形ではあったが、一九八九年においてもなお残存していた。英仏米ソ四ヶ国は、ドイツにおける民族主義的な動きがふたたび国際的な安定と安全を脅かすことにならないようにするうえで利害を共有していた。しかし、ドイツの人びとの頭越しに旧占領国としての権利を行使するような露骨な「戦勝四ヶ国分割統治」はすでに長い間していなかった。被占領国が（東よりも西において）ある程度の主権を回復し、（東よりも西において自発的に）新たな軍事同盟を形成していたことで、状況はより複雑に重層化していた。

第二次世界大戦後の現実に疑問を投げかける一連の出来事をきっかけに、モスクワは最初に直感的にこれらの上塗りされた層をすべて引き剝がして、占領当初に存在したような法的な原状を回復しようと試みた。ゴルバチョフと彼の補佐官たちは旧占領四ヶ国分割統治を復元しようとしたのである。この復元の目標は、しかしながら、一二月一一日に一九四〇年代に使用したのとまさに同じ建物で開催された時代遅れの旧占領四ヶ国だけの会議で終結することとなった。[*58] 一九五〇年代、六〇年代、七〇年代のさまざまな条約や宣言にもかかわらず、英仏米三ヶ国が一九八九年に至ってもなお喜んでモスクワと手を結ぶのを目にして、西ドイツは呆気に取られた。そこで、ソ連が当初の戦勝四ヶ国分割統治を素早く正確に復元できないようにすることが、コールの最優先事項の一つとなった。[*59]

ソ連の復元モデルは、ゴルバチョフによって、早くも一一月一〇日には提案されていた。彼は、分断されたベルリンに駐在するソ連大使に、必要な初期準備を整えるようすでに告げたとロンドン、パリ、そしてワシントンに連絡を入れた。[*60] アメリカのゲイツとライスは、あきらかに、さらに高い次元で四ヶ国協議を行いたいというゴルバチョフの申し出を真っ先に受け取っていた。二人は上司のスコウクロフトにその旨を報告している。しかし、ボンはゴルバチョフが一一月一〇日に主導権を握るのを阻止することができた。ゲイツとライスから話を聞いた後、スコウクロフトはすぐにボンのテルチクに電話をかけた。テルチクは、西ドイツは旧占領四ヶ国のみでの意思決定には耐えられないとはっきり伝えた。[*61] それによって、旧い復元モデルというアイディアは、短期的には無に帰したように思われた。[*62]

しかし、止めを刺したにもかかわらず、この旧占領四ヶ国共同統治モデルは死に到らなかった。英仏米ソは一一月後半にも頻繁に連絡を取り合っていたため、壁の崩壊をめぐる互いの不安や懸念をよく理解していた。四人の首脳のなかではブッシュが最も落ち着いていた。一九八九年一〇月、公の場での意見表明をコールから依頼されたブッシュは、『ニューヨーク・タイムズ』紙の記者R・W・アップル・

ジュニアに述べているが、ドイツ再統一の可能性は、彼にとってさほど問題ではなかったのである。[*63] ブッシュは、「強引にその問題を推し進めるべきか否かについて、さほど明確な見解を持っていたわけではないことを認めなければならない」と後に回想録のなかで述べている。驚くべきことに、「NSCないし国務省がそれはまずいと論じた」のであれば、「たしかにそのとおりだったのだろう」とさえ語っている。「私は、ドイツの再統一を懼れていなかったため、この問題について現状維持とは異なる基調《トーン》を決めることができたのだろう」と言うブッシュは、実際、コールに主導権を取らせることを示唆し、一連の流れのなかで対応を決めた。スコウクロフトが回想するように、「ブッシュ大統領は、間違いなく、政権のなかで最初に再統一を支持した」。後に述べるように、その鍵となるイヴェントは、一九九〇年一二月にベルギーのラーケンで催された晩餐会だった。[*64]

ブッシュとは対照的に、サッチャーは最初から断固とした意見を持っていた。レーガン政権下ですでに開始されていた軍縮構想にサッチャーは動揺していたが、現状の体制維持のためにできることは何でもするというメッセージの発信に懸命であった。一一月一〇日のCBSニュースは、「私が思うに、事態の進展はあまりにも早い、あまりにも早すぎる」と言うイギリス首相の映像を放映した。翌一一日、サッチャーとベイカーは、ベイカーの覚書によれば、「ベルリンで旧占領四ヶ国が直接協議するのは適切であり、すぐに協議に応じるべきだ」との意見で一致した。[*65] 一一月一三日にサッチャーがロンドンの市会議事堂ギルドホールで行った演説は、アメリカ国家安全保障会議(NSC)で精査されたものの、「私たちは大きな変化の時代が大きな不安の時代であり、危険な時代でさえあることを心に留めておかなければならない」と、変化の危険性を感情的に描写して見せた。[*66] また、鉄の女はゴルバチョフに「事態の変化のスピードが不安定性というリスクをともなうとあなたは言うが、私も同意見だ」と個人的なメッセージを送った。[67] そして彼女は、一一月二四日のキャンプ・デイヴィッドでの英米首脳会談でブッシュに自分の感情を直接ぶちまけるために、その招待を最大限に利用した。大統領は「実りのある話し合いのために、キャンプ・デイヴィッドで、二人でくつろげるのを楽しみにしている」と言った。ブッシュがそこで聞かされた話は、次のようなものだった。[68] サッチャーはブッシュに「一一月一八日にパリで行われた臨時非公式EC首脳会談において、国境の問題は提起されるべきではないという意見の一致を見た」と告げた。その代わりに、「最重要かつ最優先すべきは、東欧全体に、そして最終的にはソ連に真の民主主義が確立されるのを見守ることだ」。この命令形の文章には、民主主義的な政権が鉄のカーテンの東方に樹立された後に、ドイツ再統一が起こりうることが暗に含意されていた。彼女は「再統一は民族自決の問題だけではない。旧占領四ヶ国にはある種の責任がある」と付け加えた。サッチャーは軽率な行動をとるリスクを強調した。「ゴルバチョフが政権転覆されるようなこと」になれば、「東欧に民主主義を根づかせるという、私たちのより大きなヴィジョンも消えてなくなるだろう」と。[69]

一一月一二日の日曜日、祝日の週末ではあったが、ベイカーはワシントンで駐米ソ連大使と昼食をともにしていた。ソ連大使はゴルバチョフがすでに表明していた懸念をあらためて強調した。ベイカーは「われわれは秩序を維持することの重要性をよくわかっている」という彼の返答をその日付の覚書に残している。[70] 首脳レベルではあまり目立たなかったが、すでにブッシュとゴルバチョフは最初の米ソ首脳会談を一二月初旬にマルタで開催することで合意していた。ブッシュとの事前のやりとりのなかで、ゴルバチョフは会談の時機が適切であることに満足していると表明した。彼は、「現在のこの重要な時期に、いくつかの特に微妙な問題が世界で起きている。したがって、ソ連やアメリカのような大国は細心の注意を払い、慎重の上にも慎重であることが求められる」とブッシュへの書簡に記している。[71]

その間、分断されたドイツの現場では、ソ連西部軍管区参謀長が、アメリカ軍、イギリス軍、フランス軍の同等の地位のスタッフに秩序を維持するための協力を求めて接触していた。[*72] さらに、ゴルバチョフとミッテランは一一月一四日に電話会談を行った。チェルニャーエフによれば、ゴルバチョフは電話で、ソ連とフランスが「このまさに核心的な問題について相互理解」があることに満足しているとミッテランに伝えた。ミッテランは「フランスの立場は、次のようなものだ。すなわち、われわれはいかなる混乱も回避したい。……国境を変更する問題は現実的にいま――少なくともある時期までは提起されるべきではないと考えている」と応じた。[*73] このような個々の接触や懸念もあって、旧占領四ヶ国が協力し合う体制はなかなか消えてなくならなかった。戦勝四ヶ国による共同占領統治復元案は、現場での一連の出来事やコールのある行動の後にふたたび抬頭する。そして、そのような協議を行いたいという同盟国の要望にアメリカはもはや抗うことができなくなるのである。

## 飴、果物、そしてセックス

全世界の政治の中枢部で、何をすべきか議論が飛び交うさなか、ヨーロッパの街頭は人びとの興奮で騒然としたままだった。東側では、流血の惨事を招くことなく共産党支配を打ち倒した民主化革命、チェコスロヴァキアのビロード革命が一一月後半に始まり、ルーマニアでは社会不安が増大していた。東ドイツでは抗議デモの規模が、壁が開いて以降実際のところ、増加していた。ライプツィヒで毎週月曜日に行われるデモ行進は数千から数十万の規模に膨れ上がった。[*74]

西ドイツ国境沿いには、夥しい数の人びとが溢れ続けていた。十一月九日だけでも、一〇〇万の人びとが国境を越えた。西ベルリン市長は、当時、市の人口が二〇万人から三〇万人にまで膨れ上がったと推定し、地下鉄やインフラの能力をその限界にまで引き上げて対応に奔走した。[*75] 東ドイツ人口の半数以上にのぼる九〇〇万人の人びとが最初の一週間に国境を越えてきた。そのうち一三万人が一一月の一ヶ月間に西ドイツに永住することを決めた。[*76] 前述した「歓迎金」が配布された場所は人でごった返した。東ドイツから来た人一人当たりに一〇〇DM、家族にはより多くの金額が無償で配布されるこの制度は、その人数が極端に少なかった時期に制度化されたものだった。

商店も同様に忙殺されていた。東ドイツ市民の消費財への誘惑が、統一に影響を及ぼし続けるだろうことは、明白だった。二〇世紀前半、戦争がヨーロッパ全土を荒廃させた後に、困窮した消費者はアメリカ製品を渇望した。[*77] 鉄のカーテンは東側を高品質な欧米製品から遮断した。東ドイツの人びとは、数十年にわたって戦争から遠ざかっていたものの、突然、その欠乏を埋め合わせる機会を得たのである。

西ドイツの商店は人で溢れ返り、通常の閉店時間を厳格に維持するのは不可能だった。飴や果物はとりわけ人気が高かった。ポルノも同様で、とりわけアダルトグッズショップを企業展開していたベアテ・ウーゼが売っていた商品の人気は高かった。彼女には昔から飛躍的な才能があったが、一九八九年の状況が自分の商売にとって好都合であることに気づいた。一九一九年に生まれ、開業医となったウーゼは、飛行機の操縦方法を身につけ、ジェンダーや人生の目標の行く手に立ちふさがるあらゆる障害を乗り越えた。彼女は自分の飛行教官と結婚して、一九三九年に夫が召集されるとその夫に付いて軍隊の航空部隊に入隊した。ドイツ国防軍空軍で機長に昇進し、ある時には、危険が差し迫った自分の息子を飛行機で救出したことさえあった。ウーゼは第二次世界大戦を生き延びたが、夫は戦死した。その後、若い未亡人として、彼女はこれまでとは異なる非難に直面した。彼女は、敗戦後のひどい混乱のなかで、避妊したい女性のために人工妊娠中絶などの産児制限を行っていたが、売春を奨励するとして、彼女を告発する数多くの訴訟に耐え忍んだ。[*78] 一九六〇年代に入って状態が好転し始めると、ウーゼは事業の手を広げ自分の名を冠したアダルトグッズショップのチェーン店を立ち上げて成功した。

壁が崩壊した後、ウーゼは天才的な閃きを得た。自分のポルノショップで光沢紙に印刷された商品カタログを無料で配布し始めた。これが抜け目のない行動だったことはすぐにわかる。結果として、彼女の店の前には長蛇の列ができ、新たに熱心な支持者を数多く獲得したのである。二〇〇一年九月一〇日に掲載された彼女の死亡記事では、ウーゼが旧東ドイツに二〇〇万人の顧客を獲得したと見積もっている。[*79]

ウーゼとは異なり、西ドイツの株式市場は、夥しい数の新たな消費者にどう対応すればよいのか、まったくわかっていなかった。最初は、この新たな投資家からの利益を見込んで株価が急騰した。しかし、すぐに、この先どんな事態が生じるかわからないという不安が増大して株価は急落した。[*80] 西側指導者の目には、東ドイツ経済がこのままの状態では持たないことは明白だった。[*81] 世界のなかで最高水準の先進国の一つである西ドイツが、突然新たな消費者に対応するだけでなく、新たなインフラを供給する必要に迫られた時に何が起きるのか。東ドイツ市民は市場経済に突然さらされてどのように生き延びるのか。社会主義のもとで期待されていた社会福祉プログラムに何が起きるか。[*82] 経済的に繁栄している西ドイツにどのくらいのコストがかかるのか。雪崩れを打って押し寄せる諸経費は西ドイツの納税者を打ちのめすことになるのか。

不安は西ドイツに限ったことではなかった。東ドイツ政府は、市民や人的資源の流出を恐怖に駆られながら見つめていた。深刻な危機に直面して政府指導部に生じた一連の混乱は、事実上ドイツ社会主義統一党（ＳＥＤ）を率いる人物がいないことを白日の下にさらしてしまった。結局、ドレスデンから改革志向の党第一書記ハンス・モドロウを指導者として迎え入れた。彼は党内よりむしろ、政権内の肩書を強調することで旧来の慣習と決別した。言い換えれば、党書記長として知られるよりも首相や閣僚評議会議長という政府の役職名で評価されることを好み、ドイツ社会主義統一党（ＳＥＤ）の価値を低下させることになった。[*83]

その間、反体制派活動家や反体制派グループの指導者は、果敢にも、東ドイツのなかで明らかになりつつあった指導部の機能不全を埋めようとし始めた。教会指導者とともに対応に取り組んできた最も中心的なグループは、既存の政党や国家体制に似た組織を創設する時機が到来した、と考えた。そして、一九八九年一一月二四日、ポーランド式の円卓会議を始めようと呼びかける招待状を、既成勢力と反対勢力の双方に送った。つまり、進行中の協議を暫定的な統治手段とするよう呼びかけたのである。[*84]

## ポルトゥガロフの後押し

東ベルリンでは政権が崩壊した。東ドイツ経済は溶解し、その対外債務を支払う財政力の破綻はすぐそこに見えていた。一方で、政府当局には自発的な選択肢が現れつつあった。ＥＣ諸国やＮＡＴＯ加盟国のあいだでは、それが一体何を意味するのかをめぐって意見の不一致があった。西ドイツ国内でさえ、ボンが再統一を強く求めるか否かをめぐって意見の相違があった。国境が開いた時に湧き起こった自然発露的な歓喜は再考されつつあった。西ドイツで最も著名な作家であり、後にノーベル文学賞を受賞したギュンター・グラスは、かつての統一ドイツが繰り返し世界に引き起こした損害と苦痛を考えると、再統一は道義的に許されるのか、と問いかけた。西ドイツの哲学者ユルゲン・ハーバーマスも再統一を批判する著作を刊行するところだった。[*85] すなわち、前進するためにうってつけの方法はなかったのである。

このような状況に重要な変化を引き起こす人物が現れた。彼は、ベルリンの壁崩壊後の秩序として初めて、西ドイツ型モデルを明確に示した。その人物とは、一一月二一日火曜日、テルチクの事務所に入ってきたチェーンスモーカーのニコライ・ポルトゥガロフだった。彼は、ソ連共産党中央委員会のなかでは、党国際局のドイツ担当と、それほど地位の高い補佐官ではなかった。やれやれといった顔をしながら「つねに上司には詳細かつ正確に報告しなければなりませんので」と、習慣化しているメモ書きについて弁明する彼のアイロニーのセンスは、テルチクの興味をそそった。むしろしっかり者でドイツ語が話せるため、テルチクはモスクワについての情報源として時折彼と話をするようになった。ソ連首脳部に特有の権力の二重構造を考慮すると、政府はあるものの、本当に重要なのは党内の序列であった。そのような党の特使は公式の外交ルートとは本質的に対照的だった。ソ連政府の代表者は、テルチクの最大の競争相手ゲンシャーが率いる西ドイツ外務省の対等な立場の公式の代表者と会談した。したがって、テルチクにとって、ポルトゥガロフとの会談は、ソ連の情報を入手する独自の手段となっていた。

ポルトゥガロフはコールへのメッセージがあると言って、大急ぎでドイツ語に翻訳されたことを謝りながらテルチクに数頁の手書きの文書を手渡した。テルチクは言葉遣いや乱筆であることを気にしなかった。書いてあることを読み取りながら「電撃的なショックを受けた」からだった。手渡された文書の一つには、「西ドイツと東ドイツを過去の遺物から」解き放つ瞬間《とき》が到来したと記してあった。そこには、「純粋に理論上」の重要な質問が書かれていた。西ドイツは再統一について、あるいは新たに統一された存在のようなものについて話す準備をしているのか。もしそうであるならば、NATOとEC双方を存続させる手続きについても話すべき時間《とき》である、というのである。

「ソ連は、ドイツ問題に関して、すでに考えられるかぎりすべての選択肢を、想定外の事態さえ含めて検討している」。ソ連はまた、西ドイツが平和条約の必要性についてどう考えているかを知りたがっていた。ドイツの人びとが自分たちの領土に外国の核兵器を二度と持ち込まないという点で意見が一致しさえすれば、「ドイツ国家連合」のようなものを容認するかもしれない。

おそらくは政府高官の関与を否認する権利を供与するため、このセンセーショナルなメッセージには「非公式な立場」というタイトルが記されていた。しかし、そこには「公式な立場」も添えられていた。ポルトゥガロフはテルチクにゴルバチョフの側近チェルニャーエフと党内で第一級のドイツ専門家であるヴァレンティン・ファリン両者の承認があると保証した。[*86] 非公式なヴァージョンのように息を呑むほどぶっきらぼうなものではなかったが、公式なヴァージョンは新たな「汎ヨーロッパの平和の秩序」の構築を呼びかけていた。[*87]

テルチクは驚いた。ソ連の上級指導者は、壁が開いてからまだ二週間も経たないうちに、すでにNATOやECの存在意義を含む、ドイツ国家連合ないし統一さえ視野に入れた長期的な影響について検討していた。だとしたら、ボンも同じように検討を始めてもよい時機にあるのではないか。ポルトゥガロフはテルチク、さらにはコールの背中を強く押したのである。

ポルトゥガロフのメッセージが当時のモスクワの考えを実際どの程度反映していたかは議論の余地がある。ポルトゥガロフはチェルニャーエフとファリンの承認があると言ったものの、ゴルバチョフの承認があるとは明言しなかった。その後、チェルニャーエフとファリンはともにポルトゥガロフから距離を置くことになる。チェルニャーエフは、ポルトゥガロフが自分自身と自分のメッセージを実際以上に重要であるように見せた、と述べている[*88]。そこには、また、性急な翻訳のために迂闊な誤訳があったかもしれない。ゼリコウとライスは、テルチクは自分が望むように「選択的に」理解した事例ではないか、と考えている。しかしテルチクは、ポルトゥガロフが言ったことを完全に理解した、と述べている。つまり、モスクワの上層部はヨーロッパの秩序のために潜在的なモデルをいくつか思いついていたのだ。将来を規定することをめぐる競争が開始されていた。ポルトゥガロフとの会談を終えるや否や、テルチクが、変化を引き起こすものとしてこれらのメッセージを首相官邸に示したのは明らかである[*89]。

テルチクは、ポルトゥガロフが立ち去った後、ほんの束の間コールをつかまえることができた。コールは「信じられないことが起こり始めて」おり、断固たる行動が必要だと同意した。ポルトゥガロフのメモは、ボンがシェワルナゼから受け取っていたメッセージとよく符合するように思われた。シェワルナゼのメッセージは、平和的な変化を歓迎すると示唆していた。コールはできるだけ早くゴルバチョフと個人的に話すべきだと考え、それまでにボンは自らの将来のために新機軸を打ち出す必要があった。

まさにその二日後、一一月二三日木曜日、コールとテルチクは、できるだけ早くドイツ連邦議会にドイツ統一を達成するためのモデルをコール自らが公表すべきであるという点で意見が一致し、少人数のチームでそのための青写真を描き始めた。日曜日の午後までに、「一〇項目提案」の準備ができると、ルートヴィヒスハーフェンの自宅にいるコールにそれが届けられた。コールは信頼している地元の友人や妻とともにプログラムについて話し合い、連邦議会で予定されている予算審議のなかで提示するのが最も早く、かつふさわしい機会だと考え、一一月二八日火曜日、全世界に向けてこのプログラムを提案することを決めた[*90]。

コールのモデルは、ゴルバチョフが構想したように、旧い政治的な編成を反映していたが、その目標は復元ではなく改良にあった。コールは、かつてのスタイルの適応可能な再利用と定義して、再生の気運を擁護していたが、それはつまり、旧来のモデルを用いるが、現状に合わせて作り変えたり更新させたりすることによって、より旧いルーツを持つ何か新しいものを打ち建てようとするものであった。[*91] 彼と彼のチームが改良しようとしたモデル――ドイツの過去への言及がつねに困難をともなうものであったことから公の場で決して明確には認めようとしなかったが――は、ドイツ国内に多数の領邦国家が共存する国民的な空間、言い換えれば、連邦国家としてのドイツという発想だった。このアイディアは、ドイツの政治空間から決して消えることはなかった。ヴィリー・ブラントと彼の補佐官たちは、一九六〇年代から七〇年代にかけての在職期間中、よく「二つの国家、一つの国民」について話をした。[*92] また歴史的に見れば、ドイツ語を話す人びとは、数世紀にわたって、個別に統治された政治的な単位の緩やかな国民的集合体として存在した。一九世紀には、とりわけ影響力の強い地域、プロイセンが全体の緩やかな集合体よりもさらに強い影響力を持っていた。実際、統一されたドイツ国民国家という存在は、一八七一年に戦争とプロイセンの首相オットー・フォン・ビスマルクの外交手腕によって、少し変則的な形で創られたごく最近のものだった。彼はプロイセン国王に皇帝《カイザー》ヴィルヘルム一世を据えることに成功した。しかし、永く続くと思われたビスマルクの帝国は、七四年後にヒトラーの戦争が終結すると、ばらばらに解体されてしまう。そしてドイツは、ふたたびまとまりを失った国家に戻ったのであった。[*93]

たしかに、コールが望んでいたことと、かつてドイツとのあいだにはさまざまな違いがあった。一九世紀以前には夥しい数の公国があったが、現在は西ドイツと東ドイツという二つの国家のみしか存在しない。かつてブラントが用いたように、国家連合という言葉はレトリック戦略として使われていたが、コールは、有形とも無形ともいえる新たな国家連合を構築するための現実的な目標としてその言葉を使おうとした。国家連合を永続的なものとみなすのではなく、究極的な目標は再統一だった。しかし、基本的なアイディアは同じだった。ドイツの文化、主体性《アイデンティティ》、言語、そして国籍といった共通感覚を有しながらも、長きにわたって、内政には相互に独立性の高い自治的権能を有し、外交・軍事には連合して主権を構成する国家連合という構想だったのである。

　コールと彼の補佐官たちは、この時点では、統一の法的手続きが早すぎるとその過剰な負担に西ドイツが耐えられなくなると考え、この状況はかなり長く続くものと想定していた。彼らにとって必要不可欠な東西ドイツのゆるやかな国家連合という仕組みはいまだ構想中だったが、一〇項目提案は東ドイツ経済を支え、避難民の増加を抑えるうえで、当面のあいだ必要な施策となるだろう。このすべてがECと全欧安全保障協力会議（CSCE）の原則と一致した方法で施行されると思われた。ちなみにCSCEとは、米ソ二超大国とアルバニアを除くヨーロッパ諸国が一九七五年にヘルシンキ宣言を採択した会議である。一〇項目提案のなかには、「ドイツの将来構想は、将来の汎ヨーロッパ構想と調和しなければならない」と明記されていた。

図3　2006年、旧西ドイツ安全保障補佐官ホルスト・テルチク。

　テルチクによれば、彼とコールは予期せぬ幸運が連続的に起きれば一〇年以内にこれらの目標を達成することは可能だろうという点で、意見が一致していた。当初は、もっと時間がかかると見積もっていたのである。当時、あえてこの見解に異論を唱える者はいなかったが、唯一、とりわけ先見の明がある一二月一四日付のアメリカ国務省の覚書は、事態の進展は「急速に再統一」に向けて収斂しつつあり、東ドイツの真に自由ないかなる政府も「再統一を最重要課題としなければならない」と結論づけていた。[*94] 二国家論もしくは国家連合論はコールと彼の側近にとって真剣な提案であった。その時はまだ、彼ら自身がすぐにその提案を取り下げることになるなど考えもしなかった。

いったん一〇項目提案の趣旨が設定されると、コールと彼の側近はその提案に関する情報を事前に公表するか否かという重要な決定にも直面した。コールはあえて、連邦議会の審議に加える前にその提案についてほとんど誰にも話さず、その後、許可よりも許しを請う昔ながらの戦略に切り換えた。ブッシュ以外には誰にも、友人のミッテランや連立政権のパートナーであるゲンシャーにさえも、事前に相談しなかった。

テルチクによれば、この時のような決定はその後も同様に繰り返されるようになった。彼とコールは必要な決定は自分たちだけで行うことができ、また、そうすべきだが、ある人物――ブッシュにはつねに知らせておかなければならない、という点で一致していた。結果として、ワシントンだけが連邦議会の審議前にこの情報を得ていた（コールは、その翌日、ブッシュと三〇分ほど電話で話した）。[*95] コールは、一七七六年のアメリカ独立宣言と同じように、一九八九年の最大の目的は、英語で書けば「生命、自由、そして幸福の追求」を保障することにあると言った。[*96] 新たな政治的秩序を創ろうと試みて成功した前世代を暗に連想させる、賢明でレトリカルな選択だった。

連邦議会での演説、つまり、一〇項目提案の英訳はコールが演説を始める直前にワシントンに届いた。後に彼の演説を評して、ボン駐在のアメリカ大使ウォルターズは「コールは事前協議なしにこのアプローチに飛びついたことに自信を持っていた。このことはさらに、すでに重要な経済大国として広く認知されていた西ドイツの政治にとっても大きな自信になった」と指摘した。[*97] にもかかわらず、テルチクは、コールの優先順位のなかで、ブッシュとスコウクロフトがどれほど高い位置づけにあったかを理解し、尊重していたと回想している。コールと彼の側近はまた、西ドイツ外務省の同僚よりむしろ、ホワイトハウスのアメリカ人の仲間と率直なやりとりをするようになっていた。[*98]

許可よりも許しを請う戦略は、コールの必要性——実際、国境を越えた危機に直面する政府首脳は内政と外交のバランスをとる必要があった——を反映していた。コールは、モスクワの意図を知りながら、ドイツのために自らが立てた計画を提示しなければならない、と考えた。彼は、東ドイツ市民が耳にしたいことを理解し、西ドイツ市民に受け容れられるような方法で売り込むことができる、と確信した。しかし、同盟国や近隣諸国が一〇項目提案を気に入るはずはなかったため、コールは東ドイツの目下の混乱状態を踏まえ、既成事実とともに提示することにした。[*99] 彼がそうすることは正しかったが、それでも彼らは満足しなかった。

実際、コールは対案を提示することもせず、事前に連邦議会に計画の公表を諮ることさえしなかった。東西ドイツのゆるやかな国家連合という仕組みの提案は東ドイツがすべての政治犯を釈放するか否かに拠ると説明した時、緑の党の党員が「トルコとの取引じゃあ、そんなに偏屈じゃなかっただろう！」とヤジを飛ばした。[*100] モスクワはコールの行動を偏屈とは別の言葉で表現した。翌日、ゴルバチョフは、一〇項目を快く思っていなかったイタリアのジュリオ・アンドレオッティ首相と話すなかで、コールが「来るべき選挙のために復讐心に燃えた様子であった」と苦言を呈した。[*101] ソ連の報道官ゲンナディ・ゲラシモフは西側記者に、もしコールが一一番目の条文を付け加えていたならば、つまり、ドイツは一九三七年の国境を回復するつもりはないという明白な声明を入れていたならば、彼の提示した一〇項目提案はもう少し好意的に受け止められたであろう、と述べた。[102]

そして一週間後にゲンシャー外相がモスクワを訪れた時、ゴルバチョフは彼が一〇項目提案とは何の関係もないことはよくわかっていたが、それにもかかわらず、シェワルナゼとともにゲンシャーに苛立ちをぶつけた。その会談に出席したチェルニャーエフによれば、ゴルバチョフはコールの行動が「下品であり」、東ドイツの主権を侵害している、と述べた。シェワルナゼは、「ヒトラーでさえ、あえてそんなことはしなかった」と言って、コールはナチスの指導者よりもひどいと切り捨てた。ゴルバチョフは、コールが「ヨーロッパが変化するプロセスのために葬儀を準備し」、自分の頭のなかで難局に挑み茨の道に歩み出していると結論づけた。[103] ゲンシャーはこの会談をこれまでのゴルバチョフとの会談のなかで「最も悲惨だった」と記憶している。ソ連の最高指導者は、この間、どんな重要な問題も真剣に議論できないほど動揺していた。[104]

テルチクは上司であるコールのために一〇項目提案に対する世界の反応を要約した報告書を用意していた。ミッテランは、当然ながら、何も知らされないままであったことにショックを受けた。彼は欧州議会にコールとともに登場し、コールが一〇項目提案を演説する前日にもやりとりをしていた。[105] フランス大統領は公の場では支持を表明したが、ヨーロッパの人びとは秘密裏になされた決定に向き合いたいとは思わないだろう、と付け加えた。

テルチクは、一二月一日付のフランス紙『ル・モンド』のなかで、ボン特派員ルーク・ローゼンツヴァイクに対してじきじきにコールを弁護した。ミッテランはフランスの内政に係わる決定をする前に決してボンに許可を求めないだろうが、同様にボンにもそのようなことが期待されるべきではないと、かなり非難がましく述べた。しかし、言葉足らずの部分を埋め合わせようと、テルチクは自分が意味するところを次のように敷衍した。「西ドイツ政府はいま、事実上、フランスのいかなるヨーロッパ構想にも賛成しなければならないだろう。もし私がフランス人だったら、そのことを有効に活用するはずだ」[*106]。ドイツ統一は、多かれ少なかれ、フランスがヨーロッパ統合の舞台において望むことなら何でも得られることを意味した。言い換えれば、急速なヨーロッパ統合への扉は一九八九年一二月に開かれた。その地平には、ＥＣ（ヨーロッパ共同体）をＥＵ（ヨーロッパ連合）にアップグレードし、単一通貨ユーロに統合し、欧州中央銀行の枠組みで通貨政策決定を共有する通貨統合プロジェクトを定めたマーストリヒト条約の考え方が明確に顕れた。そのような考え方は、ＥＣの権威や法的権限を拡大しようとするフランスと目標を共有していなかったサッチャーにとっては、ほとんど魅力がなかった。むしろ、現状維持はイギリスにとって「大陸の安定を確約」するため、イギリスにとってはいかなる変化も脅威になるとテルチクはコールに報告した[*107]。

## 過去の亡霊がよみがえる

ボン、あるいは少なくとも西ドイツ連邦首相府はまさに今後の計画と一連の措置を決めた。コールは東西ドイツのゆるやかな国家連合の仕組みを構築するために東ドイツとの会談の予定を組もうとした。彼は東ドイツの責任者ハンス・モドロウと一二月にドレスデンで会談することに合意した。ミッテランが数年前に始めた東ドイツ訪問を一九八九年一二月二一日に行うことを強く望んだため、コールはそれよりも前の東ドイツ訪問を決めて一二月一九日を設定した。

しかし、ロンドン、モスクワ、パリ、そしてワシントンはいまだに将来のモデルをめぐって暗闘を繰り広げていた。ゼリコウとライスが詳しく述べているように、西側の同盟内では、さまざまな選択肢をめぐって極度に緊張が高まっていた。一一月の終わりまで「アメリカ政府と主要な同盟国はドイツをめぐるあからさまな衝突を避けていた。なぜなら、東ドイツでつづく政治改革を見守ることで、短期的には国益を共有していると意見が一致していたためだった[*108]」。

ブッシュとゴルバチョフは、一二月の週末二日と三日にマルタ島周辺のひどくしけた海の船上で会談したが、ドイツに関する協議をほとんど進展させることができなかった。ブッシュは警戒感をもってマルタに臨んだ。彼は元大統領リチャード・ニクソンから個人的な助言を受けていた。その助言には価値があると考え、彼はベイカーやスコウクロフトにもその内容を伝えた。ニクソンは「レーガンが赤の広場でゴルバチョフの肩を抱いて腕を回したのは、体裁としてもレトリックとしても間違いだった」と論じた。ニクソンはブッシュに地中海で同じことをしないように強く忠告した。「マルタの会談後に同じような印象を残すことは、あなたにとって誤った考え方の信憑性を高めることになるだろう。ワシントン政界の権威あるメディアは、壁が崩壊したことで、われわれはゴルバチョフと何ら違いはない、という誤った考え方を非常に感情的に示してきた。数回の友好的な会談や温かな握手だけではわからないだろう」と、ニクソンは警告した。ニクソンはゴルバチョフの真の目的は非核化にあり、「東西ヨーロッパからのすべての外国軍の撤退にある」と主張した。「これはもちろん、単純にレイキャビクの申し子だ。つまり、ゴルバチョフがレーガンと一〇年以内にすべての核兵器を撤廃することで意見が一致したＩＮＦ（中距離核戦力）全廃条約の結果なのだ」。ニクソンはまた、ブッシュは強硬路線を取るべきであり、ゴルバチョフに「西半球に位置するアメリカに対して非友好的な政府に武器を売ることは単純に受け容れられない」と言って、モンロー主義を更新すべきだとも考えていた。ニクソンの結論は次のようなものだった。「私はあなたがドイツの再統一やＮＡＴＯの将来について、ゴルバチョフと交渉するつもりがないことを仄めかすように強く勧める」。ブッシュは、マルタ首脳会談の準備の一環として、自分の補佐官たちに、ニクソンとこの「興味深い考え」について議論するように命じた。[109]

　ベイカーは、国務省の相談役に自ら選んだロバート・ゼーリックからホワイトハウス内でブッシュと同じような助言を受けた。ベイカーがマルタ会談だけでなく、その直後に控えたＮＡＴＯ会談の準備をしているあいだ、ゼーリックはベイカーが取り組むべき総合的なテーマは「さらに東方へと至る新たな大西洋主義と新たなヨーロッパ」の必要性についてだろうと書いている。しかし「新たな大西洋主義と新たなヨーロッパの建築《アーキテクチャー》は、一つの包括的な仕組みを発展させようとすべきではない。代わりに、多くの相互に強化し合う相補的な制度に依存することになるだろう」。これは、ＮＡＴＯやＣＳＣＥ、ＷＥＵ（西ヨーロッパ同盟）、そして欧州評議会といった既存の制度を含むものだった。[110]

　ベイカーとチェルニャーエフによる実際の会談の覚書によれば、ブッシュとゴルバチョフはドイツについて何ら決定しなかったどころか、ほとんど話し合いさえしなかった。[111] これは、ひどい悪天候で多くのイヴェントが取りやめとなったことにも因る。荒れ狂う海上で、アメリカ艦船とソ連艦船のあいだを往来するのはあまりに危険なことだった。おかげで乗務員は要人の食事会が中止になり、贅沢な食糧配給を楽しむことになった。

　一連の出来事に水を差したのは天候だけではなかった。ブッシュの代表団は、大きな変更を行うことに消極的でもあった。ブッシュは、開会の声明で「私は、われわれはここで取り決めをしようとは言わない」と言って、ニクソンの手紙に書かれたことをそのまま繰り返した。ベイカーによれば、大統領はむしろ互いの意見に耳を傾けて「長期的な時間の枠組みで」前進することを提案した。[112]会談の焦点は兵力の削減と核兵器や通常兵器の軍縮の手続きについてだった。ゴルバチョフはブッシュに「いかなる状況」においても、ソ連は「戦争を始める」つもりがないと告げた。ブッシュはアメリカがドイツ再統一の問題をめぐって挑発的な行動を取らないことをゴルバチョフに保証した。双方とも、結局、ヨーロッパ通常戦力（CFE）条約を生み出すことになるウィーン会談が成功することを期待した。ドイツ問題が話題に上った時、ブッシュは「われわれは再統一に反対することを期待されていないはずだ」と述べた。そしてゴルバチョフがその問題を強く主張することもなかった。[113]

マルタ首脳会談より重要だったのは、その直後、一九八九年一二月三日の日曜日の夜にブリュッセルの郊外ラーケンで行われた非公式会談だった。ブッシュは翌日からそこで始まるNATO会議に出席するためにマルタからブリュッセルに直行した。コールも同様に早めに到着していた。二人は夕食で落ち合った。この時が、壁が崩壊して以来、初めての差し向かいでの会談だった。[114]ブッシュがコールに不快な思いを抱くのは至極当然だった。西ドイツは、ブッシュがソ連の指導者だけでなくNATOの首脳部とも会わなければならないほんの数日前に、事前協議もせずに重大かつ思いがけない国家連合という構想を打ち上げたのだった。ブッシュは、コールが打ち出した計画についての助言を受ける間もなく、その計画に対する大統領の見解を知りたがっている世界の主要な指導者との数多くの会談に臨む状況に置かれた。提案以前のことについて何も知らず、草案づくりに何の関与もしていない、よく知らない提案について、いきなり論じろと要求されるのは、ワシントンを補佐する者にとっては通常の任務だったかもしれないが、大統領にとってはそうではなかった。構想はあきらかにワシントンではなく、ボンで生まれたものだった。そしてブッシュは、嵐の船上での米ソ首脳会談の疲弊に耐えてきたばかりだった。

一方のコールは、自分自身を正当化するためにラーケンに来ていた。[*115]
驚くことに、ラーケンの夕食は、当然の報いどころか、スコウクロフトが言うところの重大な「転換点」となった。ブッシュがコールの計画に対して、可能なかぎり最大の支持を打ち出すことを決めた場となったのである。その場にいたスコウクロフトは、そのプロセスを注視していた。コールの計画とヴィジョンは大統領に強い印象を与えた。その計画とヴィジョンを聞いた後、ブッシュは「言っていることはわかりました、頑張りなさい」といった趣旨の発言をした。スコウクロフトは、アメリカ外交政策の将来が形づくられるのを目の当たりにして、驚きで自分が口をポカンと開けていたのを覚えている。ブッシュは後に、コールは「ドイツの人びとを特異な孤立した道に導くようなことはしない」と信用できると気づいた、と述べている。ゼリコウはブッシュが直感を信じる、根は情熱的な男だったと回想している。ラーケンにおけるそうした直感は、コールは正しいとブッシュに告げていた。[*116]
コールはいかにしてアメリカ大統領を説得し、味方につけたのか。現場の混乱状態とその混乱状態に対処する解決策について、説得力のある説明をすることによってであった。ブッシュは東ドイツの混乱状態についてコールが説明するのを同情的に聴いていた。「今日、東ドイツで起こっていることについてお話してもいいでしょうか。皆、辞任したのです」。指導部の腐敗がまさに周知の事実となり、あきらかに危険な兆候が顕れつつあった。スコウクロフトは、東ドイツが実際いかに不安定であるかというコールの話を聞いていたが、後に西ドイツがいかに現状を誤解し、ワルシャワ条約機構について懸念していたかを知って驚くことになる。[*117]コールは「もはや、東ドイツから来た人びとに一人当たり一〇〇DMという財政支援をすることはできません。財政支援はすでに一八億DMにまでなっています」と言って、話し続けた。

それからコールは、一〇項目提案について話し始めたが、「私のアイディアに落ち着いて耳を傾けてくれていることに感謝します」と忘れずに感謝の言葉を口にした。コールは「向こう見ずな」ことは何もするつもりはないと約束した。ブッシュは東ドイツと西ドイツ双方における一〇項目に対する考え方について尋ねた。東ドイツの人びとは自分たちが何を望んでいるかを理解するのにもっと時間を必要としているが、一方、西ドイツでは、野党はこの計画が彼の提案だというだけですでに公然と反対している、とコールは言った。野党ばかりではなく、サッチャーも「どちらかといえば口が重かった」。ブッシュは「それは控えめな表現でしょう」と不意に口を挟んだ。コールは同意しながら、サッチャーが統一に直面するのを避けようとするのではなく、統一自体に反対しているのはなぜなのかがわからない、と言った。彼女はフランスを見習うべきだ、フランス人は統一のプロセスのなかで祖国フランスに有利な点を見出す方法をわかっている、と指摘し、「ミッテランは賢明です」とコールは続けた。二人はそれからゴルバチョフについて話し合った。コールはゴルバチョフがブッシュに財政支援を求めたかどうかを知ろうとした。大統領は否、と返答した。ゴルバチョフの自尊心はアメリカに援助を求めることを許さない、とブッシュは述べた。要約すると、二時間に及ぶ夕食の会話は多岐にわたり、率直なものだった。この会談がブッシュに与えた影響は、翌日、明らかとなった。NATO首脳会談という公の場でコールを強く支持する見解を表明したのである。慎重な行動を求める要請を繰り返すよりむしろ、「一連の変化に対して、建築《アーキテクチャー》を用意すべき」時機だとブッシュは述べたのである。[*118]

コールが提案した一〇項目提案は、旧占領四ヶ国を両極に分けた。ブッシュがコールを強い指導者と認め敬意を抱くようになったのに対して、英仏ソ三ヶ国は、西ドイツが自分たちはもちろんコール政権のメンバーに対してすら不意をつくようなやり方をしたことで、より一層不安を募らせた。ゴルバチョフはイギリスとフランスが非常に怒っていることから、一二月八日までにふたたび四ヶ国協議を開催することに積極的だと確信した。彼はシェワルナゼに「西ベルリンの三ヶ国政府にできるだけ早いうちに四ヶ国協議の手はずを整えて提案する」というメッセージを送った。[*119] 彼はまた、翌日の中央委員会でコールに対して非常に批判的な演説も行った。ボンはそれが、その場にいる人びとに対してではなく、西ドイツを念頭に置いた演説だと捉えた。ゴルバチョフのイギリスとフランスの考え方に関する評価は正しかった。同じ一二月八日、ミッテランとサッチャーは非公式会談を行った。イギリス側の会談記録によれば、ミッテランは「ドイツについてとても心配しており」、「いよいよ行動の時だ。四ヶ国がどのような役割を果たすべきかを考える必要がある」と、説明した。サッチャーは「四ヶ国はすぐに会談すべきだ」、さもなければ、「再統一を要求する気運が高まって体制が完全に崩壊することになるだろう」と、あっさり合意した。もしそうなれば、「ヨーロッパのすべての要石《かなめいし》が崩壊することになるだろう。NATOの前線、NATOという仕組み、ワルシャワ条約機構、そしてゴルバチョフの改革という希望がすべて崩壊してしまう」。サッチャーは「われわれは崩壊を未然に防ぐ仕組みを持たなければならない。それができる唯一の仕組みは戦勝四ヶ国協定だろう」という考えを示した。ミッテランは、とりわけ、東ドイツに駐留するソ連軍が心配だと言って彼女に合意した。もしそこで暴力行為が生じれば、「発砲が始まるのは疑うべくもないだろう」。そのような危険をすべて考慮して、ミッテランは四ヶ国協議が必要だというサッチャーの見解に同意したのである。[*120]

二人とも戦勝四ヶ国分割統治を復元するアイディアの再構築を妨げることも、渋ることもなかった。そしてワシントンは、ロンドンとパリとのあいだに齟齬をきたすのを懼れて最終的に賛成した。ベイカーは、少なくとも対応範囲を限定しようとして、一二月九日に数多くの話し合いを重ねた。彼はその協議のなかでベルリンについてのみ話し合うという合意を得た。「ハードとゲンシャーから了承の許可を得た。……イギリスは西ドイツの気勢をくじくために大使レベルで協議を行うことを望んでいる。……ベルリンで首相どうしが会うならベルリンについてのみ会談する」と、一二月九日以降に彼が書き込んだ手書きの覚書は読める。[*121]

旧占領四ヶ国の大使会議はまさに、第二次世界大戦の終結時に連合国管理委員会が使用した建物で行われた。一二月一一日の四ヶ国大使会議で用いられた言語表現にも驚くべきものがあった。時代が一九四五年に戻りかねなかった。「われわれは、戦勝国となったため、平和的な将来……を提示する責任を引き受けなければならない」と、東ドイツ駐在のソ連大使ヴァチェスラフ・コチェマソフが厳かに述べた。それから「戦勝四ヶ国」は、東西両ドイツを外して、現在の課題に取り組む「方式」をめぐって長い話し合いを開始しようとした。コチェマソフは定期的な大使会議の制度化も強く求めた。[*122] 戦勝四ヶ国というかつての慣習と会議から外されたことに対するコールの悔しさをなだめる試みとは別に、会議に先立ってアメリカが提案する議題をボンに通知していたアメリカの代表団は、議論の内容がベルリンに集約されるように試みた。しかし、その会議の重要性は内容ではなく、開催されたこと自体にあった。

## 復元モデルと再生モデルは破綻する

アメリカの代表団は、協議参加時に、これが後退であって前進ではないことをわかっていた。アメリカ大使ウォルターズは恥ずかしく思った。彼はベルリンの旧連合国司令部の前に集まった出席者の集合写真をその年最悪のものだったと述べている。[*123] さらなる侮辱はベイカー自身が協議が行われた日に分断されたベルリンを訪れ、翌一二月一二日に行った記者会見が大々的に公表されたことから生じた。四ヶ国協議が行われているのと同じ時間同じ場所にベイカーがいること、東ドイツ首脳部と彼の思いがけない会談、記者会見における彼の発言、そしてコールがベイカーと朝食をともにするために（ボンに彼を招待するというよりむしろ）コール自身が西ベルリンに赴かなければならなかった、という事実の組み合わせはすべて、コールが職務上のことでベイカーから叱責を受けているかのように見えた。ベイカーは回想録のなかで、コールが「いらいらしていた」のは何も意外なことではなかったと記している。ベイカーの公式見解は「新たな時代のための新たな建築《アーキテクチャー》」と「新たなヨーロッパと新たな大西洋主義」の必要性を伝えることにあった。しかし、大きく報道されたのはアメリカが「安定した」プロセスに関心があり、「今日ここにわれわれがいること、それが政治的なシグナルである」というベイカーの発言であった。ダン・ラザーはアンカーマンを務める『CBSイヴニングニュース』のなかでこの出来事を取り上げて、ベイカーの東ベルリン訪問を「東ドイツの共産党首相を緊急救出する任務」と報道した。ベイカーはこれまで東ドイツを訪れたアメリカ高官のなかで最高位であって、訪問の時期も明確なシグナルを送っているように思われた。新聞や雑誌などのメディア報道は、ベイカーがコールの提案した変化のための行動計画をきっぱりと拒絶するために東ベルリン訪問を企図した、と結論づけた。[*124]

この事態は、ベイカーがコールに謝罪の手紙を送らなければならないほどの大失態だった。「親愛なるヘルムート、記者会見で私が述べた見解が問題を引き起こしてしまったことを非常に残念に思っています。私の意図とまったく正反対の結果をもたらしてしまいました」。彼はコールに「まったく頭に無かったことが非常に重要なことと受け取られてしまいました。私がどれほどドイツとアメリカの二国間関係、とりわけあなたとの関係を重要だと考えているかをわかってもらえればよいのですが。最大の敬意と敬愛の念をこめて、ジムより」[*125]。この大失態の後、ボンとワシントンが理解したのは、旧占領四ヶ国協議をこれ以上継続すべきではないということだった。しかし、少なくともゴルバチョフをなだめるためには何らかの方式を必要とした。

最終的にその方式はできるのだが、この時点では、イギリス、フランス、そしてソ連による、一致団結した断固たる行動によって旧占領四ヶ国による復元モデルは維持された。そのような行動は考えられないものではなかった。一方、旧い分割統治は次第に忘れさられ、新たな絆が生まれつつあった。ここで中心的なアクターとなるのは、数多くのほかの重大な局面と同様に、ミッテランであった。ゴルバチョフと、もしかするとサッチャーは、喜んで復元の道を歩み続けただろう。一二月の終わりのミッテランによる東ドイツ公式訪問は、彼が過去の遺物と交渉することをさして嫌わないことを示すものだった[*126]。

フランスが望むこと、あるいは必要とすることに基づいて話すのを好んだミッテランは、言葉よりむしろ行動を通して彼の政策選択を示して見せた。つまり、彼は一つの政策を選択する前に、しばらくはいくつかの構想段階の計画を抱え込むのが好きだった。たしかに、ミッテランは一二月六日にコールがあまりにも性急に物事を前に進めようとしているとゴルバチョフに不満をもらしたが、彼はコールの計画を受け容れるのは賢明であり、そうすることがフランスとECにとってどれほど理に適うかということに徐々に気づき始めていた[*127]。一〇月にはすでに、コールは欧州委員会委員長ジャック・ドロールに(おそらく、ドロールがそのことをミッテランに伝えるであろうことを願って)、ミッテランに手を貸すことが彼の主要な優先事項のうちの一つだと告げていた[*128]。そしてテルチクが『ル・モンド』紙で述べたように、もしパリがボンに国民的統一の主導権を握らせてくれるのであれば、ボンはフランスがヨーロッパ統合についてで望むことのほぼすべてに賛成するだろう、とも述べていた。

この組織内・制度内の力学は、フランスがＥＣ理事会の議長国の持ち回りで最後に主催した主要会合、一二月八日と九日両日にストラスブールで開催した欧州理事会で明らかとなった。[129] コールはふたたび、サッチャーや不安を感じるほかのヨーロッパ指導者からの激しい非難に耐えなければならなかった。「私は決して、サッチャーの怒りに充ちた発言を忘れないだろう」とコールは回想録に記している。「私たちは二度ドイツ人に勝った！　そして今ここで彼らはふたたび敗れる！」とサッチャーは言ったのだ。コールは、ＥＣ指導者の全員が彼の提案した計画に懸念を示さないだろうと推測していたが、実際はスペインのフェリペ・ゴンサレスと（ＥＣ理事会の議長国をフランスから引き継ぐ）アイルランドのチャールズ・ホーヒー以外の指導者は一様に懸念を示した。[130]

にもかかわらず、コールは重大な取り決めを交わしていた。ドイツ人が「自由な民族自決権を行使してその統一を取り戻したい」という願望を支持するという共同声明《コミュニケ》と、欧州委員会に統一のためのＥＣ戦略を準備する任務を課すことと引き換えに、コールは年内に通貨統合を経て経済統合を実質的に進展させたい、というミッテランの願望を実現しなければならなかった。[131] 経済統合のための基本的な決定はすでになされていたが、西ドイツ通貨マルク（ＤＭ）がヨーロッパ単一通貨ユーロに置き換えられる通貨統合というイメージが選挙での集票力を抑制することを懼れたコールは、西ドイツ連邦議会選挙が終わるまで履行のためのさらに具体的な措置を先延ばしできるように願っていた。西ドイツの選挙法によれば、一九九一年一月までに選挙を行わなければならなかった。

ドイツ統一のためのコールの計画についてフランスの承認を必要としたことが、いまや、その予定を早めることになった。ストラスブールのＥＣ首脳会談の前に、ミッテランは、一九九〇年後半つまり次の西ドイツ連邦議会選挙の前に政府間会合を行う必要があると明確に告げる手紙をコールに送った。コールにとって、会合の日程は一九九〇年に決めるべき事柄であり、実際に実施しなければならないものではなかったが、ミッテランにとっては、それでは不十分だった。さらにミッテランは、会合の前に欧州議会の権利拡大について相談したい、というコールの希望をあからさまに無視した。

この手紙について、コール首相府の職員でフランスに精通しているヨアヒム・ビッターリッヒは、ミッテランは欧州議会に対するボンの関心を単なる陽動作戦、つまり通貨統合を先延ばししようとするものと捉えたのだと分析している。フランスが欧州議会に「象徴的な権威」しか与えようとしなかったからというだけでなく、このことはミッテランにとってほとんど関心がなかったためであった。ビッターリッヒはさらに、ミッテランがコールに個人的なメッセージを送ろうとしていたとも言う。通貨統合を履行するための現実的なロードマップへの現在のコールの関与と献身のレベルは「ミッテランにとって充分ではなかった」。経済統合のために打ち出された通貨統合プロジェクトをうまく軌道に乗せることは、ミッテランにとって、大統領としての残りの在職期間中の「唯一の究極的な目標」だった、とビッターリッヒは指摘する。そのためにミッテランはコールに、この目標を実現できるように強く求めたのである。[*132] コールは結局、一九九〇年が終わる前に必要な政府間会合を呼びかけることに同意した。これに加えて、フランスの指導者は「欧州復興開発銀行」とポーランドのための「金融安定化基金」の創設について意見の一致を得ることにも成功した。[*133] しかしながら、究極的には、これらの提案は西ドイツ首相にとって大きな譲歩ではなかった。彼は会合の開催をできるだけ先延ばししたかったが、基本的には通貨統合を信じ、いまやヨーロッパ統合に対する以前からの献身がドイツ統一の大義を推進させることになる、と考えていた。ヨーロッパ統合が国民的統一のための代償であると考えれば、西ドイツ国内の懐疑論者を説得して取り込むことさえできるかもしれなかった。

結果的にミッテランは、一九八九年一二月の三日間のうちに、ドイツ統一の展望に対する二つの主要な選択肢を天秤に掛けることになった。旧占領四ヶ国分割統治という方式を採るか、あるいは、同じ考えを持つ欧州委員会委員長ドロールとともにECという方式を採るかを比べて、優劣を考えたのである。[*134] ミッテランが続いて取った行動は、彼が後者をより有益な機会と捉えたことを示した。ECと、フランス－ドイツの二国間関係のなかで事態にあたることによって、ミッテランは安定性を確保したうえで、来たるべき転換期において、フランスの国益に目を配ることができた。[*135] また、通貨統合プロジェクトには、西ドイツが自国の経済的利益にとって有利か不利かによってそれに同意するか否かを見極めるといった隠された意図もあった。[*136] コールは、自らの政府閣僚メンバーにさえ隠した所感のなかで、経済統合のための通貨の急速な統合を支持するのは自己犠牲である、とベイカーに告白した。コールは「ドイツの国益に反する」にもかかわらず、ストラスブールでのEC首脳会談の開催時期についてやむなく了承した。しかし西ドイツ連邦銀行（ブンデスバンク）の総裁は強く反対した。それでも、「その段階は政治的に重要だった。なぜなら、ドイツは友人を必要としていたからだ」。簡単に言えば、「ヨーロッパのなかにわれわれに対するどんな不信もあってはならなかった」のである。コールは、フランスが名誉を独り占めしても気にしなかったが、コールが説得に折れ

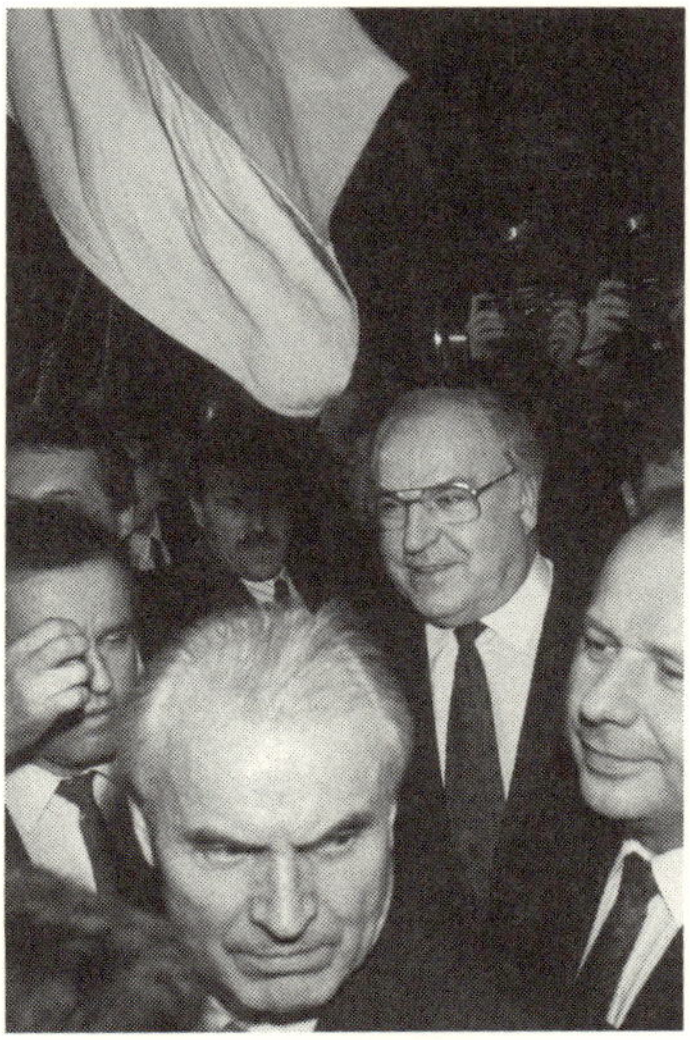

図4　1989年12月19日、西ドイツ首相ヘルムート・コール。ドレスデンで東ドイツ首相ハンス・モドロウ（前）とともに。

なければヨーロッパの通貨統合は決して起こりえなかっただろう。[*137] コールはおそらくその影響を過大に考えすぎていたところもあるが、来たる西ドイツ連邦議会選挙を前に通貨統合に向けた具体的な段階をなんとか先延ばししようとした彼のそれまでの努力は、有権者が通貨統合に自分たちの利益を見出すか否かを案じる彼の懸念の大きさを示していた。ミッテランがこの隠された意図に気づかなかったはずがない。コールの言葉が大げさだったかどうかにかかわらず、フランスによるドイツ統一支持は、いまやコールが通貨統合に向けて前進することを保証するという効果的な影響をもたらした。このすべての実現が旧占領四ヶ国による復元モデルへのミッテランの関心を失わせた。それによって、ミッテラン抜きでは成功しえなかった復元モデルは徐々に姿を消し始めた。[*138]

まさに同じ運命が国家連合の再生モデルにも降りかかることになった。一二月一九日、コールは彼自身による国家連合という構想を実現に移そうとドレスデンを回りながら、もっとうまくできることに気づいた。驚くべきことに、コールはこの訪問を通して初めて、東ドイツの革命の力強い街頭《ストリート》レベルの現実を直接体験したのだった。西ベルリンでの短時間の滞在を除いて、彼は壁が開いて以降、東ドイツからはいくぶん距離を置いていた。パリ、ポーランド、そして（国境を開いてくれた指導部への謝意を述べるための）三日間のハンガリー訪問にすら時間を割きながら、もう一つのドイツを訪れはしなかった。[*139]

コール、テルチク、ザイタースほか数名は、カナダのボンバルディア・エアロスペース社の小型航空機チャレンジャーでドレスデンに直行した。彼らを乗せた飛行機がゆっくりと滑走路に止まると、空港の屋根の上や窓、飛行場の方々から彼らに向かって手を振る何百人もの人びとを目にした。コールはその光景、一九八九年の冬に彼らを歓迎する大歓声のなかで飛行機を降り立った体験を、彼にとって個人的に唯一最も重要な瞬間として記憶している。アスファルト舗装の滑走路に立つと、即座に彼は、できるだけ早くドイツを統一することが自分に課せられた付託だと気づいた。彼はザイタースの方を向いて、くだけた言い方で「これで決まりだな」という意味のドイツ語を呟いた。[*140] にもかかわらず、彼はすぐに役に立たなくなる東ドイツ政府官僚との交渉に入った。彼はまた同じようにやがて役立たなくなるだろうが、ドイツ社会主義統一党（SED）と違って、この時点ではまだ正当性と権威を維持していた反体制派グループの指導者にも会った。[*141] どんな会談よりも重要だったのは、コールが行った演説であった。[*142]
薄暗い一二月の午後に第二次世界大戦で破壊された教会の残骸の前に集まった何万人もの人びとを前にして、コールは「統一、統一、統一」と彼らがシュプレヒコールを繰り返すのを耳にしていた。彼は来たる春に自由な選挙が行われ、ゆるやかな国家連合の仕組みがその選挙に続くであろうことを公表した。しかし彼は、大歓声に応えて、彼が本当に望むことを明らかにした。「私の目標は――もしこの歴史的瞬間が許すのであれば――われわれの国ドイツの統一である」と。彼は演説を続け、感情の高まりから声を詰まらせながら、「クリスマスは家族や友人とともに過ごす祝祭である。とりわけいま、現在、われわれはふたたび、われわれ自身をドイツ人家族として捉え始めている」と言って演説を締めくくった。[*143]
しかし、ドレスデンの民衆の歓喜は、それほど幸福な反響をもたらさなかった。大勢のドイツ人が強い指導者に喝采する光景は、戦勝四ヶ国による占領統治よりも旧く恐ろしい記憶を甦らせた。それは、もし国の再統一を望むのであれば、コールが取り組んで打ち克たなければならないものだった。コールがドレスデンに向けて出立する直前にイスラエルの首相イツハク・シャミルは「われわれは一九三〇年代に歓声を上げる大衆のイメージと、その結果何が起きたかを忘れることはない」と彼に手紙で警告した。[*144] その懸念はシャミル一人だけが抱いていたわけではなかった。まさにそのドレスデンでは、ウラジーミル・プーチンをはじめ、ＫＧＢの現地支部のメンバーが不安な思いで成り行きを見守っていた。コールが演説を行うあいだ、プーチンがその聴衆のなかにいたかどうかはわからないが、彼が一九八九年にほかの場所で群衆に紛れ込んでいたことを考えれば、たしかにありうることだった。そしてプーチンの妻リュドミラは、KGBのドレスデン支部への彼の配属に従って二人の幼い娘とともに同行していた。二人とも、一九八九年の終わりに、次に何が起きるのかと「ぞっとするような気持ち」でいたと回想している。*145

## おわりに

一九八九年一二月のドレスデン訪問の後、コールの心の中では、国家連合に向かってゆっくりと進んでいた船はすでに沈んでいた。言い換えれば、東ドイツ市民の行動が、コールが彼らと約束したばかりの新たな国家連合という仕組みを構築するのに充分な時間がないことを彼自身だけでなく、ほかの人びとにも納得させたのだ。東ドイツの街頭《ストリート》の行動が結果を左右したのは、これが最初でも最後でもなかった。旧占領四ヶ国統治方式の構想が代替案となる可能性は消えていた。復元のヴィジョンも、再生のヴィジョンも、もはや考慮に値しなかった。新たな構想が必要とされたのだ。

いまやコールは、自由を求める呼びかけに浸るわけでもなく、モスクワやワシントンのようにそこから遠く離れているわけでもなく、革命からちょうど中間の距離に位置して、自らに与えられた機会を完全に実現すべき者となった。コールは、ドレスデン訪問までは、統一が時間のかかるプロセスになると想定して、将来のモデルを策定していた。東ドイツ社会を構成する三つの重要な要素、共産党指導部、反体制派、そしてより幅広い市民とじかに接触した後、彼は前二者が後者の要素、つまり市民を考慮に入れていないことに気づいた。大衆は、共産党指導部が望むゆるやかな国家連合のなかで旧体制を存続させることも、反体制派が望む改良された東ドイツも望んでいなかった。彼らは統一を望んでいたが、そのためには、国境をはるかに越えた国々がかかわる諸問題を解決する必要があることをまだ理解できていなかった。

統一のスピードを落とすよりむしろ、コールは危機のなかにこそ好機があることに気づいた。彼は外国の指導者たちに、劇的な行動を取る正当な根拠として、東ドイツ市民の願望に言及することができた。ゴルバチョフとサッチャーが熱望したように、統一のスピードを落とすことができるか否かは、ドレスデン訪問後には、あまり重要ではなくなった。なぜなら、コールはそうすることにもはや興味を失ってしまったからだった。ゆるやかな国家連合という仕組みを創出する時間のかかるプロセスが、財政的に東ドイツを合併するうえでそつがない戦略かどうかも議論の余地があった。

コールは一九九一年一月までには西ドイツ連邦議会選挙に臨む政治家であり、勝利のための戦略を察知していた。ドイツ全土で何らかの耐久性がある政治的秩序を創出するためにさまざまなレベルで競争が進んでいた。今度はそれがヨーロッパの将来の形と世界中の同盟関係に影響を及ぼした。コールは、まだ西ドイツの有権者が完全に望んでいるわけではない未来に向けて彼らを潜在的に惹きつけるのと同様に、平均的な東ドイツ市民と理解し合う能力によって、事態の進展を方向づけられるかもしれないことに気づいた。しかし、コール以外にも事態の進展を方向づけたいと思う人びとは数多くいたのである。

# 第3章　一九九〇年に生まれた壮大なヴィジョン

……われわれの状況がどんなものであっても、一つの国民政府のもとでしっかりと団結するか、あるいはいくつもの連合に分裂するか、たしかなことは、諸外国がそのことを知って……それに応じてわれわれに向かって行動を起こすであろう、ということである。

——『ザ・フェデラリスト・ペーパーズ 第四篇』一七八七年

私は大地を敵の蹂躙に
ゆだねた者ではない。
彼らの追従は私には何の意味もない
私の歌は彼らを讃えるものではない。

——アンナ・アフマートヴァ、一九二二年

私は扉のところに立っている警備員にこう言った。「私がナチス・ドイツ時代に死刑を宣告された時、両親は法廷に立ち会うことが許された。それに両親は、判決が読み上げられた後で三〇分間、私と話すことを許された」。社会主義者であり、冥府の入口を守護する番犬ケルベロスが、私の言っていることを正確に理解できたのかはわからなかった。なぜなら、彼はあっさりとこう応じただけだったからだ。「まあ、今はもうナチス・ドイツの時代じゃないよ」。

——ロベルト・ハーヴェマン、一九六八年に東ドイツで自分の息子たちの裁判に出席しようとして[*1]

ロベルト・ハーヴェマンは化学の教授としては珍しい比較研究を行っていた。ナチス・ドイツと秘密警察《シュタージ》の尋問を、無意識のうちにうまく切り抜ける最善の方法を考案したのだ。一九四三年にプリンツ・アルブレヒト通りにあるゲシュタポの悪名高い独房で尋問された時、彼は自分を捕らえて監禁した人びとの殴打は痛くないと信じ込んだ。ハーヴェマンは、ユダヤ人を匿ったことの自白を拒んだ自身に対する彼らの激しく露骨な怒りに喜びを見出した。一九六六年の秘密警察《シュタージ》に対する彼の戦術は、今回はマグダレーネン通りだったが、異なるものだった。容疑者がもつ法的権利の幅広い知識で彼らを戸惑わせたのだ。どちらの場合も結果は同じだった。ナチス・ドイツ時代には死刑宣告、そして秘密警察《シュタージ》時代には職と自由の喪失、という短期的には敗北、しかし長期的には勝利を収めたのである。

ハーヴェマンは、ナチス・ドイツに対する自らの勝利を想像して苦境を乗り越えた。友人たちはゲシュタポに化学の教育を受けたハーヴェマンを生かしておく価値があることを納得させた。刑務所の看守は、ブランデンブルク刑務所内に彼のために設けられた実験室で毒ガスを開発するなら、という条件で一ヶ月ごとに死刑を延期することに合意した。ハーヴェマンは、生命の危険などものともせず、二〇ヶ月にも及ぶ死刑の執行猶予を、刑務所のなかでレジスタンスを組織するのに使った。彼は自分のラジオを組み立て、ほかの収容者のために毎日外界からの情報を載せた「新聞」を回覧した。彼は一九四五年五月に赤軍によって解放されるまでの長いあいだこの秘密を守った。戦時中の行動によって彼は、ホロコーストの犠牲者を追悼するイスラエルの国立記念館であり、首都エルサレムのヘルツルの丘にあるヤド・ヴァシェムの「諸国民の中の正義の人」の一人となった。[*2]
ハーヴェマンが、自分がいま在るのは、自分を解放してくれたロシア人のおかげだと思ったのはあながち間違いではなかった。このときの感謝の気持ちと、一九三二年以来ドイツ共産党の党員だったという事実によって、東ドイツ政府は彼にベルリンのフンボルト大学教授職を含めたありとあらゆる名誉を授与した。しかし、ヨシフ・スターリンの後継者ニキータ・フルシチョフが一九五六年に非公式に行った演説のなかで、スターリン時代の犯罪行為の深刻さを暴露した時、ハーヴェマンは自分が騙されたことに気づいた。教授となったハーヴェマンは、ふたたび当局に疑問を抱き、異議を唱えるようになった。彼の批判的な態度は、秘密警察《シュタージ》による尋問、専門職からの追放、彼の家族（とりわけ子どもたち）への迫害、そして自宅監禁の歳月という結果をもたらした。[*3] ハーヴェマンは彼が望みさえすればおそらく、彼を称賛する数多くの支援者がいる西ドイツに亡命することができた。しかし、このような条件のもとであっても、彼は東ドイツに留まることを選んだ。ハーヴェマンは、ドイツと社会主義の双方にとって平和的な変化とより良い時代を望んでいたが、一九八二年四月にそのどちらも見ないまま亡くなった。[*4]
彼は、その生死にかかわらず、一九八九年に有名になった反体制派活動家の模範となり、強い影響を与えた。「新フォーラム」というグループは、ベアベル・ボーライとロルフ・ヘンリッヒがハーヴェマンの未亡人カーチャとともに組織し、一九八九年九月にハーヴェマンの自宅の居間で創設された包括的な反体制運動である。このことから、ボーライは欧米メディアに「革命の母」と呼ばれた。その少し前に創設された「平和と人権のためのイニシアチブ」も同じように、ハーヴェマンの考え方を継承した。ハーヴェマンは死後にその重要性が見直されて一九九〇年に名誉が回復され、彼の著作は再版された。彼の名誉が回復されたその日、抗議活動に貢献した（ハーヴェマンの）財団とアーカイヴはロベルト・

図1　1979年、東ドイツの反体制派ロベルト・ハーヴェマン。

ハーヴェマン協会と改称された。[*5]

　ハーヴェマンの遺産は三つの信条から構成されるが、それは壁の崩壊後の最初の歓喜の後、一九九〇年初頭に特に重要だった。まず一つ目の信条として、既存の社会主義政権にではなく、社会主義に対する確固たる信念がある。一九七〇年に彼はこう書いている。「私は信じる、いまなお変わらずに、社会主義国家は東ドイツを含めて、いまだ未来への展望を喪失してはいない」。そのため、彼は西側にとってはアンビヴァレントな英雄の典型だった。なぜなら、彼は西側諸国をファシスト的で軍国主義的であるとして、歯に衣着せず非難していたからだ。彼はヴェトナムにおけるアメリカの帝国主義的な軍事行動、アフリカ系アメリカ人に対する人種主義的な待遇、そして西ドイツ企業の不当な影響力といったものに強く反対した。一九八二年には、プロテスタントの牧師ライナー・エッペルマンとともに、ワルシャワ条約機構とＮＡＴＯ双方が東ドイツと西ドイツから軍隊を撤退するべきだとして、東西両陣営に対して軍縮を強く訴える「ベルリン・アピール」を起草した。これと一致する二つ目の信条は、社会主義国家に留まることへのこだわりである。スターリン体制下のロシアで、詩人のアンナ・アフマートヴァは国内外で自分たちの土地を敵のなすがままに任せた人びとを猛然と非難したが、ハーヴェマンの考えでは、そのような不幸な人間になってはならず、人は自分の土地に留まり、闘わなければならないのである。そして第三の信条は、勇敢さと、相手がたとえナチス・ドイツだろうと秘密警察《シュタージ》だろうと弾圧に屈することへの拒絶である。この三つの信条は、一九八九年の反体制派の市民に自らの手で未来のヴィジョンを描くべきだと告げていた。彼らはいま、ハーヴェマンにはなかった東ドイツを刷新するという機会が与えられていた。問題は、ハーヴェマンの英雄譚《ヒロイズム》の遺産《レガシー》にどのように寄り添えるか、だった。英雄的な遺産《レガシー》は、賞賛される一方、それ自体に問題を内在している。「英雄譚《ヒロイズム》」は当然、勇気、ヴィジョン、そして勇敢さを持つことを意味する。しかし、本書の「はじめに」で述べたように、あまり好ましくない含意もある。その建設のために、住み慣れた地域や先祖代々受け継いできた我が家を追い出された人びとが、摩天楼のような壮大な建築や、超高層ビルのような工学的に素晴らしい偉業に愛着を抱くことはほとんどないだろう。空に手を伸ばそうとする努力は、人びとに畏敬の念を抱かせるのはたしかであるが、向こう見ずでもある。

このような英雄譚《ヒロイズム》はポジティブな面もネガティブな面も併せ持ち、一九九〇年に提案された二つのモデルを定義づけることになる。一つのモデルは新憲法という形をとる。これは主に、円卓会議を構成する旧東ドイツの反体制派活動家によって草案がまとめられた、きわめて詳細なヴァージョンだった。もう一つは、旧占領四ヶ国による復元モデルがうまくいかないことに気づいたゴルバチョフと彼の側近たちによって素描された、きわめて曖昧なヴィジョンだった。どちらのモデルも大きな希望をともなっていたものの、結局、充分な支持を得られずに潰えてしまう。

前者のモデルの制作者である東ドイツの反体制運動は、より正確には、自立的な東ドイツをその憲法とともに創出しようとする非現実的な試みであり、実際には、東ドイツの多くの人びとの支持を集めることはついにできなかった。反体制派グループの指導者とごく普通の市民は、一九八九年の秋には、一致団結していた。長期にわたる抗議デモは、社会主義を改良しようとする知識人によって主導されていたが、一九八九年の新たな抗議デモの高まりは、資本主義的な将来に対する期待から起こったものだった。[*6]その結果、旧くからの反体制派活動家と新たな抗議デモ参加者のあいだにはある種の断絶がつねに存在していた。一九九〇年には、反体制派活動家の英雄的な野心と内ゲバがこの二者を決定的に分断することになる。その間、後者のモデルの制作者であるゴルバチョフと彼の側近たちは国内外からのあからさまな抗議に直面していた。東ドイツの市民とは異なり、彼らは自分たちの考えを充分に検討していなかったために、そのヴィジョンは最後まで漠然としたものであった。

## 円卓会議

前章で指摘したように、主要な反体制派グループや教会指導者は、東ドイツにおける円卓会議を呼びかけた。この呼びかけをした「連絡グループ」はハーヴェマンの居間で創設された反体制運動団体、つまり新フォーラムをはじめ、「平和と人権のためのイニシアチブ」、「民主主義を今」、（牧師マルクス・メッケルによって新しく再建された）ドイツ社会民主党（SPD）、そしてライナー・エッペルマンや新しい政治活動家、物理学者で将来ドイツ首相となるアンゲラ・メルケルが属する「民主主義の出発」といったグループから構成されていた。[*7]連絡グループは最初のうちは密かに活動していたが、事態の進展があまりにも急激だったため、最初の会合への招待状を公に出すことが可能となった。一二月七日までに、反体制派活動家や教会指導者は政権指導部から見てテーブルの向かい側の席に着いていた。[*8]

それは、秘密警察《シュタージ》によって長いあいだ弾圧を受けてきたゲルトとウルリケ・ポッペ夫妻のような反体制派活動家にとって、現実離れしたシナリオだった。ハーヴェマンをとても尊敬していたポッペ夫妻は、長年にわたり、あらゆる手を尽くして、ドイツ社会主義統一党（SED）をいら立たせてきた。その結

図2　1989年10月、東ドイツの反体制派ウルリケ・ポッペ。

果、専門教育を受けた物理学者ゲルトはその研究分野で働くことを禁じられ、代わりに単純な肉体労働に従事させられた。ウルリケも数多くの制約に直面した。だが、そのような措置は政府にとって賢明ではなかった。なぜなら、夫婦は代わりに抗議デモに多くのエネルギーを注ぐようになったからである。夫婦は自分たちのアパートで、作品が検閲を受けた作家や西ドイツの政治家など、さまざまな人びととの秘密会合を手配した。彼らは、自分たちやほかの子どもたちが国家によって洗脳されることを防ぐために、託児所を開設した。当局はその託児所を一九八三年に閉鎖した。ウルリケは学校における子どもたちの義務的な軍事訓練にも異議を唱えて逮捕された。夫婦は、一九八五年冬から八六年にかけて、同じように国家に敵視されるボーライとともに反体制派グループ「平和と人権のためのイニシアチブ」を創設した。彼らは地下出版の新聞を挑発的に「グレンツファル」、つまり「国境の崩壊」と名づけた。[*9] 彼らは国境を越えて反体制運動に取り組んだ。ウルリケは、東ドイツに密入国した時にローラント・ヤーンが出会った反体制派活動家のなかの一人だった。そしてゲルトは、チェコスロヴァキアやハンガリーの反体制派活動家との親密な関係を維持していた。[10] 彼らはいまやドイツ社会主義統一党（ＳＥＤ）と同じテーブルに座るつもりなのだが、さらにドイツキリスト教民主同盟（ＣＤＵ）や東ドイツの自由主義者といった、かなり以前からＳＥＤの提灯持ちに成り下がっていたメンバーとも同席しようとしている――そうした考え方自体、端的に言って実に驚くべきことだった。[11]

円卓会議にとって第一の喫緊の課題は、会議自体の定義とその役割を明確にすることだった。最初の会合では、このことに関する議論に多くの時間が割かれた。[12] 円卓会議の最も基本的な機能は、東ドイツを自由選挙で選ぶ国につくり直す提案をすることだった。支配政党であるＳＥＤの政府はこれまであからさまな不正選挙によって「選ばれ」、本当の意味で選挙が実施されたことはなかった。円卓会議は（一九九一年一月までに行われる予定の西ドイツ連邦議会選挙と近すぎない時期に行われるように）一九九〇年五月に自由な人民議会選挙の実施を訴えた。[13] その間、円卓会議は政府による恣意的な行為を監視する役割を果たした。そして選挙が実施されればすぐに解散することになっていた。[14]

さらに政府の権力を監視するために、円卓会議は秘密警察《シュタージ》の解体を強く要求した。[15] もし一九八九年の平和的な革命がテロという局面に移行することがあったとすれば、その要因は秘密警察の存続にあっただろう。ＳＥＤのハンス・モドロウは、秘密警察の解体という思い切った行動ではなく、党員の多くが望んだように、秘密警察に新しい局長を指名し、国家安全保障事務局と組織名を改称したが、これは的外れな対応だった。不幸なことに、この新しいドイツ語の頭字語は、「ＮＡＳＩ」とナチスを連想させるものとなったが、さらに不幸だったのは、秘密警察《シュタージ》が存続されたことだった。[16]

最初の円卓会議の会合の日まで、国中の秘密警察／国家安全保障事務局の建物には散発的な攻撃があった。何人かの諜報員は、長期間にわたって彼らの事務所がある地区に囚われの身となっていた。ドレスデンでは、ＫＧＢの諜報員プーチンがこのような事態の進展を利用して偵察を行っていた。この時点ではすでにプーチンは事務所の暖炉で大量の機密文書を焼却し始め、さらに先を読んで実行可能な攻撃計画を立てようとしていた。ある秘密警察／国家安全保障事務局が略奪されているあいだ、民衆のなかに溶け込んだプーチンは、「群衆のなかに立って、ただ起こっていることを見つめ」、将来、自分自身や自分の同僚に起こりうる事態を理解した。つまり、ＫＧＢ事務所建物内への暴徒の侵入を防ぐことを彼に決心させたのである。「われわれは群衆に対して自らを防衛する準備をした。われわれがそうするのは当然だった」と、後に彼は回想している。群衆は実際に、ドレスデンのＫＧＢの建物の戸口に突如として現れた。ソ連軍が到着して、群衆が引き下がるまで「われわれは建物を防衛する準備ができていると威圧的に示す必要があった」と、プーチンは回想している。[*17]

そのような事態の進展を恐れたため、「革命の母」ベアベル・ボーライは、最初の円卓会議の会合の日に、東ベルリン駐在の西ドイツ政府代表部の高官フランツ・ベルテレに接触を図った。彼女は「一つひとつの暴力行為が、やがて東ドイツ全体を焼き尽くすような突然の暴発に到るかもしれないことをとても恐れている」と彼に告げた。ボーライはボンに次のようなメッセージを送ってほしいとベルテレに依頼した。そのメッセージとは、人びとに落ち着くように呼びかけ、再統一（そしておそらくは旧東ドイツ政府が犯した犯罪行為に対する恩赦）がやがて為されると示唆することで、状況がこれ以上悪化しないようにしてほしい、というものだった。[*18] 秘密警察／国家安全保障事務局の内部報告は、そのようなボーライの懸念を共有していたことを示唆している。ある地方支部は、実際、諜報員がたんに「命令を実行した」にすぎなかったにもかかわらず、自分たちがスケープゴートとして罰せられることを恐れていた。[*19]

反体制派の指導者たちが、秘密警察《シュタージ》の諜報員が身体に危害を加えられないようにしようとしているという噂は、多くの市民を通じて、報道機関に漏れていた。西ドイツの週刊誌『デア・シュピーゲル』は、秘密警察が「窮地に陥り」、これまで自分たちが長きにわたって弾圧してきた反体制派活動家に助けを求めるとはいかに皮肉なことか、と指摘した。[*20]

その間、円卓会議自体は大きな一歩を踏み出していた。メンバーは、いわゆる守旧勢力（主にSED）と革新勢力（主に反体制派グループ）に分かれていたが、核心的な原則についてはまとまっていた。彼らは、最初の会合において満場一致で採択された決議にあるように、自分たちの国の「自立と長期的な展望」について同じ不安を共有していた。[*21] すべての会合に招待された西ドイツのオブザーバー、ウーヴェ・タイセンは、いまにして思えば、この文言自体が大きな間違いだったと考えている。タイセンは、ハーヴェマンの継承者やSEDと違って、東ドイツの多くの市民が東ドイツの「独立と長期的な展望」に関心があるのかどうか、まったく確信が持てなかった。この声明は、タイセンには、根本的な決定のように思え、選挙で選ばれた議会に託したほうがよいのではないか、とも思えた。

円卓会議はまた、会議自体のさらなる役割も決めた。その役割とは、憲法制定会議であった。一七八七年にアメリカで行われた有名な憲法制定会議のように、円卓会議は国の基本法を起草する任務をそれ自体に課した。[*22] コールはすでに一〇項目提案とゆるやかな国家連合という仕組みを公表していた。円卓会議のメンバーは、みずからの手で東ドイツ固有のモデルを構想しなければならないと考えた（ゲルト・ポッペは、自分たちが憲法を起草するために不可欠な「人民から選ばれたという民主主義的な正当性」を有していない、という事実に基づいて反対したのだが）。彼らは、もし自分たちがしなければ、ほかの国々が自分たちに代わって憲法を制定することになる、と考えた。アメリカ合衆国憲法の起草者たちがまさに同様の事態が起きることを懸念していたように。[23]

SEDの代表は、西ドイツとの国家統合を回避するために、東ドイツの新しい憲法を起草する夢を支持した。[24] 残念ながら、SEDはベルリンの壁という交渉上最良のカードを無駄に失っていた。もしこのカードを持って事態の進展に臨み交渉を有利に進められたなら、壁を開くことと引き換えに、西ドイツからかなりの譲歩を引き出すことができただろう。[25] 後にSEDの党首となるグレゴール・ギジは、いまやSEDは、円卓会議の反体制派活動家と手を組んでその代表とうまくやるしかないと悟っていた。

## 反革命？

長いあいだ反体制運動に取り組んできた市民と、一九八九年に新たに抗議デモに参加するようになった多くの市民は、統一をめぐる意見にかなりの隔たりがありながらも協力してきた。しかし、壁の開放後に、その亀裂は急速に拡がった。[26] この年の終わりに起こった一連の出来事の結果、この亀裂はさらに深まっていく。最初は、第二回目の円卓会議の直後、一二月一九日に、コールがドレスデンを訪れた時だった。その会談では、反体制派活動家が目前に迫ったコールのドレスデン訪問に対して著しい落胆を表明した。彼らはコールに対して、東ドイツを西ドイツ企業のための「低賃金で雇用が調達できる土地」とみなさないように警告した。[27] しかし、コールの演説を聴こうと集まった多くのドレスデンの市民が、円卓会議と落胆を共有しているようには思えなかった。彼らはむしろ、一刻も早い変化を渇望していることを明確に示したのだった。

コールはゆるやかな国家連合という自らの再生モデルがうまくいかないことに気づいたが、まだ新たなモデルに移行することはしなかった。迅速に事に当たるべきだと気づいてはいたが、拙速にならないように、批判に応えられる確実な対策を前もって講じておく必要があったからである。そのために彼は、翌年一月と二月には、最も重要な三ヶ国フランス、ロシア、そしてアメリカを歴訪する予定だった。

一月四日、最初にミッテランがラチェの別荘にコールを招待し、二人はそこで何時間も話し合った。ミッテランは、最近行った新年の演説のなかで、ヨーロッパが米ソ二超大国への依存度を下げて、自分たちの歴史や地理「(のルーツ)に帰る」必要があると訴えた。ミッテランはあきらかに、ヨーロッパ中心の将来ヴィジョンを探究していた。彼とコールはともに、ゴルバチョフがめったにない機会を与えてくれた、と考えていた。もしゴルバチョフが失脚すれば、強硬派が政権を握って事態はより面倒なことになるだろう、とも考えた。ミッテランはコールに「ゴルバチョフの運命は」国内の強硬派ではなく、「あなた次第だ」と告げた。コールは同意して、「ゴルバチョフもそのことがわかっている」と応じた。会話はとても率直で、広範囲に及んだ。ミッテランは、統一ドイツの脅威から生じる必然的な不安を抑え込み、コールとＥＣとともに前進することが最善の道だ、と信じることで妥協したようだった。[*28]

しかし、コールと円卓会議双方が、計画を立てるうえで最も大きな影響を受けたのは、秘密警察《シュタージ》／国家安全保障事務局の存続を容認するだけでなく、再出発かつ再生させようとしたモドロウの決定だった。[*29]この不幸ななりゆきをもたらすことになる決定は、何者かがベルリン郊外トレプトウにあるソ連の戦没者記念碑にネオナチのスローガンをペンキで描いた事件の後に、世間に知られるようになった。[*30]この事件はまさに社会主義統一党（ＳＥＤ）とモドロウが唱えていた秘密警察存続の必要性を正当化するのに好都合であったため、かえってその諜報員による犯行のように思われた。[*31]一月三日付のＳＥＤの党機関紙『ノイエス・ドイチュラント（新しいドイツ）』はこの器物損壊行為を公然と非難し、西ドイツの右翼が「数多く東ドイツに入り込み、工作活動を行おう」としている証拠だとした。[*32]

その五日後、円卓会議はクーデターが計画されていることを知った。秘密警察／国家安全保障事務局のゲーラ支部がアピールを発し、それが明るみに出たのである。「同志よ、市民よ、そして国内外の見えない前線に立つ愛国者たちよ」と、そのアピールは蜂起を促し、「法の秩序を回復せよ」と呼びかけた。その呼びかけは、円卓会議に対する事実上の脅迫として、「権力を弄ぶ者は誰でも、とりわけ革命の最中に権力を奪われる」と嘲りを投げつけていた。[*33]

反体制派は、このクーデター遂行の呼びかけが、実際、意図した送り主に届いたのかどうかを知ろうとした。ゲーラ支部の言う「見えない前線」に怒った円卓会議は、最初の会合以来ずっと要求していた秘密警察に関する質問に、モドロウ政府が答えようとしないことを非難した。兵器は一体どこにあるのか。いつ武装解除が行われるのか。民主社会主義党（ＰＤＳ）と党名を改称したＳＥＤさえも、いまや政府の対応は不十分だと批判した。そもそも円卓会議というアイディアを思いついた反体制派グループは、モドロウ政府に対して一週間以内、つまり一月一五日までにすべての質問に回答せよ、と最後通牒を突きつけ、さもなければ考えがあると宣告した。[*34]

「さもなければ考えがある」とはどういうことなのか。円卓会議は、政府当局に対してどのような影響力を行使できるのか。答えは、一九八九年一一月と同様、街頭《ストリート》の民衆の力であった。モドロウは、初めのうちは、愚かにも円卓会議の要求を無視しようとした。ソ連の首相ニコライ・ルイシコフに対して、先の器物損壊行為が、旧秘密警察を「社会を安定させる警察力」に変えるための口実にすぎなかったと告げた。モドロウが望んだのは、「東ドイツ経済を西ドイツに売り飛ばすことを妨げ」ることだった。[*35]

モドロウは、翌日の議会審議において、秘密警察／国家安全保障事務局の組織を強化し、憲法保護局へとふたたび改称する計画を発表した。モドロウは「治安を妨害する計画の監視と妨害は……依然として重要な目的であり任務だ」と不吉な宣言をした。この発表は上からの反革命のようでも、下からの革命に対する応答のようでもあった。これに対する反応は素早かった。同日の夜から翌日のうちに大規模なストライキとデモが発生した。[*36]

上からの反革命に対して、新フォーラムは、一月一五日にベルリンのノルマンネン通りにある秘密警察／国家安全保障事務局本部の正面でのデモの開催を呼びかけた。信じられないことに、二ヶ月以上にわたる革命の最中、秘密警察本部の建物は、異議を唱える市民を追い払いながら、何の支障もなく機能していた。[*37] ドレスデンのプーチンのように、その間、建物のなかで働く人びとは機密文書の破棄に時間を費やしていた。いまやポスターやパンフレットは、東ドイツ市民に、自分たちが恐れてきたものと向き合うように呼びかけていた。大きなブロック体の文字で「ノルマンネン通りに、一月一五日月曜日の午後五時に」集まれと告示したのだ。新フォーラムのパンフレットは、次のような要求を掲げた。「すべての秘密警察事務局の即時閉鎖。……秘密警察に対する裁判の開始。……前秘密警察諜報員の有する特権や特別手当の支給停止。……新たな秘密警察の創設阻止[*38]」。秘密警察が確実に要点を理解できるように、パンフレットには、「われわれは秘密警察の建物の扉を閉鎖するだろう。壁を建設するために石とモルタルを持ってくるように」と記されていた。最後の点は、口先だけの脅しではなかった。ここに集って、東ドイツにとって分断の象徴である壁――バリケード――を秘密警察《シュタージ》を封鎖するために建設しようという明確な意思表示だったのである。

この事態の進展が中央ヨーロッパでテロが始まる契機になるかどうか、あれこれ思いを巡らして、さらなる不安を感じる者がいた。アメリカ国務省の覚書には一二月以降、もし人びとが暴力的な復讐心に駆られた場合、秘密警察《シュタージ》の諜報員は駐留するソ連軍に保護を求め、それによって紛争に巻き込まれたソ連軍がモスクワに対抗措置を要求することになるだろうという臆測が記されていた。この文書を書いた政策立案補佐官ハーベイ・シッチャーマンは、もしモスクワが武力行使を容認すれば、「間違いなくロシア人はドイツ人への発砲命令に従うだろう」と結論づけた。だが、もしゴルバチョフが自分たちの兵舎に留まるようにという正反対の命令を出した場合、ソ連軍が従うか否かは皆目見当がつかなかった。[*39]

一月一五日に流血の事態が発生する可能性は高かった。したがって、一九八九年以降の将来を形づくる闘争のなかで最も重要な日の一つだった。ノルマンネン通りのデモを阻止するには東ドイツ政府の対応は遅すぎた。そのため、モドロウは選挙が終わるまで憲法保護局をめぐる議論はすべて先延ばしにすると発表し、事実上、その計画を断念した。モドロウはその日の円卓会議の会合に卑屈な態度で姿を現すと、円卓会議のメンバーに対して、コールに会うためにボンを訪問する東ドイツ代表団のメンバーに加わるよう要請した。それは、旧反体制派活動家も含む暫定的な「国民的責任政府」創設への最初の一歩であった。

その間、ノルマンネン通りの事態が悪化の一途をたどっているという情報が届き始めた。群衆は建物の正面で平和的に抗議デモを行うのではなく、内部に押し入って建物を壊し始めていた。警察は円卓会議の会合に押しかけ、反体制派グループの指導者に、治安回復のため、秘密警察本部に一緒に来てほしいと懇願した。現実とは思えない一連の出来事のなかで、一月一五日に起きたことは最も奇妙なものだったに違いなかった。というのは、暗闇の中、通りを駆け抜ける警察車両の車列が運んでいたのは、抗議デモを呼びかけた反体制派グループの指導者であり、うち何人かは抗議デモが暴発するのを防ごうとして逆に嫌がらせを受けているまさにその現場に向かっていたからだった。[*40]

その場に到着した一行は、混乱状態を目の当たりにして、まず一体何が起こっているのかを理解しようとした。午後五時半までに、一万人ほどの人びとが本部建物の外側に集まったようだった。[*41] 抗議する労働者は、約束どおり、壁――バリケード――を建設し始めた。抗議デモの参加者が「扉を開けろ！」とシュプレヒコールを繰り返したが、そのうちの一人によれば、「驚いたことに、実際には扉は開いていた」という。その後、SEDは、抗議デモの参加者たちが建物に侵入したと非難することになる。一方の反体制派は、扉が内側から開けられ、この事態を暴力沙汰にしようと群衆のなかに紛れ込んだ秘密警察《シュタージ》の諜報員たちがその場にいたと主張した。原因はともあれ、扉が開かれた結果、怒濤の如く市民が建物のなかに流れ込んだ。三ヶ月前に追放されたホーネッカーの肖像画がいまだに壁に掛けられているのを目の当たりにして、人びとは恐怖のあまり悲鳴を上げた。ほかにも、緊張緩和《デタント》時代のソ連の最高指導者レオニード・ブレジネフの肖像画を見つけた。ある目撃者によれば、「次に何が起きたのか。そのことは非難されなければならないだろう。まともな行為とはとても言えなかった。扉が打ち壊された後に目に入ったものは、私たちをはっとさせた」。銀や水晶、缶詰製品やアルコール飲料の備蓄、そして膨大な量の嗜好品が詰まった食肉の食品冷凍貯蔵庫は、それを目にした人びとに大きな衝撃を与えた。それまで市民を弾圧してきた神殿において、二時間余りに及ぶ破壊行為、窃盗、強盗が続いた。抗議デモの参加者のなかには窓を打ち壊したり、壁にスプレー塗料を吹きかけたり、「非暴力」を叫んで平和的な東ドイツ革命という独自性を維持しようと努める者もいた。モドロウと反体制派の指導者たちが到着し、人びとに平静を保つように呼びかけると、ようやく抗議デモの参加者たちは建物を後にした。[*42]

それから四八時間以内に、円卓会議の「安全対策《セキュリティー》ワーキンググループ」は、秘密警察本部の文書ファイルは安全に保管されており、今後も流出しないと公表した。一月二二日の円卓会議の会合は、破壊された建物は使用可能であり、秘密警察を復活させて使い続けられると結論づけた。三月三一日までにノルマンネン通りのほとんどの従業員が失職したにもかかわらず、秘密警察の一部は活動を続け、機密文書を破棄し続けていた。一九九〇年九月、ボーライとハーヴェマンの未亡人カーチャは、東西ドイツの統一が最終的に決まってもなお、文書ファイルへのアクセスを確実なものにするために、秘密警察の主要アーカイヴがある建物を占拠し続ける必要性があると理解していた。[*43]

## テロの危機がもたらした結果

市民による暴力行為といういざこざは、三つの重大な結果をもたらした。第一に、ハンス・モドロウが掌握していた、そして実際にはすべての保守派メンバーがかろうじて堅持していた権威が消滅したことである。一九八九年の秋を通して、東ドイツの人びとは、一般市民が暖房も肉もない生活を強いられたのに対して、党指導部が嗜好品を溜め込んでいた事実を知り、大きな衝撃を受けた。いまや、秘密警察《シュタージ》事務所の建物の扉の奥深くにさらなる腐敗の確証を得てうんざりしていた。旧指導部はすぐに反逆罪のかどで告発された。モドロウは、(ルドルフ・ザイタースに告げたように)「物事が完全に制御できなくなりつつある」危険性を漠然と感じていた。[*44] 彼はゴルバチョフにも援助を求め、ストライキと継続的な大量出国による人口減少が国家経済に打撃を与え、日常生活の必需品が欠乏している、と愚痴をこぼした。[*45] モドロウは不吉にも駐留するソ連軍に対する東ドイツ市民の強い憎しみが増大しつつあるとも指摘した。

第二に、一月一五日の抗議デモは反体制派指導部と市民が結束していることを示したが、この日を境にこの結束は消失した。一月中旬の混乱の結果、円卓会議のメンバーは国家を安定的に運営するために政権に参加することになった。そして、モドロウに一九九〇年三月一八日という比較的早い時期に人民議会選挙を実施するように強く要求した。それにより、モドロウと円卓会議の任期はさらに短縮された。[*46]双方は三月実施予定の選挙に間に合うように、新たな憲法を策定しようと尽力した。正確に言えば、多くの市民が未来のヴィジョンに関心を失っていくなかで、円卓会議のメンバーは東ドイツの未来のために新たなモデルを創出しようと最大限努力することにシフトしたのである。一方、一月の事件によって東ドイツの体制の変革がそう簡単ではないとはっきり確信した市民は、西ドイツの政党指導者による選挙演説にまとまって集うようになった。

第三に、東ドイツで起きた一月の大変動は、ゆるやかな国家連合という仕組みを確立するために、どんなに時間や労力を費やしても無駄だというコールの信念を確かなものにした。コールが西ドイツ駐在アメリカ大使に説明したように、一月一五日の事件は「最悪」だった。[*47]コールとモドロウ両者のあいだには、まだ、さまざまな会談が予定されていたが、そのすべてが無意味な会話に終始し、コールがモドロウの懇願していた一五〇億DMの財政援助に回答を与えることはなかった。[*48]なぜなら、コールは東ドイツの人びとが政府機能を維持することさえできないと確信したためであった。したがって、旧占領四ヶ国でもほかのどの国でもなく、西ドイツこそができるだけ早急に東ドイツに健全な政府機能を回復させなければならないと確信するようになった。このことは特に、コールが参加できない英仏米ソ四ヶ国による占領統治に終止符を打つことを意味した。コールとモドロウ双方が珍しく意見の一致した点の一つに、旧占領四ヶ国が「両ドイツを保護国とみなすことは許さない」というものがあった。[*49]コールの側近の一人ペーター・ハルトマンは、一月、ボンにとって最善の選択肢は、これら四ヶ国を包摂すると同時に拘束する法的手続きのようなものを考案することだ、とコールに報告した。その目的は、「望ましくない役割を引き受けさせる」ような方法ではなく、四ヶ国を忙殺させ続けることにあった。もし四ヶ国の行動領域を狭い範囲に規定できれば、ボンはそれ以外の領域で責任者になれる。四ヶ国にとっての主要課題は、ハルトマンが予言したように、駐留軍をめぐるものだった。より正確に言えば、ボンは、いかにして西側諸国の軍隊を引き続き駐留させ、逆にソ連軍を撤退させることができるか。それは、あきらかに難しい課題だった。これらの問題を正確に掌握するために、コールは三月一八日の東ドイツ人民議会選挙よりも前に、統一へのロードマップを示す新たなモデルを考案する必要があった。[*50]

コールの決意は、サッチャーが一九九〇年一月末に行った『ウォールストリート・ジャーナル』紙のインタヴューについて耳にした時、さらに揺るぎないものとなった。サッチャーは公の場で自らの抱いている不満を表明することを決め、ワシントンが彼女の主張を見落とさないように、アメリカの新聞を選んだ。サッチャーは「性急なドイツ統一は、ゴルバチョフを政権から追い落とすような大きな政治問題を引き起こすはずだ。それは、誰にとっても最悪の結果になるだろう」と異議を唱えた。サッチャーはコールに対して、彼自身の「狭量な、民族主義的な目標」よりも「ヨーロッパが必要とする、より長期的なヴィジョン」を優先するように求めた。彼女は「民主主義を築くことは、それを壊すよりもずっと大変であり」、拙速な行動はうまくいかないだろうと警告した。〔当時、ECの政策は欧州委員会を中心に決められていたために加盟国の国民の意思からかけ離れている〕「民主主義の赤字」という批判がつねにあったことを考慮すると、EC自体もドイツ統一を受け容れる準備が整っていなかった。「東欧が民主主義を叫んでいるのに、西欧がそれよりも中央集権的で、民主主義的ではない決定を行うというのは馬鹿馬鹿しすぎて言葉もない」。[*51]この最後の言葉は、ECの大義に献身していたミッテランの態度を硬化させることになった。ミッテランは、サッチャーのインタヴュー記事が発行された翌日、イタリアのテレビ番組で、東欧がＥＣに参加できるようにするには「相応の準備期間」を設けるべきだという彼女の考えを斥けた。[*52]

もちろん、サッチャーのインタヴュー記事にはボンを喜ばせるものは何一つなかった。おそらく、このことは大事な点だった。テルチクは、サッチャーが一九世紀の枠組みから抜け出せず、イギリスがいまだにヨーロッパの面倒を見なければならないと考えていると見極めた。[*53] ハード外相は、ボンでの演説で、「われわれは長いあいだドイツの人びとの民族自決権を受け容れ、実際に支持してきた」と述べて、少しでもダメージを払拭しようと試みた。[*54] また、サッチャーの記事が発行された直後にコールとも会談した。普通、外相と首相との会談は儀礼《プロトコール》に反するが、ドイツ首相とイギリス首相とのコミュニケーションが「事実上存在せず、おのおの互いの外相に対して、礼儀を尽くすことで埋め合わせようとした」のだった。いずれにしてもその効果はなかった。イギリス外務省は後に、この『ウォール・ストリート・ジャーナル』紙のインタヴュー記事が西ドイツ連邦首相府に「非常に大きな苦痛」をもたらしたと評価している。ハードや他の閣僚がどれほど協力的であろうとしても、「ドイツでは、新聞や雑誌などのメディアや最も高次の次元においても、サッチャーはその問題に対して根本的に異なる見解を持っていると広く信じられていた」。その結果、「サッチャー以外のイギリスの閣僚の見解は、その時点では、あまり重視されなかった[*55]」。

一方で、別の意味において、そのインタヴュー記事はボンの役に立った。というのは、サッチャーの孤立が西ドイツの人びとの目に明らかになったからだ。サッチャーが非公式にハードに告げたように、彼女は「ヨーロッパにおけるドイツの影響力が弱まる」ことを願っていたのかもしれないが、その目的を達成するうえでの連携をとることに失敗した。ワシントンはコールを支援し、ミッテランはそれを妨げようとはしなかったため、実際にコールが心配しなければならないのはゴルバチョフだけだった。アメリカとフランスの容認は必要だったが、それだけでは充分ではなかった。統一できるか否かを決定するのは、最終的には、ドイツの地にソ連軍とその扶養家族五〇万超を駐留させているモスクワだった。[*56]

だがあいにくゴルバチョフは引き延ばし戦術をとった。コールは、テルチクがポルトゥガロフのメッセージに衝撃を受けた日から、ゴルバチョフとの会談の手配を試みていたが、ゴルバチョフは簡単には返答しなかった。代わりに、一九九〇年初頭は外交上のアポイントメントを減らそうとしていると知らせてきた。[*57]これは、国内情勢の重圧、とりわけ経済状況と高まりつつある分離独立の趨勢に対処するためだった。一月にはゴルバチョフは独立を求める動きを阻止するために密かにリトアニアを訪れていたし、ソ連軍は武力でアゼルバイジャンにおける不穏な動きを鎮圧した。[*58]しかし、今後の対応について、モスクワが明確なヴィジョンを持ち合わせていなかったこともあり、ゴルバチョフはようやくコールと会談をすることにした。その間、彼は復元モデルを復活させようと試みたが、失敗に終わった。[*59]

ゴルバチョフには新たな戦略がどうしても必要だった。もっともその前に、ドイツの情勢について真剣に検討すべきだったのだが。彼は、ほかの人びとと同様に、四〇万のソ連軍を駐留させている国を焼き尽くすような武力行使を望んではいなかった。驚くべきことに、一一月の壁の崩壊から一月下旬に至るまで、モスクワの党指導部がドイツ情勢をめぐって実質的な評価をしていなかったことは明らかであった。軍部は、ゴルバチョフの考えについて、まったく何も知らされないままだったようである。国内情勢は逼迫したままだった。すでに述べたように、一九九〇年までに物資不足は第二次世界大戦中並みに深刻な状況に陥りつつあった。優柔不断なゴルバチョフが外交政策を先延ばしにする傾向は事態に悪影響を及ぼしつつあった。ゴルバチョフがようやくブレインストーミング・セッションのために執務室に補佐官たちを招集したのは一九九〇年一月下旬だった。[*60]
チェルニャーエフによれば、ゴルバチョフは東ドイツの盟友たちの権威が失墜しつつあることを認めるところからそのセッションを始めた。いまや、問題はどこに賭けるかであった。すなわち、「コールか、それともドイツ社会民主党（SPD）か」。モスクワは最近コールに対する依存度を強めていたことから、この問いかけは多少、事実に反するものだった。一月初旬、シェワルナゼはモスクワが食糧、とりわけ肉類の不足に直面している事実をボンに認めた。それに対して、コールはソ連に二億二〇〇〇万DM相当の西ドイツ政府経済援助を承認すると返答した。実際、この実施に関する文書が一九九〇年二月に調印された。[*61]
しかし、このような弱みにもかかわらず、ソ連は完全に影響力を失ったわけではなかった。モスクワの党指導部は緊張緩和《デタント》の交渉のなかで、政治的には前の世代に属するドイツ社会民主党（SPD）のメンバーと親密な関係を築いていた。さらに、ソ連指導部はSPDが東ドイツの三月の人民議会選挙に勝利すると目されていることも知っていた。SPDは将来、統一ドイツの重要政党になるかもしれず、その時には現在の親密な関係が役に立つことがわかっていた。それに加えて、三月一八日の選挙で誰が勝ったとしても、そこになお駐留するソ連軍について交渉しなければならなかった。このことは、投票結果にかかわらず、モスクワに一定の役割を与えていた。
KGB長官（ソ連国家保安委員会議長）ウラジーミル・クリュチコフは、ドイツ社会主義統一党（SED）がそう長くは持たないとわかっており、東ドイツの社会民主主義者、すなわちドイツ社会民主党（SPD）を注意深く見守ることに賛成した。政治局員で中央委員会書記のヤコブレフは、モドロウが

SPDに参加し、ソ連の支援を受けてドイツ統一を提案できるのではないかと述べた。この提案に対する異議は、統一ドイツについてヴァレンチン・ファリンと懸念を共有していた、彼の代弁者であるラファエル・フェドロフから出された。フェドロフはそれはまったくうまくいかないかもしれないと言い、いずれにしても西ドイツの市民の多くは再統一を望んでいない、と述べた。チェルニャーエフは後に、自分がドイツ国内の政党政治よりも国際関係を重視したのに対して、フェドロフとファリンはSEDになお非常に深い愛着を感じていたと記している。チェルニャーエフは、旧占領四ヶ国に東西両ドイツを加えた「六ヶ国」がドイツの統一に関する問題を協議するフォーラムを創出すべきだと提案した。ボンとワシントンもすでにそのようなフォーラムについて検討し始めていた。

一月二六日に党中央委員会執務室で行われた「危機スタッフ」と呼ばれるこのブレインストーミング・セッションでは、確固たる計画は生まれなかった。ゴルバチョフは、むしろ最も重要な目標は時間稼ぎをすることであり、再統一の法的手続きを長引かせて問題を先送りすることだ、と言って会議を総括した。モスクワは、一六〇〇万人の東ドイツ市民を支援する膨大な費用の捻出など西ドイツを含む西欧諸国の不安を利用すべきで、「これがわれわれの戦略だ」とゴルバチョフは提起した。その一方で、前参謀総長で現ゴルバチョフ大統領補佐官の元帥セルゲイ・アフロメーエフは、東ドイツからのソ連軍撤退の影響について熟慮を始めるべきだった。[*62]

この会議は、その後のソ連と西ドイツの首脳会談の予定に影響を与えた。ゴルバチョフは、非公式会談を希望したコールの要請に最終的には応じた。しかし、その時点での状況を把握するために一九九〇年一月下旬にモドロウと、また二月七日から九日にかけてベイカーと会談した後で、としかコールに会うことに合意しなかった。[*63] その結果、モスクワは、ベイカーの訪問最終日よりも早い日程でコールを招待しないこと、その後、可能なかぎり早い時期にコールがソ連を来訪すべきことで合意した。コールは事態を前へ進めようと、二月一〇日土曜日にモスクワへと向かった。[*64]

## 補償金とNATOをめぐる論争の抬頭

一方、コールは東ドイツの自由選挙実施に向けた準備期間中に、国内外の政治の空気が一触即発になっているという認識をますます強めた。そこには、二つの主要な問題があった。第一の問題は、分断されたドイツで事態が進展するにつれて、ポーランドの窮状が深刻化していたことがある。秋の初めにコールの主要な優先課題の一つだったポーランド経済の再生は、三月の東ドイツ人民議会選挙を目前に控えたいまとなっては、あまり重要ではなくなっていた。しかし、東ドイツをめぐる大きな変化の可能性は領土と補償金をめぐる問題を再燃させた。ボンとワルシャワの関係は、秋の初めには互いを尊重し合うものだったが、いまはよりいっそう緊張を孕むものに変化していた。コールが一月中旬にパリで行った演説は、ポーランドをはじめとする他の国々の不安を取り除くことにはならなかった。[*65] タデウシュ・マゾヴィエツキは、一月三〇日、一一月に合意した以上のさらなる経済援助を要求した。[*66]

すぐに、マゾヴィエツキと政権幹部は、東ドイツとポーランドの国境が不可侵であることも新たに保証するよう強く要求し始めた。一九四五年に遡れば、ポツダム会談は、和平調停を棚上げして、国境に関する最終的かつ明確な定義づけを係争中のまま残していた。その後、一九七〇年の西ドイツとポーランド間のワルシャワ条約と一九七五年に全欧諸国とアメリカ・カナダがヘルシンキでの全欧安全保障協力会議（CSCE）で署名したヘルシンキ宣言は、対照的に、既存の国境が不可侵であることを承認した。もしドイツ統一が未解決の問題であった一九四五年に時計の針を巻き戻せるなら、ポーランドはとりわけソ連と国境を接する東側の土地を失った後、東ドイツと国境を接する西側の国境が固定化されたことを確実にしたかった。[*67] コールは、多くは内政的な理由で、そのような確約をすることに時間を要した。実際、彼は自分の行為を正当化するためにスターリン時代の協定に言及して政敵をさらに怒らせた。一九九〇年初頭にはこのようなしこりがなお将来に持ち込されていたが、やがて解消されていくことになる。

第二の問題には、西ドイツの内政上の同盟とNATOという外交上の同盟、という二つの種類の同盟関係が絡んでいた。当時、コール連立政権のパートナーだったゲンシャーは、いまや、彼の競争相手ともなっていた。西ドイツのキリスト教民主同盟（CDU）と自由民主党（FDP）は各々東ドイツの同名政党と提携し、互いに得票数を競い合っていた。東ドイツでゲンシャーを支持するリベラルな市民は、モスクワ、メディア、そしてまさに世界の数多の人びと同様に、社会民主党（SPD）が三月一八日以後の東ドイツ人民議会の第一党になることを期待していた。そのため、CDUとあまりに親密であることは望ましくなかった。コールは、その間、東ドイツのCDUがほかの政党と連携して選挙に対応すべきだと考えたが、リベラル政党はその連携相手として念頭になかった。しかし、二月五日に、東ドイツのCDUとほかの少数政党が合併して保守系選挙同盟「ドイツのための同盟」（さまざまな成り行きのなかで、この同盟は結果的に将来統一ドイツの首相となるメルケルの国内政治キャリアを創出した。すでに述べたように、彼女はもともと小さな政党の一つである「民主主義の出発」の党員だった。しかし、彼女の所属政党は最終的にCDUと合併した）を形成する舞台裏で、コールは指導者としての役割を果たした。

偶然ではないが、その二日後、コールは同盟に最も有利な選挙キャンペーンの公約を発表した。それは、東西両ドイツの迅速な通貨・経済統合を模索するという選挙公約だった。この公表の直接的な目的は、いまだに東から西へと出国してくる大勢の避難民予備軍である東ドイツ市民に、東に留まるよう説得することにあった。抗議デモの参加者は、「DMが私たちのところに来ないなら、私たちがそこに行こう」といったプラカードを掲げてデモ行進を行っていた。いまや、実際にそうなるだろう、と告げられたのである。公約公表の長期的な目的は、「ドイツのための同盟」が選挙戦を有利に進めることだった。[*68]

一九九〇年一月から二月にかけて激化した選挙戦の結果、ゲンシャーは自分への世間の関心を高めようと、国内の同盟と国外の同盟の境界線を曖昧にする行動に走った。ゲンシャーは一月三一日にトゥッツィングの福音派アカデミーで行った演説のなかで、将来に対する自分の見解を率直に述べた。この演説のなかで、ゲンシャーはNATOに対して「ワルシャワ条約機構に何が起ころうと、NATOの領域が東方に拡大すること、つまり、ソ連の国境に近づくようなことはない」ようにすべきだと明確に要求し、物議を醸した。東ドイツの領土をNATOに加えようとする試みは、東西ドイツの関係改善を妨げるだけでなく、ソ連国内に社会的・政治的な反発を引き起こすリスクも考慮すれば、いかなる意味でも望ましいことではなかった。[*69]

さらにゲンシャーは二月二日金曜日に、国務長官ベイカーがこの点について自分の見解に同意するかどうかを確認するためにワシントンへと向かった。燃え盛る暖炉の前での二時間半にわたる友好的な会談のなかで、ベイカーは西ドイツがNATOの加盟国であり続ける必要性を強調した。今度は、国務長官が新たなアイディアに対するゲンシャーの意見を求めた。コールやゴルバチョフの補佐官たちと同様に、ベイカーと国務省のチームも、旧占領四ヶ国に二つのドイツを加えたフォーラムのようなものが必要だ、という同じ結論に到っていた。つまり、「四＋二」方式なら、ドイツ統一の対外的な側面を管理できたのである。それはまた、ドイツ統一に関する東西ドイツ間の詳細な法的手続きとは別に、旧占領四ヶ国が留保している権利と責任が、どうすれば放棄されうるか、といった問いを投げかけた。ゲンシャーは「四＋二」ではなく「二＋四」という方式、つまり、その会合でドイツが最も重要な国家として明確に認識されるのなら、その構想を支持するつもりだと言った。ベイカーはこれに同意して、「二＋四」の考え方は受け容れられた。その後、金曜日の午後七時四五分から行われた共同記者会見において、ゲンシャーは公の場で彼とベイカーが「ＮＡＴＯを東方に拡大することにはまったく関心がない」ことで意見の一致をみた、と述べた。[*70] ベイカーは、ゲンシャーとコールがつねに互いの計画を報告しあっていないことを知っていたため、ボン駐在のアメリカ大使に、これらの一連の出来事について、テルチクに内密に報告するように指示していた。それによって、ベイカーはコールがこのことについて報告を受ける、と確信することができた。[*71]

その週末の後、ベイカーは月曜日に最終的にはモスクワへ向かう長い外遊の旅路に就いた。それによって彼は、ゲンシャーと意見が一致したアイディアに対して、国家安全保障会議（ＮＳＣ）のなかに抵抗が起きつつあった時にワシントンを留守にした。[*72] スコウクロフトと彼のチームは、西ドイツが東ドイツと統一した場合、その新たな領土にＮＡＴＯを拡大せずに西ドイツがＮＡＴＯに留まるにはどんな方法があるかとあれこれ思案した。ＮＡＴＯを東方に拡大しないという見解は、ＮＳＣにとって、軍事面での検討は言うまでもなく、ドイツ統一の観点からのみ考えても理に適わなかった。

同様に、ゲンシャーもすぐにボンのＣＤＵ党員である国防相のゲルハルト・シュトルテンベルクからほとんど同じ理由で批判を受けた。ＮＳＣとシュトルテンベルクはどちらも、ゲンシャーの計画にまったく同じ懸念を抱いていた。つまり、ＮＡＴＯから外された東ドイツを防衛することは事実上不可能になるという懸念だった。[*73] 実際、防衛できない領土を引き受けることになるかもしれないとなると、統一の計画は頓挫するかもしれなかった。シュトルテンベルクがベイカーと意見が合わないのはこれが初めてではなかった。この二人は、それぞれが財務相と財務長官だった一九八七年一〇月の株式市場の暴落の際に、その対処にあたり金利の利率をめぐって対立したのだった。[*74]

しかしベイカーは、NATOの東方拡大はしないというゲンシャーとの合意は交渉の基礎となるという確固たるアイディアを持ってモスクワへ向かっていた。このアイディアは、ドイツ統一直後の時期を遥かに越えてその後も影響を及ぼすことになるものだった。モスクワにおいて、彼は、ゴルバチョフが旧占領四ヶ国の復元モデルが機能しないことに気づき、いまや両極に位置するワルシャワ条約機構とNATO双方に代わる新たな汎ヨーロッパ機構という野心的なモデルに傾いていることに気づいていた。

そのような構想はまったく新しいものではなかった。一九八九年五月には、ワルシャワ条約機構が、東西双方の同盟を終結させる状況が生まれる可能性を指摘する声明を発表した。シェワルナゼは一九八九年一〇月にソ連最高評議会での演説のなかで、同様の構想を繰り返し、その三日後にはワルシャワでも繰り返し述べた。[*75] かつては反体制派だったチェコスロヴァキアの新大統領ハヴェルは、すべての外国軍はヨーロッパから撤退すべきであり、ヨーロッパ自らが安全保障委員会を設立して自らの防衛を担う案を提示し、ワシントンに衝撃を与えた。あらゆる問題でゴルバチョフに反対したファリンでさえ、双方の同盟を終結させる選択肢が実現可能だと考えていた。[*76] 二月初旬からベイカーとの会談のために用意されたゴルバチョフの報告資料には、ゴルバチョフがこの考えを最優先事項にしていた事実が記されている。彼は東西両同盟を時代遅れのものとするような汎ヨーロッパ的な仕組み、あるいはヨーロッパの共通の家を望んでいた。これは、汎ヨーロッパ的な仕組みが建設されているあいだは、ドイツが中立の立場をとることを意味していた。ゴルバチョフは気づかなかったようだが、これらのアイディアのうちいくつかはサッチャーの考えとよく似ていた。外相ハードは、イギリスが「すべてに歯止めをかけていると思われない」ように、首相に「何か肯定的なアイディアを携えて前へ進むこと」を提言した。サッチャーはハードに、イギリスは「東欧諸国、ひいては長期的にはソ連をも包括するような、もっと普遍的なヨーロッパの連帯を打ち建てる」ように努めるべきだと答えた。そのような連帯は、いずれ全欧安全保障協力会議（CSCE）の強化に繋がっていくだろう、と。もしゴルバチョフがヨーロッパにアメリカ軍が引き続き駐留することを容認することになるとわかっていれば、CSCEの強化に繋がるような点を強調することはしなかっただろう。同じように、自分と多くの東欧諸国の指導者のアイディアの共通点であるヨーロッパからのアメリカ軍の撤退を要求する機会を逃すこともなかっただろう。[*77]

ゴルバチョフの壮大なヴィジョンは、モスクワにおける意見の一致《コンセンサス》の結果とは思われなかった。むしろ、ソ連最高指導者と彼の側近たちの考えのみを代表していた。ゴルバチョフとシェワルナゼは、しばらくのあいだ、ニクソンやキッシンジャーが緊張緩和《デタント》の時代に成し遂げたこととてもよく似たことを行った。ファリンは、ゴルバチョフと彼の側近たちがほとんどすべての共産党員と政権指導部を、外国指導者との会談への参加や議事録の事後確認からも排除した、と辛辣に批判している。つまり、ゴルバチョフとシェワルナゼは、軍や党の古参の権力者を意思決定の実質的なプロセスから外すことで、ある歴史家が「事実上、外交政策を刷新するための無限の可能性」と呼ぶものを創出したのである。[*78] 彼らは、実際、世論の動きを探るための観測気球を自ら打ち上げることに成功した。

しかしこのことは、高い代償をともなった。国内の批判者を蚊帳の外に置き、国外の批判者に対しては準備不足が生じた。国内の支持者たちが彼らのヴィジョンの具体化を強いることはなかったが、ゴルバチョフと彼の側近たちは、幅広いアイディアをじっくり考える時間を欠き、事態の急速な進展に対する準備ができなかったのである。それに加えて、首脳クラスで決定したことに異議を唱える下位の実務交渉担当者は、施行の詳細をめぐる協議をサボタージュして上司の信用を落とすことで決定を先延ばししようとした。その結果、ソ連と交渉する国々は、首脳クラスで合意したと思われる条件と、実務担当者によって実際に提示される条件とのあいだの齟齬に直面し続けた。ゴルバチョフと彼の側近たちもまた、一連の事態の切迫感を見逃していたように見受けられた。彼らの構想はすぐに熟成するようなものではなかった。アメリカ国務省はそのため、ソ連の構想は「評価に値しない。何らかの新しい永続的な役割が与えられるにちがいないという哀調に満ちた要求でしかない」と結論づけた。[*79] にもかかわらず、ゴルバチョフは、この汎ヨーロッパ的な統合という漠然としたモデルを、二月七日から九日にかけてモスクワを訪れたベイカーだけでなく、その翌日にモスクワを訪れたコールにも提示してみせたのである。

## 「NATOの管轄権は東方へ一インチたりとも動くことはないであろう」

ベイカーの訪問は運命を決するものだった。それは後に、NATO拡大をめぐる衝突の原因となった。[*80]
一九九〇年二月にベイカーがモスクワを訪問した際に何が起きたのか。その答えを理解するためには、関係者の思考の構造を概観するのが有益だろう。ベイカーとゴルバチョフは経歴上はよく似ていたが、この会談に異なる期待と経験とともに臨んだ。二人の生まれはわずか一年違いで（ベイカーは一九三〇年、ゴルバチョフは一九三一年生まれ）、一九五三年に結婚、その後すぐに家族をつくり、そして各々の祖国である超大国の政界で最高レベルまで登り詰めた。しかし、ゴルバチョフは二つの世界大戦によって荒廃した国で成人期を過ごし、ベイカーは同じ二つの世界大戦によって豊かで強靭になった国で成人期を過ごした。

一九三〇年代のゴルバチョフの子ども時代の記憶には、一九三七年から三八年にかけてのスターリンによる粛清の最中、真夜中に連れ去られた母方の祖父パンテレイ・エフィモヴィチ・ゴプカロの失踪が含まれていた。祖母はゴルバチョフと同居し始めたが、その結果、隣近所の人びとは彼らの家族に関わって罪に問われることを恐れて彼らと関係を持つことを避けた。彼らの親戚でさえ、夜に訪ねてくる程度であった。最終的にゴプカロは解放されたが、何が起きたか話すことを拒み、その後まもなく亡くなった。後に、ゴルバチョフは自分の祖父の尋問記録がどのようなものだったのかを追跡し、刑務所の同房者たちと祖父が何を話したかについて書き記している。ゴプカロは自白を拒否したために拷問が強化された。殴打が効かなくなった時には、彼の両腕はすでに折れていた。拷問に効果がなかったことで、彼は燃え盛るストーブの上に座らされた。ゴルバチョフは、彼の将来の妻ライサに出会った時、自分の家族が幸運だったことを知った。自分たちは少なくとも祖父にふたたび会うことができたからだ。ライサの祖父は、よく似た環境のもとで逮捕され、有罪を宣告され、そして処刑されていた。[*81]

ゴルバチョフとは対照的に、民主主義のもとで経済的な繁栄を謳歌する国で成長する機会に恵まれたベイカーは、一九三〇年代から四〇年代について、まったく異なる記憶を持っていた。ベイカーはテキサス州ヒューストンのリバーオークス・カントリークラブを自分の「第二の故郷」と思っていた。子どもの頃、そこでテニスのコーチをしていたアンドレイ・ジトコフと親密な関係を築き、彼を第二の父親のように考えていた。難民だったジトコフは、世紀末にロシアに生まれたが、ボルシェビキ革命が起こった時にアメリカに亡命した。ジトコフはベイカーにロシアの歴史についての思い出話をした。後にベイカーは、プリンストン大学の学生としてロシア史を専攻することになる。[*82]

ゴルバチョフもベイカーも、前者は党の職務、後者は法学という各々が選択した領域で、成功を重ねていった。しかし、二つの国のあいだの生活水準の違いは成人期に入った二人に別々の人生を形作った。新婚の時、ゴルバチョフはスタヴロポリ市の党組織の第一書記だったが、彼とライサは小さな部屋に住んでいた。水道はなく、代わりにポンプで水を汲み上げなければならなかった。有力なコネを持つ友人の紹介で、若い夫婦は台所とトイレの付いたアパートへと引っ越した。しかしそのアパートでは、「四人の未婚女性」に加えて「アルコール依存症の独身男性とその母親」、「溶接工、退役大佐、織物工場の機械工とその家族」との共同生活であった。[*83] ソ連では慢性的な住居不足のため、このような組み合わせは普通だった。ゴルバチョフは田舎に住んでいた頃に比べて幸せだとさえ感じていた。晩年に彼は、ゴルカヤ川の峡谷近くを訪れた時のことを思い出している。「見渡すかぎりばらばらに点在して」いるのは「天井が低く、煙を吐き出しているみすぼらしい家々、［そして］黒ずんで壊れかけた柵」だった。彼は「そのようなみすぼらしい住居で、人びとが何らかの生活を営んでいる」ことが信じられなかった。名前がないも同然の通りは、あたかも「疫病が村全体を破壊して」しまったかのように「閑散としていて、これらの貧民街の小宇宙のなかには何の関係も絆も存在せず、ただ果てしなく犬の遠吠えだけが続いていた」。ゴルバチョフは、この惨憺たる光景が彼を触発したことを覚えていた。自分の国が、そこに住む人びとによりよい生活を供給できるようにしたかったのだ。[*84]

一九五〇年代から六〇年代にかけてのヒューストンの日常生活の物質的環境は、とりわけ、都会で出世の階段の絶頂期にある者にとってはスタヴロポリの状態よりもはるかに恵まれていた。ベイカーは、勤勉さと弁護士としての成功の果実を享受していた。成功の果実には、テニスでダブルスを組んだブッシュとともに何度も選手権大会で優勝したヒューストン・カントリークラブのメンバーシップも含まれていた。このように裕福ではあったが、ベイカーが苦しみと無縁だったわけではない。医者は彼の妻をガンによる早すぎる死から救うことができず、一九七〇年に彼はシングルファーザーとなって取り残された。妻を喪った彼の悲しみを紛らわせようと、ブッシュは、その後ベイカーを政界に引っぱりこんで、二人は遂には出世してホワイトハウスと国務省で頂点を極めることになる。

ベイカーは、ようやく一九八九年五月にソ連を初めて訪問したが、その際、アメリカとソ連のあいだの生活水準の違いをはっきりと認識した。彼を乗せた車がモスクワ市内に入って行くにつれて、彼はあたかも「時代を遡っている」かのように感じた。「スターリン様式の建物は一九三〇年代から四〇年代にかけて建設され、それ以来、修復も塗装もされていないように見受けられた。通りを走る数台の車やトラックは、一九五〇年代ないし六〇年代からやって来たかのように現れた」。しかし彼は、シェワルナゼのもてなしに感動してもいる。ソ連の外相はベイカーと彼の後妻を自分のアパートでの夕食に招待した。ベイカーはシェワルナゼが散弾銃を贈り物として手渡した時にとりわけ喜んだ。その夜は「心温まる友情」の始まりであった。[*85]

ベイカーはモスクワを再訪したが、一九八九年五月の最初の訪問と一九九〇年二月の訪問のあいだに世界は大きく変化していた。一年前の五月に遡れば、ベイカーはゴルバチョフのポジティブな見通しに感銘を受けていた。ベイカーが憶えていたのは、ソ連指導者が「楽観主義にあふれていて、この点で、彼は私にロナルド・レーガンとその時代を思い起こさせた。レーガン大統領は楽観的な見通しで部屋中を満たして皆を元気づけた」ことだった。けれども、この二月には、ゴルバチョフと彼の側近たちは以前よりも難しい立場に置かれていた。真の民主主義を求めてモスクワで行われたこれまでに前例のない二五万人の抗議デモは、その週の中央委員会会議に暗い影を落としていた。ナショナリズムの抬頭は、激しい地域紛争を引き起こしながら、ソ連全土に拡大していた。翌週には、民族的暴動がタジキスタンで勃発し、エストニア、ラトビア、リトアニアのバルト三国をめぐる問題はその後すぐに深刻化した。対照的に、アメリカは、モスクワとの繋がりを断ちたいという東欧諸国の要望が明らかになるにつれて、自国が東西冷戦の抗争において優位に立つ成功者であることを知った。ゴルバチョフとベイカーという二人の男の生い立ちは、シェワルナゼの生い立ちと同様、これらの問題にいかに対処すべきかという際に重要な役割を果たすことになる。*86

このような問題に加え、ゴルバチョフとシェワルナゼは、さらなる期待をもってベイカーとの会談に臨んだが、その期待は不利に作用することが後に明らかになった。彼らは二人とも意思決定を行う権限が最上位に集中するシステムのなかで生まれ育った。数名の男、場合によってはたった一人の男が、祖父を尋問に送ったり、兵士を前線に送ったりするような広範囲に影響を及ぼす決定を行っていた。そのような決定は、成文憲法や法による権利保障をすべて無効にした。あらゆる階級のソ連の交渉担当者は西側との交渉において杓子定規で細かいことにうるさいだけだったかもしれないが、エリートのレベルには別の問題があった。対照的に、ベイカーは、法的に議論を呼びそうな分野で法律の専門家として生計を立ててきた。彼は机上の空論と協定のあいだの力学を理解していた。議論としてはいくらでも言えるし、異議を唱えられるし、否定したり促したりできるものの、最終的には文書のなかで合意されたものが重要となる。彼の回顧録のなかには、国際政治を「現在進行中の交渉」と捉えていたことが記されている。さらに、彼とコールは、協定が締結された時にその協定をより強固なものにするために、世間の注目を都合よく利用した。ゲイツが覚えているように、「彼［ベイカー］は報道機関に対処したり操作したりすることを、まったく知らないとは思えないほど巧く使いこなしていた」。ある時など、ベイカーは「メディアを喜ばせるような情報を提供する必要がある」と言って、ゴルバチョフにいかにメディアに対処すべきかを指南さえしていた。[*87]

ベイカーとの会談は二月七日に始まった。彼はシェワルナゼとの会談に二日を費やし、訪問の最後にゴルバチョフと会談した。かつてのように、軍縮がすべての会談において大きな割合を占めていた。それはまた、ゴルバチョフの変わることのない信念でもあった。ゴルバチョフに関するある研究は、彼を次のように描いている。ゴルバチョフは、「二人の指導者がより現実的な問題で協定を結ぶことを困難にした幻想、つまり、核なき世界への真摯な信念において、レーガンと同様に、賞賛に値する人物である」。[*88]ブッシュはその夢を共有することはなかったが、ベイカーやチェイニーの反対にもかかわらず、通常兵器を削減すべき時機だとは考えていた。その結果、一九九〇年一月の一般教書演説のなかで、ブッシュは、中央ヨーロッパと東ヨーロッパに駐留するアメリカ軍三〇万人とソ連軍六〇万人をどちらも一九万五〇〇〇人にまで削減すると提案した。[*89]一方で、彼は中央領域の外側のヨーロッパにもっと多くのアメリカ軍を常駐させようとした。このことはロシア人にとって不愉快きわまりなかった。そこでは問題は解決しなかったが、二月後半になって、ゴルバチョフはブッシュの提案を受け容れた。[*90]化学兵器とヨーロッパにおける通常兵器をめぐる交渉は一九八九年三月以降も継続され、議論も継続された。[*91]

ドイツの将来もまた、両外相の注意を引いた。[*92]その会談におけるベイカーの手書きの覚書には、「両ドイツが受け容れないであろう」旧占領四ヶ国会議に代わるより良い選択肢として、二＋四の枠組みについて議論したことが示されている。彼らは、ＮＡＴＯにドイツが留まることをアメリカが要望していることについても議論した。手書きの覚書に、ベイカーは「最終結果：*変化した（政治組織としての）

NATOにしっかりと繋ぎ止められた統一されたドイツ——*その管轄権は*東方へ！は動かされない」という重要な発言の脇に星印《アステリスク》と感嘆符を付している。[*93]

ベイカーとゴルバチョフの記録によれば、ベイカーは二月九日にソ連最高指導者にこの発言を繰り返した。ゴルバチョフは「NATOの領域」のいかなる拡大も受け容れられないことを強調して、これをさらに徹底させた。[*94] ゴルバチョフによれば、ベイカーは、「われわれはそのことで意見が一致している」と答えたという。この同意はソ連指導者にとって非常に重要だった。彼はそのことを、後にドイツについて「妥協するための道が開かれた」瞬間だったと回想している。[*95]

それはまた、この日に未解決のまま残る論争の核心を形成することにもなった。愚かにも、ゴルバチョフはこの協定を何らかの文書化した形に残すことをせずに会談を終わらせた。指導者の言葉が法を覆すという政治文化から生じたとも言えるが、ゴルバチョフは、双方の軍事同盟を完全に解体させる方法を見出すことがなお可能であると考え、また、(統一ドイツという)取引きの目的に同意することを躊躇して、文書化によって問題を解決しようとしなかった。そのため、将来、NATOが拡大し始めるや否や、NATO拡大に反対するソ連の後継者のために、彼は何の証拠も残さなかった。その後、ロシア大統領は、この会談がNATO拡大はしないという保障をロシアに与えた、と主張することになる。一方のアメリカは、この会談を最終文書が署名されるまでに変わりうる、ドイツにのみ限定した数多くの会談や交渉のなかの一つだとして、ロシアとは異なる見解を示している。[*96]

さらに問題だったのは、アメリカは西ドイツと秘密裏に連絡を取り合って事態に対処していたため、翌日に到着予定だった西ドイツ抜きでは決定が下せなかったことだった。コールが二月一〇日土曜日にモスクワに到着するにもかかわらず、ベイカーは意図的にルーマニアとブルガリアに向けて出立した。

ベイカーとコールは直接会うことを避けた。ベイカーはその理由を「ソ連において、アメリカとドイツがロシアに対して何かしら陰謀を企てているといった誤った印象を」与えないようにするためだった、と述べている。実際には、もちろん、「私たちは継続的に情報交換を行っていた」。ロシアとの交渉のテーブルにつきながらも、ベイカーは信頼の厚い政策立案の局長であり交渉の代表メンバーでもあるデニス・ロスに、コールに知らせるための米ソ会談を要約する機密の手紙を起草させ始めた。ベイカーは後にこの手紙の存在を認め、モスクワ駐在の西ドイツ大使クラウス・ブレッヒにそれを渡したことを確認している。二月一〇日にモスクワに到着次第、できるだけ早くコールがその手紙に目を通すことができるように手配したのである。[*97]

「親愛なる首相」と、ベイカーの覚書は始まっている。「あなたとゴルバチョフ大統領との会談を考慮して、大統領は私にモスクワでの会談についてあなたに要点を伝えるように指示しました」。ベイカーは、ゴルバチョフとシェワルナゼがドイツ統一に抱く恐れを要約して、彼らが興味を示したように思われた二＋四方式を提案することで彼らの不安を和らげようとしたと示唆している。ベイカーはゴルバチョフに、統一ドイツはＮＡＴＯに留まることを選択するであろうことも説明したという。「それから、私は彼に次のような質問をしました。ＮＡＴＯに加盟せずに独立して、アメリカ軍が駐留しない統一ドイツが良いか、それともＮＡＴＯのくびきに繋がれ、ＮＡＴＯの管轄権が現在の位置から東方へ一インチたりとも動かないことが保障される統一ドイツが良いか」と。ベイカーはゴルバチョフの返答をそのまま再現した。「もちろん、ＮＡＴＯの領域のいかなる拡大も受け容れられないでしょう（含意するところは、現在の領域にあるＮＡＴＯは受け容れられるかもしれない）」。要するにベイカーは、ゴルバチョフが「過去に囚われていない」と考えたのである。「あなたとゴルバチョフの会談後に、この覚書をあなたのものと比較するのを」楽しみにしていると述べ、ベイカーは「親愛なるジムより」と記している。[98]

ベイカーが添付した覚書は、コールがこの二日間にアメリカ最高首脳部から受け取ったなかで二番目に重要な書状だった。彼は前日の夜にブッシュから手紙を受け取っていた。モスクワに向けて出立する準備をしていたコールに対して、ブッシュは「西側同盟における統一ドイツの役割について自分の見解をもう一度確認して」おきたい、と書き送った。このブッシュからのメッセージは、ベイカーの言い回しに不安を抱く国家安全保障会議（ＮＳＣ）によってまとめ直されたので、ベイカーの覚書とは論調《トーン》が異なるように思われた。ブッシュの手紙は、ＮＡＴＯの管轄権についての一般的な言葉を用いることなく、東ドイツについて明確な言葉で書かれていた。ブッシュは（もともとヴェルナーが使っていた文言を用いて）「いま東ドイツの領土である場所に特別の軍事的地位」を附与することに同意することを示した。[99]ゼリコウは、大統領のこの臨時の書状が、ベイカーの言葉遣いの含意に懸念を抱くホワイトハウスが、彼とは異なるアプローチを望んでいることをコールに明確に伝えようとした試みだったと記憶している。大統領からの手紙で国務長官からの手紙を出し抜こうと考えたわけである。[100]

結果として、モスクワの中心街に到着するまでに、コールはブッシュとベイカーから各々が好む言葉遣いで書かれた、まったく異なる個人的なメッセージを受け取っていた。ゴルバチョフとの会談でコールがそのどちらの言葉遣いを用いるかには選択の余地があった。その瞬間《とき》が来た時、コールはベイカーの言葉遣いを真似た。コールがベイカーを選んだのは、二つの言葉遣いのあいだにある矛盾を見落としたためなのか、あるいは、その矛盾に気づいたがベイカーのアプローチの方が短期的な交渉戦略としてより有効であると考えたためなのか、いずれかは明らかではない。明らかなことは、彼とテルチクがゴルバチョフの機嫌を取ろうと必死だったことである。彼らはモスクワへ出発する前に、青天井が落ちる、つまり東ドイツ経済の破綻が差し迫っていることを、時宜を得て公表する下準備をしていた。モスクワ訪問直前の報道陣への状況説明のなかで、テルチクは東ドイツが破産寸前であるという情報を戦略的にそっと滑り込ませた。数日中に債務不履行に陥るというのである。このことはメディア報道で大々的に扱われ、東ドイツ経済最後の日の幕開けという見出しがモスクワに向かう首相の見出しと並置され、抜本的な対策が必要とされる事態だという印象を強めた。[*101]

ソ連と西ドイツの重要な二国間会談はゴルバチョフ、チェルニャーエフ、コール、テルチク、そして通訳を交えて行われた。会談はモドロウが秘密警察《シュタージ》を復活させようと画策してしくじったことに、コールが不満を漏らすことから始まった。その結果、東ドイツの国家の権威が完全に失墜してしまったと彼は言った。コールは特に東ドイツの原子力計画の安全性について懸念を示し、次いでチェルノブイリに言及した。彼は「そこにソ連軍四〇万人とその扶養家族が駐留していることを考慮すると」、その混乱状態はゴルバチョフをも心配させるはずだと論じた。次第にＤＭでしか商品と交換できなくなっていたのである。

これらすべての理由から、コールは東西ドイツの経済的かつ財政的統合をできるだけ早く行いたかった。五週間前にはそのように考えてはいなかったが、いまはそう考えていた。この決断によって彼は、そのツケを負うことになるだろう西ドイツ市民から激しい非難を受ける可能性を認め、その非難を受け容れた彼が「過度に動揺するようなことはなかった」。行動すべき時間《とき》はいまだった。統一をめぐる問題は避けられなかった。彼はドイツを統一し、統一ドイツをＮＡＴＯに加盟させたかった。コールはゴルバチョフに対して「言うまでもなく、ＮＡＴＯがその領域を東ドイツの現在の領土に拡大することはできない」と保障した。コールはまた、アデナウアーがドイツ問題はヨーロッパの屋根のもとでのみ解決されうると言ったことに同意すると強調した。

これに対しゴルバチョフはコールに数多くの質問を投げかけた。彼は統一への潜在的なロードマップとポーランドとの国境問題についてコールの真意を探ろうとした。彼はドイツが中立国になろうとしていないことを理解していたが、インドのように非同盟国となることができるかどうかを尋ねた。コールの答えは、統一をめぐる問題はドイツ人自身が決定する事案だというものだった。これにゴルバチョフは、心底からではなかったが同意した。コールは見返りに何を要求されるかを思案しながら、ゴルバチョフが西ドイツに経済支援を要求できることを明確にした。首相は西ドイツ経済が健全な状態にあることに触れた。実際、「ここ八年間は、戦後、最も良い状態にある」。そのため、西ドイツとソ連が「ともに多くのことができる」のは「当然」だった。[*102]

コールはこの不確実な協定をできるかぎり早く確かなものにする必要性を理解していた。彼は同日の夜一〇時に記者会見を開いた。ベイカーと同様に、コールは報道機関の影響力を理解し、その影響力をすぐに利用しようとした。西ドイツでテレビを見ていた人びとは、衛星放送を通じて、今日は「ドイツにとって良い一日であり、私にとっても個人的に幸せな一日」だった、とコールが公言するのを耳にした。ソ連最高指導者は「ドイツの人びとには」自分たちの将来を決める「唯一無二の権利」があると同意した。[*103]「ゴルバチョフ書記長は、一つの国家のもとで生きるというドイツ人の決意をソ連が尊重するであろう、そして統一に向けた道程《みちのり》や、その時機についてはドイツ人自身が決める問題だろう、とはっきりと約束した」。この公表の草稿作成を手伝ったテルチクは、集まった報道陣が飛び上がり、拍手をして喜ぶだろうと想定していたが、そんな事態にはならなかった。そこで彼は、記者はおそらくいま何が起きたのかわからなかったのだろう、と考えた。モスクワはドイツ人が自分たちの国を統一する国内的な手続きを始めることに同意した。記者がその重要性を見落としたのに対して、コールは見落とさなかった。彼はその日の出来事にあまりにも動揺して、ほんのわずかな時間でも睡眠を取ろうとし、また充分に心を落ち着けるために数名の同僚をともなって赤の広場へと向かう長い散歩を必要とした。翌日になって、ソ連のタス通信はコールの発表を認める声明を公表した。その時になってようやく、西ドイツの報道陣が充分な関心を示し始めたことをテルチクはよく覚えている。*104

これらの二国間交渉は、その後、論争の発端となった。先述したように、モスクワは、NATOが一九八九年の境界内に留まる約束ないし誓約をした、と主張することになる。したがって、ロシアが主張する観点から、これらの会談を再検討する価値はある。

ゼリコウとライスの共著によれば、ベイカーは、「NATOの管轄権が現在の位置から東方へと一インチたりとも動くことはないことを保障するとともに」、NATOのくびきに繋がれた統一ドイツについてゴルバチョフと議論したと、コールに伝えた。ベイカーとゼリコウは、ゴルバチョフとの議論はもっぱら東ドイツに関する対応であり、ほかのワルシャワ条約機構加盟国に関することではなかった、と述べている。二〇〇九年のインタヴューでは、ベイカーはこの立場は誓約ではなく、交渉の必要上、机上の空論に基づいた主張だったと回想している。ゴルバチョフが当時同意していたならば、取り決めになったかもしれなかった。しかし、ソ連指導者は同意せず、後の二月後半のキャンプ・デイヴィッドでの会談時までにアメリカの立場は変化した。ベイカーはゴルバチョフがその時もその後もこの立場の変化に異議を唱えなかったと記憶していた。ベイカーとブッシュは、ソ連指導者に対して、そのことを最初はモスクワで、次はワシントンで二度にわたり自ら確認した。実際、ゴルバチョフは、アメリカの変化した立場と一致する多くの最終合意文書にソ連が調印することを容認した。*105

さらに問題だったのは、翌二月一〇日であった。モスクワに到着したコールは、ベイカーの主張が、いまなお流動的なアメリカの立場に基づくものなのかどうかを疑っていたが、ゴルバチョフとの会談のなかでその主張を繰り返し強調した。アメリカとソ連の二国間交渉とは違って、ソ連と西ドイツの二国間交渉は机上の空論に終わらなかった。ゴルバチョフはこの交渉の一部に同意し、ドイツは統一可能だと述べた。コールはこの譲歩を引き出した数時間以内にそこでの取り決めを公表した。このように、（本書の結論でさらに詳細に論じるが）一九九〇年二月の事態の進展をめぐるロシアの怨恨の起源を理解するには、米ソ関係だけではなく、西ドイツの役割についても同じように考慮する必要がある。ゴルバチョフはベイカーが提示した机上の空論ではなく、コールが提示した机上の空論に基づいて行動したのである。このことが起きた経緯には少なくとも二つの点で、つまりゴルバチョフとコールの双方に、問題があった。ゴルバチョフはたしかに賢明ではなかった。少なくとも相手も同じように行動するであろうと、文書化した保証を得ることをせずに交渉の一部に応じた。そしてコールは、ブッシュから手紙で知らされていたように、すでに流動的だったアメリカの立場に基づいてそのような交渉を行った。もしゴルバチョフがもっと押しの強い交渉者《ネゴシエーター》で、機が熟し、さほど多くの事案に気を取られることがなければ、ベイカーかコールに対して文書化された保障を強く要求したかもしれなかった。しかし彼は、そうしなかった。そして二月下旬までに彼が文書化された保障を得られなかったのは明らかだった。ゴルバチョフは、その年の終わりにはコールに激怒し、暴言を吐くようになるが、当時は、この一連の事態の進展をよく理解していなかったように思われる。コールは、二月の終わりに迫ったキャンプ・デイヴィッドでの首脳会談への流れのなかで、ブッシュの見解に同意するようになった。その見解とは、東ドイツの領域に特別な軍事的地位を留保しながらも、統一ドイツがＮＡＴＯの完全な構成員となるのでなければ統一は容認できないというものだった。コールは、このことが二月一〇日に彼がゴルバチョフとの首脳会談でやりとりした主張とはまったく異なっていたにもかかわらず、ブッシュに同意した。

この二国間交渉において、NATOが将来、東ドイツを越えてその領域を拡大する可能性について考えていた証拠はないが、そのような構想は年内には顕在化していた。個別のインタヴューでベイカー、ゼリコウ、そしてゼーリックはみな、机上の空論の範囲内だが、一九九〇年後半に国務省においてNATO拡大の可能性について検討していたと示唆している。次節で述べるように、国務省の内部文書では、これらの二国間交渉の時ではなく一九九〇年三月初旬には純理論的な会話のなかで、NATO拡大の可能性が示唆されていた。ともかく、将来の大論争の種は蒔かれていた。しかしながら、その間、コールは、二月一〇日が「ドイツにとって最良の一日」だったと考えていた。*106

## 所有多元主義

コールにとって最良の一日であった二月一〇日は、東ドイツの円卓会議にとっては最悪の一日であった。事態の進展はあまりにも早すぎた。円卓会議の指導者が懼れていた最悪の事態が現実になりつつあった。もし彼らが安定した政権を築けなければ、すぐにも（彼らにとってはボンもその一つだった）外国政府が彼らに取って代わることになるだろう。そこで、円卓会議はそれ自体の権威を高めようとした。八人のメンバーが閣僚としてモドロウ政権に入閣した。ゲルト・ポッペ、「民主主義を今」のヴォルフガング・ウルマン、「民主主義の出発」のライナー・エッペルマンといった円卓会議のメンバーは、コールがモスクワから戻った数日後、二月一三日に東ドイツ政府がボンを訪問する際に個人として参加した。

記録が示すように、その訪問について、円卓会議のメンバーは真剣に受け止めていたが、コールと彼の側近たちはそうではなかった。[*107] コールはゴルバチョフに対して成功を収め、すでにモドロウが無能であると判断し、翌月に控えた東ドイツ人民議会選挙で円卓会議を擁護する候補者たちを打ち負かすことに賭けるつもりでいた。[*108] 反体制派連合の「同盟90」の候補者として選挙に出馬していたポッペは、コールに対して、「社会のセーフティネットが引き裂かれることはない」ことを保障するように迫った。ウルマンは、コールが東ドイツを「併合《アンシュルス》」、つまり、一九三八年のナチス・ドイツによるオーストリア併合と同様のことをしようとしている、と不満を述べた。コールは、民主主義国家の行動に、「［政治的・経済的］併合《アンシュルス》」という語を充てることを拒否し、東ドイツ政府代表団に「統一へのロードマップの詳細は議論に上っていない」とぶっきらぼうに告げた。[*109]

円卓会議のメンバーのこうした外交活動は、円卓会議本来の構想をはるかに超えており、政府とは切り離されて機能するものだったが、（秘密警察《シュタージ》の時と同様に）必要とあれば政府に異議を唱えることもありえた。[*110] いまや円卓会議は、秘密警察の建物閉鎖のような事業に加えて、外交政策に関する姿勢も打ち出し始め、二月一九日には、将来の統一ドイツのＮＡＴＯ加盟に反対する決議の草案を策定した。「将来のドイツがＮＡＴＯ加盟国になることは、ヨーロッパの平和秩序という文脈で達成されるべきドイツ統一の目標とは相容れない、したがって、拒否する」。むしろ、二つのドイツはまず統一し、（西ドイツ基本法の第一四六条に予見されるように）まず憲法制定会議を開き、新たな統一ドイツ憲法の草案を策定し、それに基づいて選挙を行い、その選挙によって選出された議員にＮＡＴＯ加盟国となるか否かを決定させるべきだというのが、彼らの公式見解だった。[*111]

それに加えて、円卓会議は東ドイツの将来のためにまったく新しいモデルを創出していた。三月一二日までに、新たな憲法草案を策定する任務を帯びたワーキンググループは精力的なゲルト・ポッペによって組織され、円卓会議の最後となる第一六回の会合に、冗長な文書を提示した。この草稿は、意図的に既存の東ドイツ憲法とも、西ドイツ基本法とも異なる道を選ぶものとして起草された。所有の概念を再定義しようとしたゴルバチョフの試みによく似ていたが、私的所有権が道徳的かつイデオロギー的に間違っているという発想とも、私的所有権が礎であるアメリカ・モデルとも一致しなかった。アメリカの歴史家チャールズ・ビアードは、一九一三年に、アメリカ憲法は本質的に所有権を一般大衆から守るための経済文書であると論じ、物議を醸した。ポッペがこのことを知っていたなら、ビアードに共感したかもしれなかった。ビアードは、社会のなかの経済組織に対する別の観方が注目を引こうと競い合っていた時代に、アメリカ憲法の欠陥を告発しようとしてこの物議を醸した主張を展開した。このことは、当時、騒動を引き起こした。ポッペやほかの円卓会議のメンバーがビアードを知っていたとは思えないが、あきらかに西側の憲法に対する批判を共有していた。

　憲法草案は、本質的には、共産主義と資本主義が提示した近代化《モダニティ》のヴィジョンの抗争のなかでさまざまに論じられた、第三の道を見出そうとする試みだった。その目的は、社会正義と個人ならびに所有権のバランスをとることだった。[*112] その背後にあった発想の一つが「所有多元主義」という考え方であった。私的所有権を基礎に据えた西側的な憲法、あるいは「人民の所有」という社会主義的な発想を基礎に据えた東側的な憲法に代わり、新フォーラムのメンバーであるクラウス・ヴォルフラムは、所有多元主義に基づく東ドイツ憲法を提示した。所有多元主義とは、将来の社会においては私的所有権と社会主義的な所有の概念は等価に捉えるべきである、という考え方だった。[*113] このことによって彼は、私的所有が基本ではあるものの、国家が仲介することで合意が成立する状況が数多く存在するということを言わんとしていたと思われる。草案の第三四条に示されているように、危機が生じれば、国家は積極的な行動をとることができるのである。
さらに、新憲法の「基本権」の項第三一条には、働く権利も正式に記された。男性と女性は対等に扱われなければならなかった。それに加えて、将来の東ドイツ市民は、社会保障、医療と所得補償（就業不能）保険の保障、そして失業支援に対して憲法に保障された権利を持つことになる。おそらくこれらの条項の施行は、国家の介入を正当化するだろう。また、私的所有権が環境に損害を与えるような形で行使される場合には、国家による介入が生じる可能性が第三四条に含意されていた。[*114]
三月に迫った人民議会選挙は円卓会議に終止符を打ったが、憲法草案を策定するためのワーキンググループは四月四日まで存続した。そして、全会一致で承認された憲法草案の最終草稿のコピーとともに、新たに選ばれた東ドイツ人民議会議員に四月四日付で手紙を送付した。その手紙は、「人民議会がこの憲法を発効するように働きかけること」を要請するもので、[*115]この憲法草案が東ドイツの将来のためのモデルを提示するだけでなく、将来の統一ドイツにも影響を与えるだろう、という希望を表明していた。もし西ドイツが統一に向けてその基本法のロードマップに従い、第一四六条のもとで憲法制定会議を召集することになれば、東ドイツの法規範を創造することに成功し、東ドイツの人びとに将来の憲法制定会議で交渉するうえで確かな根拠を与えることになるだろう。つまり、おそらくは所有多元主義とほかの社会保障という東ドイツのヴィジョンが将来の統一ドイツ憲法に正式に謳われることになると考えたのだ。
円卓会議の権威の拡大は多くの東ドイツ市民に筆を執らせ、その意見は郵便で円卓会議に届けられた。消印の日付とベルリンで受け取った日付の時間差から、基本的な郵便業務の崩壊は明らかだった。[*116]手紙の差し出し人の何人かは、円卓会議が東ドイツを永続させるための秩序を確立しようと努力していることを歓迎した。ライプツィヒのある女性は「私たちはただ同然に売られ、この国の市民は裏切られるのか」と二月八日に質問を寄せた。別の手紙には「分別のある人間なら誰でも、西ドイツとの通貨統合へと強引に押し切られた場合、私たちを待ち受けているのは危険だとわかっている」と書かれていた。ある手紙には、さらなる懸念が記されていた。東ドイツは「コールのプランテーションにおける奴隷の大群となるだろう」というのである。[*117]

しかし、多くの市民は、円卓会議が第三の道のために推敲を重ねた骨の折れる試みを不要だと考えていた。ある手紙は「西ドイツが差し出す手を取りなさい。……人びとは充分に栄養をとっている。革命は続いているが、平和的ではなくなりつつある」と記していた。メルゼブルクからは、円卓会議のメンバーが自分たち以外の市民と最後に話をしたのはいつか、という質問が届いた。最後に実際の労働者に会ったのはいつかというのである。労働者の多くは、「自分たちの力ですべてをやり直すことができないのは明らか」だと思っており、したがって、東ドイツは西ドイツからの経済援助を要求するのではなく、受け容れるべきだ、と書かれていた。[*118]

ほかの手紙はさらに素っ気ないものだった。ある手紙は、「通貨統合と統一に向けて速度を加速する」のを最終的に承認するのはいつか、と尋ねていた。[*119] ほかには、「迅速な通貨統合は私たちを救うことができる唯一の方法だ。ライプツィヒの半分の住民はすでに西ドイツで働いている」という手紙もあった。この手紙の差し出し人は、円卓会議は大したことは何もできないと解散を要求した。別の匿名の手紙の差し出し人も同じ感情を表している。「お前らは馬鹿だ。なぜまだ努力を続けるのか。お前たちはすでに時間切れだ[*120]」。

## おわりに

一九九〇年初頭、時代の奔流のなかで、東ベルリンもモスクワも、将来に向けたヴィジョンを提示し始めた。社会主義の反体制派はロベルト・ハーヴェマンを模範にして、東ドイツの独立という将来のために、国家が経済危機に介入できるメカニズムをともなう所有多元主義を含む固有の法的ロードマップを策定した。その間、ゴルバチョフと彼の側近たちは自分たちのロードマップを描き、壮大な、しかし漠然とした未来を議論の基底に据えた。[*121]

これらのヴィジョンはポジティブな面とネガティブな面を併せ持つ野心的なモデルだった。彼らは称賛に値する目的をもって、自分たちの掲げたヴィジョンを達成しようと努めた。もっと時間があれば、さらに事態が進展して実現可能となった可能性もある。[*122] しかし、その達成には超人的な努力が必要とされたが、ソ連国内のゴルバチョフの反対派も東欧の市民も、彼らが必要とする充分な時間を与えなかった。ある歴史家によれば、一九八〇年代の終わりまでに、世論は「権力を溶かすほど効き目のある影響力」を持つようになっていた。[*123]

一九八九年秋から一九九〇年初頭にかけて、東ドイツの多くの市民は、社会主義統一党（SED）政権を打ち倒すという目的を共有する反体制派の「知識人《エリート》」を進んで支持した。両者は取り組むべき課題については意見の一致をみたが、将来確保すべきものについては意見を異にした。危うくテロの局面に陥りそうになった後、反体制派の知識人《エリート》は東ドイツの社会主義を刷新しようといっそう尽力したが、市民の注意や関心は西側に向かっていた。日常生活のさまざまな欠陥は、社会主義という大きな物語に対する強い不信感を東欧に残し、社会主義の改訂版を受け容れようとする寛容さは失われていた。

こういった対立の恩恵を受けたのはブッシュとコールだった。彼らは、新たに巨大な機関を創設するような空想にふけることはなかった。東ベルリンとモスクワが、所有権から国際的な安全保障まで、すべてにおいて第三の道を創出しようと試みるあいだ、彼らは何もせずに待っていたわけでもなかった。当時西ドイツの企業では、第三の道は第三世界に通じるだろうとよく言われた。ブッシュとコールの見解では、それが統一ドイツに生じることは許されなかったのである。*[124]

［著者］
メアリー・エリス・サロッティ（Mary Elise Sarotte）
ジョンズ・ホプキンス大学高等国際問題研究大学院（SAIS）Marie-Josée and Henry R. Kravis 講座特別招聘教授（DP）。ハーヴァード大学ヨーロッパ研究センター研究員。外交問題評議会（the Council of Foreign Relations）メンバー。ハーヴァード大学歴史・科学部卒業後、イェール大学にて Ph.D. 取得。本書のほかに、*The Collapse: The Accidental Opening of the Berlin Wall* や 5 冊の編著書がある。本書と *The Collapse* は *Financial Times* の Books of the Year に輝いている。

［訳者］
奥田博子（おくだ ひろこ）
関東学院大学教授。東京大学大学院総合文化研究科言語情報科学専攻博士課程単位取得退学。ノースウエスタン大学にて Ph.D. 取得。著書に『原爆の記憶』『沖縄の記憶』『被爆者はなぜ待てないか』、論文に "China's 'peaceful rise/peaceful development': A case study of media frames of the rise of China" などがある。

1989（上）
——ベルリンの壁崩壊後のヨーロッパをめぐる闘争

2019 年 9 月 14 日　初版第 1 刷発行
2020 年 2 月 28 日　初版第 2 刷発行

著　者————メアリー・エリス・サロッティ
訳　者————奥田博子
発行者————依田俊之
発行所————慶應義塾大学出版会株式会社
〒108-8346　東京都港区三田 2-19-30
TEL〔編集部〕03-3451-0931
〔営業部〕03-3451-3584〈ご注文〉
〔　〃　〕03-3451-6926
FAX〔営業部〕03-3451-3122
振替 00190-8-155497
http://www.keio-up.co.jp/
装　丁————耳塚有里
印刷・製本——中央精版印刷株式会社
カバー印刷——株式会社太平印刷社


Printed in Japan ISBN 978-4-7664-2621-2

# 原　註

（はじめに〜第3章）

## 原註のための略語一覧

| | |
|---|---|
| BPL | ジョージ・H・W・ブッシュ大統領図書館 |
| BP | ベイカー文書（プリンストン大学マッド写本図書館） |
| BRD | ドイツ連邦共和国（西ドイツおよび現ドイツ）のドイツ語略語 |
| BStU | 秘密警察《シュタージ》アーカイヴのドイツ語略語（ドイツ） |
| CAB | 内閣府（イギリス） |
| CWIHPPC | 冷戦史国際プロジェクト・パリ学会 |
| DCI | 中央情報局長（アメリカ） |
| DDR | ドイツ民主共和国（東ドイツ）のドイツ語略語 |
| DESE | 『ドイツ統一 特別版』（刊行された西ドイツ文書） |
| FCO | 外務・英連邦省（イギリス） |
| FOI, FOIA | 情報公開（イギリス）、情報公開法（アメリカ） |
| GC | ジョージア学会（詳細については、参考文献を参照のこと） |
| GDE | 『ドイツ統一の歴史』（4巻からなる公式の歴史） |
| JAB | ジェイムズ・A・ベイカーIII世 |
| KADE | ドイツ統一に関する西ドイツ内閣委員会 |
| KASPA | コンラート・アデナウアー財団報道アーカイヴ（ドイツ） |
| Memcon | 非公式会談の覚書（アメリカ） |
| MfS | 国家保安省（東ドイツ国家秘密警察《シュタージ》の公式名称） |
| MГ | 『ミハイル・ゴルバチョフとドイツ問題』（刊行されたソ連文書） |
| NIC | 国家情報会議（アメリカ） |
| PC | プラハ学会（詳細については、参考文献を参照） |
| RHG | ロベルト・ハーヴェマン協会、旧東ドイツ反体制派運動関係資料 |
| SAPMO | 旧東ドイツ政党と大衆組織のアーカイヴ |
| ZRT | 中央円卓会議（東ドイツ） |
| ZRT-WD | 東ドイツの中央円卓会議の筆記録と刊行された文書 |

## はじめに

＊1　フランシス・フクヤマはもともと“The End of History?”を1989年の夏に論文として *National Interest* に発表したが、続いてその論文を一冊の著書 *The End of History and the Last Man*（New York: Penguin Books, 1992）に発展させた。大衆向けの詳細な説明としては、Michael R. Beschloss and Strobe Talbott, *At the Highest Levels: The Inside Story of the End of the Cold War*（Boston: Little, Brown, 1993）; James Mann, *The Rebellion of Ronald Reagan: A History of the End of the Cold War*（New York: Viking, 2009）; Don Oberdorfer, *The Turn: From the Cold War to a New Era*（New York: Simon and Schuster, 1991）などが挙げられる。さらに興味深い学術的な説明としては、Frédéric Bozo, *Mitterrand, la fin de la guerre froide et l'unification allemande: De Yalta à Maastricht*（Paris: Odile Jacob, 2005）; Stephen G. Brooks and William Wohlforth, “Power, Globalizatoin, and the End of the Cold War,” *International Security* 26, no. 4（Spring 2002）: 93-111; Archie Brown, “Perestroika ant the End of the Cold War,” *Cold War History* 7, no. 1（February 2007）: 1-17, and *Seven Years That Changed the World: Perestroika in Perspective*（New York: Oxford University Press, 2007）; Robert D. English, *Russia and the Idea of the West: Gorbachev, Intellectuals, and the End of the Cold War*（New York: Columbia University Press, 2000）and “Power, Ides and New Evidence on the Cold War's End: A Reply to Brooks and Wohlforth,” *International Security* 26, no. 4（Spring 2002）: 70-92; John Lewis Gaddis, *The Cold War*（New York: Penguin, 2006）; Timothy Garton Ash, *In Europe's Name: Germany and the Divided Continent*（New York: Vintage Books, 1993）; Richard K. Hermann and Richard Ned Lebow, eds., *Ending the Cold War*（New York: Palgrave Macmillan, 2004）; Hans-Hermann Hertle, *Der Fall der Mauer: Die unbeabsichtigte Selbstauflösung des SED-Staates*（Opladen: Westdeutscher Verlag, 1996）などが挙げられる。Hans-Hermann Hertle, *Chronik des Mauerfalls: Die dramatischen Ereignisse um den 9. November 1989*（Berlin: Links, September 1996）, “The Fall of the Wall: The Unintended Self-Dissolution of East Germany's Ruling Regime,” *Cold War International History Project Bulletin* 12-13（Fall-Winter 2001）: 131-40, “Germany in the Last Decade of the Cold War,” in *The Last Decade of the Cold War: From Conflict Escalation to Conflict Transformation*, ed. Olav Njølstad, 265-87（London: Frank Cass, 2004）, Olav NjølstadのTVドキュメンタリー番組 *When the Wall Came Tumbling Down*, Sender Freies Berlin, 1999も参照のこと。Njølstadの巻には、Odd Arne Westad, ed. *Reviewing the Cold War*（London: Routledge, 2000）のように、学会で発表された東西冷戦の終結に関する多くの参考になる論文が集録されている。ウェスタッドは、本書が刊行された際、メルヴィン・レフラーとともに、ケンブリッジ大学出版局から刊行された数巻からなる東西冷戦を俯瞰する歴史書を編纂していた。Robert L. Hutchings, *American Diplomacy and the End of the Cold War: An Insider's Account of US Policy in Europe, 1989-1992*（Washington, DC: Wilson Center, 1997）; Konrad Jarausch, *The Rush to German Unity*（New York: Oxford University Press, 1994）; Mark Kramer, “Ideology and the Cold War,” *Review of International Studies* 25（1999）: 539-76; Melvyn P. Leffler, *For the Soul of Mankind: The United States, the Soviet Union, and the Cold War*（New York: Hill and Wang, 2007）; Charles S. Maier, *Dissolution: The Crisis of Communism and the End of East*

*Germany* (Princeton, NJ: Princeton University Press, 1997); Gerhard A. Ritter, *Der Preis der deutschen Einheit: Die Wiedervereinigung und die Krise des Sozialstaats* (Munich: Beck, 2006) 、これはゲルハルト・リッターが *1989-1994 Bundesrepublik Deutschland: Sozialpolitik im Zeichen der Vereingung,* vol. 11, *Geschichte der Sozialpolitik in Deutschland seit 1945* (Baden-Baden: Nomos Verlag, 2007) の内容を一般読者向けに書いたものである。Andreas Rödder, *Deutschland Einig Vaterland* (Munich: Beck, 2009), "Zeitgeschichte als Herausforderung: Die deutsche Einheit," *Historische Zeitschrift* 270 (2000): 669-87, " 'Breakthrough in the Caucasus?' German Reunification as a Challenge to Contemporary Historiography," *German Historical Institute London Bulletin* 24, no. 2 (November 2002): 7-34, *Die Bundesrepublik Deutschland, 1969-1990* (Munich: Oldenbourg Verlag, 2004); Angela Stent, *Russia and Germany Reborn: Unification, the Soviet Collapse, and the New Europe* (Princeton, NJ: Princeton University Press, 1999); Bernd Stöver, *Der Kalte Kreig, 1947-1991: Geschichte eines radikalen Zeitalters* (Munich: Beck, 2007); Stephen Szabo, *The Diplomacy of German Unification* (New York: St. Martin's Stress, 1992); Philip Zelikow and Condoleezza Rice, *Germany Unified and Europe Transformed: A Study in Statecraft* (Cambridge, MA: Harvard University Press, 1995) も参照のこと。西ドイツの文書に早くからアクセスを許可されていたドイツの大学教授らによって制作された数巻からなる研究もある。彼らの研究成果を累積すると、3008 頁に及ぶ。*Geschichte der deutschen Einheit* (以降、GDE) (Stuttgart: Deutsche Verlags-Anstalt, 1998): Karl-Rudolf Korte, vol. 1, *Deutschlandpolitik in Helmut Kohls Kanzlerschaft: Regierungsstil und Entscheidungen 1982-1989*; Dieter Grosser, vol. 2, *Das Wagnis der Währungs-, Wirtschafts-, und Sozialunion: Politische Zwänge im Konflikt mit ökonomischen Regeln*; Wolfgang Jäger, vol. 3, *Die Überwindung der Teilung: Der innerdeutsche Prozeß der Vereinigung 1989/90.* この研究に最も関連があり、952 頁にも及ぶ大著、Werner Weidenfeld, Peter M. Wagner, and Elke Bruck, vol. 4, *Außenpolitik für die deutsche Einheit: Die Entscheidungsjahre 1989/90* も参照のこと。オンライン年表は、ポツダムの現代史研究センターにおいて、ヘルトレがドイツ連邦政治教育センターと公共放送ドイチュラントラジオとともに制作した http://www.chronik-der-mauer.de で英語とドイツ語で入手可能である。似たような傾向の http://www.chronik-der-wende.de も参照のこと。ジョージ・ブッシュ時代に関する概説書としては、Christopher Maynard, *Out of the Shadow: George H. W. Bush and the End of the Cold War* (College Station: Texas A&M, 2008) を参照のこと。最後に、Thomas Blanton, Svetlana Savranskaya, Vladislav Zubok によって編纂された 1989 年に関する文書や評論の選集 *Masterpieces of History: The Peaceful End of the Cold War in Europe, 1989* は、2011 年に刊行された。

＊2 John Lewis Gaddis, "History, Theory, and Common Ground," *International Security* 22, no. 1 (Summer 1997): 84.

＊3 アイケンベリー自身が、*After Victory* (Princeton, NJ: Princeton University Press, 2001) のなかで、主だった国際的な「歴史のパラダイム転換」に関する最も優れた研究に言及している。ダニエル・デュードニーとの共著論文 "Who Won the Cold War?" *Foreign Policy* 87 (Summer 1992): online も参照のこと。

＊4 Ellen Schrecker, ed., *Cold War Triumphalism: The Misuse of History after the Fall of Communism*

(New York: New Press, 2004), 2.

＊5　特に役立ったのは、ハンブルクにあるドイツ第一放送ARDのビデオ・アーカイヴとベルリンにあるロベルト・ハーヴェマン協会（旧東ドイツ反体制派運動のアーカイヴ（後、RHG））だった。後者には、多くの旧東ドイツ反体制派活動家が自分たちの私文書を寄贈している。

＊6　ゴルバチョフの文書は編集され、限定的な発行部数だが、2006年後半にモスクワで刊行された。*Михаил Горбачев и германский вопрос*（以後、МГ）(Moscow: Весь Мир, 2006). その文書は http://rodon.org/other/mgigv/index.htm でも入手可能である。このオンライン・サイトについて教えてくれた Victor Grinberg に感謝する。ゴルバチョフの側近チェルニャーエフは、ゴルバチョフ財団と国家安全保障アーカイヴのオンラインを介して史料を入手可能にしている。チェルニャーエフの回想録も、優れた英語版が入手可能である。Anatoly Chernyaev, *My Six Years with Gorbachev*, trans. and ed. Robert English and Elizabeth Tucker (University Park: Pennsylvania State University Press, 2000). ドイツ語版 *Die letzten Jahre einer Weltmacht* (Stuttgart: Deutsche-Verlagsantalt, 1993) もあるが、本書では、Tucker の英語版に依拠する。Fond 89 は、現在、さまざまなアーカイヴや図書館で入手可能である。本書はハーヴァード大学ラモント図書館のアメリカ政府文書セクションにあるコピーを使用している。この文書コレクションやほかの史料収集を手伝ってくれた Mark Kramer にも感謝する。ロシア語の史料整理を手伝ってくれたモスクワ国立大学の Alexander (Sasha) Polunov と、とりわけ南カリフォルニア大学の Mariya Grinberg に感謝する。

＊7　ドイツ統一の法的手続きに関するコール文書、より正確には、このテーマに関する1989年後半から1990年にかけてのドイツ連邦公文書館（コブレンツ）の記録は機密扱いを解除され、Hanns Jürgen Küsters と Daniel Hoffman が編纂した *Dokumente zur Deutschlandpolitik: Deutsche Einheit, Sonderedition*（後、DESE）*aus den Akten des Bundeskanzleramtes 1989/90* (Munich: R. Oldenbourg Verlag, 1998) というとても素晴らしい書籍として刊行されている。書体が小さく、原典の多くの頁の組み合わせが縮小版の連続したタイプ原稿を使用しているにもかかわらず、その書籍は1667頁にも及ぶ。この転換期についてのドイツ連邦公文書館（コブレンツ）が制作したすべての史料が集録されているわけではないが、いまだに機密扱いの会議から各々のコピーを所持している国々との2国間関係を含む430の主要な文書が選び抜かれている。これに加えて、ドイツ連邦公文書館（コブレンツ）とドイツ連邦公文書館（ベルリン）がまだ機密扱い指定中の文書にアクセスする許可を与えてくれたため、筆者は、情報公開前の史料を引用することはできなかったが、より総合的な文脈で公文書を読むことができた。これらの史料は、明確な言及はないものの、本書の分析に影響を与えている。コブレンツのドイツ連邦公文書館の職員とベルリンのドイツ連邦公文書館の職員は、この手続きに協力的だった。特に、Jörg Filthaut, Katja Neuman, Dr. Claudia Zenker-Oertel に感謝する。機密扱いを解除された文書についての詳細は、Hartmut Mayer, Review of *Dokumente zur Deutschlandpolitik: Deutsche Einheit, International Affairs* 74, no. 4 (October 1998): 952-53 を参照のこと。

＊8　特に役に立ったのは、James Goldgeier と Christian Ostermann が行った FOIA を介した開示請求だった。Ostermann は、基本的に、Zelikow and Rice, *Germany Unified* のなかで引用されたすべての文書を開示請求した。それによって、個々の研究者がその文書にアクセスすることが可能になった。これらの文書やほかのさまざまな文書に関する FOIA を介した開示請求を手伝ってくれたブッシュ大統領図書館（後、BPL）の職員に感謝する。とりわけ、図書館職員が（関連する開示請求を受けて編集された、あるいは削除された文書を含む）数百のレヴュー開示請求を手助けしてくれたことに感謝したい。ゼリコウとライスの説明については、すでに註1のなかで引用した。Zelikow and Rice, "German Unification," in Kiron K. Skinner, *Turning Points in Ending the Cold War* (Stanford, CA: Hoover Institution Press, 2008), 229-54 も参照のこと。

＊9　インタヴューに応じてくれ、さらにプリンストン大学マッド写本図書館に保管されている私文書を読み、複写する許可を与えてくれたベイカー元国務長官に感謝する。また、これらの史料整理を手伝ってくれた Daniel Linke と Daniel Santamaria に感謝したい。〔ベイカー文書の原文における強調は下線かイタリック体を用いて示されているが、本書では、傍点で示している〕。

＊10　これらの史料について数々の相談に乗ってくれた外務・英連邦省（FCO）の Patrick Salmon に感謝する。また、多くの FOI を介した開示請求を手伝ってくれた FCO の Shajaat Jalil にも感謝したい。内閣府（Cabinet Office, CAB）では、Jon Jenkins の協力にも感謝する。イギリス秘密情報委員会事務局の Ian Brown は、CAB が認めなかった開示請求が認められるように手を差し伸べてくれた。彼の支援にも感謝したい。

＊11　ミッテラン文書は、本書で引用するにあたって、次のように引用している。フランスの歴史学者フレデリック・ボゾは、厖大なミッテランの記録文書が刊行される前にアクセスする許可を得ることに成功した。Bozo, *Mitterrand* を参照のこと。私自身も機密扱いが解除される前の文書を閲覧する請願を認められたが、その多くが本書に取り入れるには遅すぎたため、今後の研究テーマとなるだろう。フランス語の史料収集を手伝ってくれたボゾとパスカル・ジュネストに感謝する。

＊12　Andrew J. Nathan, Perry Link, and "Zhang Liang," eds. *The Tiananmen Papers: The Chinese Leadership's Decision to Use Force against Their Own People—in Their Own Words* (New York: Public Affairs, 2001). 張良（Zhang Liang）は、欧米の研究者に文書のコピーを提供してくれた中国人協力者のペンネームである。中国研究者の Jonathan Spence, "Inside the Forbidden City," *New York Times Book Review*, January 21, 2001, 10-11 が指摘するように、これらの中国国外に不法に持ち出された文書のコピーに対する懸念は心に留めておくべきである。Spence は、中国人協力者がペンネームに選んだ名前が示唆的であると言う。実在の張良は、紀元前3世紀の歴史上の人物である。Spence によれば、「最高位の戦略家で、政治生命、戦局、そして人間関係の機微を分析するのに並外れて優れていた」。彼は、言葉を一言一句繰り返すかのように冗長に、しかも内緒話をするような対話形式で書くことによって話の「興味をつのらせる」ことでもよく知られていた。その結果、Spence は文書の主旨は正確かもしれないが、「逐語的な」引用は信頼できない可能性があると推測している。

＊13　フランス語、ドイツ語、ロシア語からの英訳は筆者自身によるが、そうでない場合には、その旨を明記する。ほかの言語については、この2つの組織が提供してくれる翻訳に依拠する。ドイツ語やロシア語の英訳でも、その英訳について意見が一致すれば、必要に応じて使用している。

＊14　筆者が行ったインタヴューの人名リストは、下巻の *60-61* 頁からである。

＊15　ジャック・レヴィが指摘するように、物語（ナラティヴ）は方法である。Jack Levy, "Too Important to Leave to the Other," *International Security* 22, no. 1 (Summer 1997): 22-23.

＊16　Alexander L. George, "Case Studies and Theory Development: The Method of Structured Focused Comparison," in *Diplomacy: New Approaches in History, Theory, and Policy*, ed. Paul Gordon Lauren (New York: Free Press, 1979), 43-68. Alexander L. George, "The 'Operational Code': A Neglected Approach to the Study of Political Decision-Making," *International Studies Quarterly* 12 (June 1969): 190-222 も参照のこと。

＊17　Theda Skocpol, *States and Social Revolutions: A Comparative Analysis of France, Russia, and China* (Cambridge: Cambridge University Press, 1979), 36.

＊18　John Lewis Gaddis, *Strategies of Containment: A Critical Appraisal of Postwar American National Security Policy* (Oxford: Oxford University Press, 1982). 2007年に版元のオックスフォード大学出版局が著者ギャディスの加筆修正を加えた25周年記念版を刊行したことは、この研究が非常に優れたものであることを証明している。改訂版の議論については、Robert L. Jervis, "Containment Strategies in Perspective," *Journal of Cold War Studies* 8, no. 4 (Fall 2006): 92-97. Paul Kennedy, *The Rise and Fall of the Great Powers* (New York: Random House, 1987). Odd Arne Westad, *The Global Cold War: Third World Interventions and the Making of Our Times* (Cambridge: Cambridge University Press, 2005) を参照のこと。

## 序　章　東西冷戦後のヨーロッパを創造する

＊1　http://my.barackobama.com/page/content/berlinvideo における Barack Obama, "A World That Stands as One" (2008年7月24日にドイツのベルリンで行ったバラク・オバマの演説)、ビデオと原文。Jana Hensel, *Zonenkinder* (Reinbek bei Hamburg: Rowohlt, 2004), 160.

＊2　Nicholas Kulish and Jeff Zeleny, "Prospect of Obama at Brandenburg Gate Divides German Politicians," *New York Times*, July 10, 2008, online. 演説の内容については、Obama, "A World That Stands as One" を参照のこと。

＊3　"Transcript of Barack Obama's Victory Speech," November 5, 2008, http://www.npr.org. ほか多くのニュースサイト上で入手可能。ベルリンの壁の崩壊に関する「記憶の力」に重点を置いた優れた洞察力をもつ分析としては、Jeffrey Engel, ed. *The Fall of the Berlin Wall: The Revolutionary Legacy of 1989* (Oxford: Oxford University Press, 2009) の Mel Leffler が執筆した章を参照のこと。

＊4　Stephen Kotkin が結論づけたように、1989年は「非市場主義経済と反自由主義制度

からなる世界の断末魔」の終焉の前兆となった。Stephen Kotkin, *Armageddon Averted: The Soviet Collapse, 1970-2000*（New York: Oxford University Press, 2001), 2. ソ連崩壊の詳細については、Michael Ellman and Vladimir Kontorovich, eds., *The Disintegration of the Soviet Economic System*（New York: Routledge, 1992）および *The Destruction of the Soviet Economic System: An Insiders' History*（Armonk, NY: M.E. Sharpe, 1998）を参照のこと。マルクス゠レーニン主義に対する信頼の喪失については、Mark Kramer, "The Collapse of East European Communism and the Repercussions within the Soviet Union (Part 2)," *Journal of Cold War Studies* 6, no. 4 (Fall 2004): 3-64 を参照のこと。共産主義と社会主義の衰退の詳細については、François Furet, *The Passing of an Illusion: The Idea of Communism in the Twentieth Century*（Chicago: University of Chicago Press, 1999); Tina Rosenberg, *The Haunted Land: Facing Europe's Ghosts after Communism*（New York: Random House, 1995); Adam B. Ulam, *The Communists: The Story of Power and Lost Illusions, 1948-1991*（New York: Scribner's, 1992）を参照のこと。Slavenka Drakulić, *How We Survived Communism and Even Laughed*（New York: Harper Perennial, 1993）のなかの個人的な証言も参照のこと。Alan Greenspan, *The Age of Turbulence*（New York: Penguin, 2007), 12 も参照のこと。グリーンスパンは、1989 年がグローバル経済史のなかで最も重要な 1 年だった、と論じている。「世界経済にとって決定的な瞬間は、鉄のカーテンの背後に隠れていた国家経済の破綻状態が明らかになった、1989 年にベルリンの壁が崩壊した瞬間であった」。この出来事は、ほかの出来事以上に、共産主義が「取り返しのつかない失敗であった」ことを暴いたと、彼は述べている。

*5　ヘンゼルは自叙伝のなかで、新しい機会や個人の自由、そして消費財に思いがけないほど恵まれた青年期に突入した驚きや試練を描き出した。その代償として、両親の生きた世界には当然のごとくあった確信やアイデンティティは失うことになった。とりわけ、もう二度と戻れないことがわかった最初の瞬間をヘンゼルはいまだに想い出すのであった。それは、いつもは政治に無関心な母親が彼女を 1989 年 10 月に地元ライプツィヒの抗議デモに連れて行った瞬間だった。その時に至るまで、社会主義に染まった教師や友達が、彼女のために設定してくれた目標を達成することばかりに夢中になっていたのを憶えている。その夜、母と大学生たちとともにデモ行進したことで、「人生で初めて、自分の祖国であった国に何かが起きている、私はそのことについて何も知らなかったし、大人は誰もどこへ向かっているかを私に教えてくれなかった」。ヘンゼルの著書 *Zonenkinder*（Hamburg: Rowohlt, 2004)（『東ドイツの子どもたち』）の英訳版は *After the Wall*（New York: Public Affairs, 2004）として刊行されている。ヘンゼルが描いた新たな世代に異を唱える人びとが引き起こしたこの本をめぐる議論については、Tom Kraushaar, ed., *Die Zonenkinder und Wir: Die Geschichte eines Phänomens*（Hamburg: Rowohlt, 2004）を参照のこと。同年代ではあるものの、ヘンゼルとは異なり、非常に政治化された教育を受けて育った東ドイツの女性の証言としては、Claudia Rusch, *Meine freie deutsche Jugend*（Frankfurt: Fischer, 2003）を参照のこと。

*6　このように論じている特定の研究者の名前については、本書の「はじめに」を参照のこと。全体的に、筆者は本文のなかに学術的な註釈文献を差し込むことを避ける

ことで、一般読者が専門家の論争に脱線することなく本書の展開を追えるように心掛けた。

＊7　多くの研究は、東ドイツ政府が意図的にベルリンの壁を開いたと考えている。一つ例を挙げると、Joseph Held, ed. *The Columbia History of Eastern Europe in the Twentieth Century* (New York: Columbia University Press, 1992), 376ff. の分析を参照のこと。ドイツ統一がNATO拡大に関連することはなく、そこで完結しているという議論については、Mark Kramer, "The Myth of a No-NATO-Enlargement Pledge to Russia," *Washington Quarterly* 32, no. 2 (April 2009): 39-61を参照のこと。このような見解を持っているのは彼一人だけではない。すでに引用したアメリカの政策立案者としては、ロバート・ハッチングスの名が挙げられる。Robert Hutchings, "The European Question, Revisited," in *The Legacy of 1989*, ed. German Marshall Fund (Washington, DC: German Marshall Fund, 2009), 6を参照のこと。最後に、2009年3月17日にロンドンで行ったダグラス・ハード卿とのインタヴュー。ハード卿との1時間にわたるインタヴューは録音され、研究者はプリンストン大学マッド写本図書館で入手可能である。制約なしに開示するという寛大な決断をしてくれたハード卿に感謝する。

＊8　ジョン・ルイス・ギャディスが述べたように、「東西冷戦の最も際立った不合理は、分断されたヨーロッパの存在であった。そこには、分断されたドイツ、さらには分断されたベルリンがあった」。John Lewis Gaddis, *We Now Know: Rethinking Cold War History* (Oxford: Clarendon Press, 1997), 115.

＊9　レイモンド・L・ガートフは、「東西冷戦の終結は、実質的には、1989年の終わりまでに確実なものとなったが、一方で、ドイツ分断の清算の条件を交渉するという非常に重要で困難な課題が残されていた。これは、東西冷戦を徐々に縮小する「大詰め」でもあった」と論じている。Raymond L. Garthoff, "The U.S. Role in Winding Down the Cold War, 1980-9," in *The Last Decade of the Cold War: From Conflict Escalation to Conflict Transformation*, ed. Olav Njølstad, 191 (London: Frank Cass, 2004), 191を参照のこと。

＊10　筆者は、最も重要な側面を強調するために、「問題化する」喫緊の課題を「再描写」する際に、この建築コンペの比喩を用いる。この用語は、Ian Shapiro, *The Flight from Reality in the Human Sciences* (Princeton, NJ: Princeton University Press, 2005), 202に基づく。

＊11　Hannes Adomeit, *Imperial Overstretch: Germany in Soviet Policy from Stalin to Gorbachev* (Baden-Baden: Nomos Verlagsgesellschaft, 1998), 560は、特に先見の明がある方法で規範的な力を用いている。

＊12　この闘争を理解するうえで、建築の比喩は、球技やロシアン・ルーレットといったほかによく用いられる比喩よりも優れている。コンペは空き地で行われ、そのスコアはホイッスルが鳴る時か、最後の銃が発砲される時に終了となり、次のコンペが新たに始まる。このなかで政治に当てはまるものは一つもない。アレキサンダー・ジョージが言うように、単純化することで「情報の喪失や説明の凝縮が、包括的な知識の正当性やその現象の新たな事例を分析し、解明する実用性を低下させるかもしれない」重大な問題を孕んでいる。建築の概念は凝縮だけではなく、微妙な違いも表現す

ることができる。Alexander L. George, "Case Studies and Theory Development: The Method of Structured Focused Comparison," in *Diplomacy: New Approaches in History, Theory, and Policy*, ed. Paul Gordon Lauren (New York: Free Press, 1979).

*13　ウェスタッドは、「ヨーロッパの具体例が、第三世界で起こったことを理解するうえで、いかに示唆的であるかということに」繰り返し打ちのめされたと述べている。Odd Arne Westad, "Devices and Desires: On the Uses of Cold War History," *Cold War History* 6, no. 3 (August 2006): 373-76. 引用は374. ウェスタッドは、この点で、ウィリアム・ウォルフォースのコメントに同意している。Stephen G. Brooks and William Wohlforth, "Power, Globalization, and the End of the Cold War," *International Security* 25, n. 3 (Winter 2000-2001): 5-53; William Wohlforth, *The Elusive Balance: Power and Perceptions during the Cold War* (Ithaca, NY: Cornell University Press, 1993) を参照のこと。東西冷戦の終結がもたらす影響の詳細については、Bernd Stöver, *Der Kalte Krieg, 1947-1991: Geschichte eines radikalen Zeitalters* (Munich: Beck, 207), 471-75 を参照のこと。

*14　近代化《モダニティ》をめぐって競合するヴィジョンという概念は、オッド・アルネ・ウェスタッドの解釈によれば、ジェームズ・C・スコットに由来する。Old Arne Westad, "Bernath Lecture: The New International History of the Cold War: Three (Possible) Paradigms," *Diplomatic History* 24, no. 4 (Fall 2000): 551-65 および *The Global Cold War: Third World Interventions and the Making of Our Times* (Cambridge: Cambridge University Press, 2005), 序章、特に p. 4 を参照。Harold James と Marla Stone は、同じように、1989年から1991年を第一次世界大戦とソ連の誕生で始まった闘争の終結と捉えている。Harold James and Marla Stone, eds., *When the Wall Came Down* (New York: Routledge, 1992), 9 を参照のこと。

*15　主権の流動性をめぐる洞察力の優れた議論については、Stephen Krasner, *Sovereignty: Organized Hypocrisy* (Princeton, NJ: Princeton University Press, 1999) を参照のこと。

*16　この概念に十分な関心が向けられていない、と言うフランスの研究者 Marie-Pierre Rey の指摘は正しい。Marie-Pierre Rey, " 'Europe Is Our Common Home': A Study of Gorbachev's Diplomatic Concept," *Cold War History* 2 (January 2004): 33-65 を参照のこと。Jacques Lévesque, "In the Name of Europe's Future: Soviet, French, and British Qualms about Kohl's Rush to Unity," in *Europe and the End of the Cold War*, ed. Frédéric Bozo, Marie-Pierre Rey, N. Piers Ludlow, and Leopoldo Nuti (London: Routledge, 2008), 95-106 も参照のこと。

*17　大胆なモダニズムという主題についての洞察を示唆してくれたヤン・オタカール・フィッシャーに感謝する。

*18　この点を含め、ドイツ統一とヨーロッパ統合の相互作用についてほかにも多くの示唆を与えてくれた Piers Ludlow に感謝する。国際関係における大規模な多国家間機関の役割の詳細については、Michael Barnett and Martha Finnemore, *Rules for the World: International Organizations in Global Politics* (Ithaca, NY: Cornell University Press, 2004) を参照のこと。

*19　James A. Baker with Thomas A. DeFrank, *The Politics of Diplomacy* (New York: G. P. Putnam's Sons, 1995), 84. Dimitri K. Simes, "Losing Russia: The Costs of Renewed Confrontation," *Foreign Affairs* (November-December 2007), online 及び Stephen F. Cohen, *Soviet Fates and Lost*

*Alternatives: From Stalinism to the New Cold War*（New York: Columbia University Press, 2009）も参照のこと。

＊20　この文は、Juan Linz の研究に関する Jeff Legro の論考をそのまま繰り返している。「新しい政権の運命は、もっとうまくできるという対抗者の主張と比較して期待に応える能力による」。Jeff Legro, *Rethinking the World: Great Power Strategies and International Order*（Ithaca, NY: Cornell University Press, 2005）, 37; Juan Linz, *The Breakdown of Democratic Regimes*（Baltimore: Johns Hopkins University Press, 1978）を参照のこと。

## 第1章　一九八九年の夏から秋に、何が変わったのか？

＊1　T. S. Eliot, "East Coker," *Four Quartets*（New York: Harcourt Brace, 1943）.

＊2　2005年6月12日にモスクワで著者が行ったイリーナ・シェルバコワとのインタヴュー。シェルバコワは、旧ソ連の強制労働収容所や抗議デモに関する証拠史料・資料を収集するモスクワの記念研究所の所長となった。

＊3　Don Oberdorfer, *The Turn: From the Cold War to a New Era*（New York: Simon and Schuster, 1991）, 24; Christopher Andrew and Oleg Gordievsky, *KGB: The Inside Story of Its Foreign Operations from Lenin to Gorbachev*（New York: HarperCollin, 1990）, 601. ヤーンについては、下記の註11と32を参照のこと。1980年代についての詳細は、John Ehrman, *The Eighties: America in the Age of Reagan*（New Haven, CT: Yale University Press, 2005）; John Lewis Gaddis, *The Cold War*（New York: Penguin, 2006）の第6章を参照のこと。

＊4　クリス・ギュフロイの死に関するエピソードについては、英語とドイツ語で入手できるオンラインのサイト http://www.chronik-der-mauer.de の1989年2月5日という見出し項目を参照のこと。

＊5　Christopher Andrew and Vasili Mitrokhin, *The Sword and the Shield: The Mitrokhin Archive and the Secret History of the KGB*（New York: Basic Books, 1999）, 331.

＊6　Elaine Tyler May, *Homeward Bound: American Families in the Cold War Era,* rev. ed.（New York: Basic Books, 2008）. 東西冷戦期のアメリカとドイツ両国についての詳細は、Detlef Junker, ed., *Die USA und Deutschland im Zeitalter des Kalten Krieges 1945-1990: Ein Handbuch*, 2 vols.（Stuttgart: Deutsche Verlags-Anstalt, 2001）を参照のこと。

＊7　Robert M. Collins, *Transforming America: Politics and Culture during the Reagan Years*（New York: Columbia University Press, 2007）, 200. 報告によれば、この映画は映画の事前上映を見た後にソ連へのアプローチを再考させるほど劇的な効果をレーガンに及ぼしたと言われる。Beth A. Fischer, *The Reagan Reversal: Foreign Policy and the End of the Cold War*（Columbia: University of Missouri Press, 1997）, 115を参照のこと。西側に対するワルシャワ条約の恐怖をめぐる議論については、Vojtech Mastny and Malcolm Byrne, eds., *A Cardboard Castle? An Inside History of the Warsaw Pact*（New York: Central European University Press, 2005）, 73を参照のこと。

＊8　ヘルベルト・グレーネマイヤーのヒット曲「アメリカ」は1984年に書かれ、アルバム『4630 Bochum』（http://www.groenemeyer.de を参照のこと）に収録されている。コ

ンサートツアーにおける「アメリカ」のパフォーマンスの録画ビデオは、今日なお、ユーチューブのウェブサイト上で視聴者を魅了している。核兵器をめぐる抗議集会についての詳細は、Lawrence S. Wittner, *Toward Nuclear Abolition: A History of the World Disarmament Movement: 1971 to the Present*（Stanford, CA: Stanford University Press, 2003）, 3: 145 を参照のこと。Matthew Evangelista, *Unarmed Forces: The Transnational Movement to End the Cold War*（Ithaca, NY: Cornell University Press, 1999）; Jonathan Haslam, *The Soviet Union and the Politics of Nuclear Weapons in Europe, 1969-1987: The Problem of the SS-20*（London: Macmillan, 1989）も参照のこと。

＊9 「東西冷戦という色眼鏡」は、Matthew Connelly, "Taking off the Cold War Lens: Visions of North-South Conflict during the Algerian War for Independence," *American Historical Review* 105（June 2000）: 739-69 からの引用である。東西冷戦が役に立つ構成概念であるかどうかという問題については、以下、アルファベット順に挙げる研究者の著作を参照のこと。Benedict Anderson, *The Spectre of Comparisons*（London: Verso, 1998）; Dipesh Chakrabarty, *Provincializing Europe: Postcolonial Thought and Historical Difference*（Princeton, NJ: Princeton University Press, 2000）; Walter Hixson, *The Myth of American Diplomacy: National Identity and US Foreign Policy*（New Haven, CT: Yale University Press, 2008）. このうちいくつかの研究に関する 2008 年の the H-DIPLO の一連の議論（Jeremi Suri, "The Cold War, Decolonization, and Global Society Awakenings: Historical Intersections," *Cold War History* 6, no. 3（August 2006）: 353-63）におけるこれらの研究をめぐる議論を参照のこと。また、東西冷戦を「急進的な時代」と捉える議論については、Bernd Stöver, *Der Kalte Krieg, 1947-1991: Geschichte eines radikalen Zeitalters*（Munich: Bech, 2007）を参照のこと。

＊10 Stephen Kotkin, *Armageddon Averted: The Soviet Collapse, 1970-2000*（New York: Oxford University Press, 2001）, 61; Jens Gieseke, *Der Mielke-Konzern: Die Geschichte der Stasi 1945-1990*（Munich: Deutsche Velags-Anstalt, 2006）, 71-72, 107, 248. 秘密警察《シュタージ》や東ドイツの歴史に関する基本的な情報についての詳細は、Hermann Weber, *Die DDR 1945-1990*（Munich: Oldenbourg Verlag, 1993）を参照のこと。諜報活動の技術論については、Kristie Mackrakis, *Seduced by Secrets: Inside the Stasi's Spy-Tech World*（Cambridge: Cambridge University Press, 2008）を参照のこと。

＊11 Ilko-Sascha Kowalczuk and Tom Sello, eds. *Für ein freies Land mit Freien Menschen: Opposition und Widerstand in Biographien und Fotos*（Berlin: Robert-Havemann-Gesellschaft, 2006）, 312（写真）, 321-24. ウェブサイト http://www.chronik-der-wende.de のヤーンの経歴紹介を参照のこと。

＊12 Jacques Lévesque, "The Messianic Character of 'New Thinking': Why and What for?" in *The Last Decade of the Cold War: From Conflict Escalation to Conflict Transformation*, ed. Olav Njølstad（London: Frank Cass, 2004）, 159-76. 戦後ヨーロッパにおける社会主義思想の展開についての詳細は、Tony Judt, *Postwar: A History of Europe since 1945*（New York: Penguin, 2005）を参照のこと。

＊13 1988 年 12 月 7 日、ニューヨークのガバナーズ・アイランドで午後 1 時 5 分から 1 時 30 分までのあいだに交わされた会話 "The President's Private Meeting with Gorbachev"

を参照のこと。カリフォルニア州シミ・バレーのレーガン大統領図書館に保管されている行政秘書官 T. J. Simons が起草した非公式会談の覚書（以降、Memcon）NSC, records 8890931, system file, vertical file, "Governor's Island" を参照のこと。レーガンの経歴についての詳細は、Mathew Dallek, *The Right Moment: Ronald Reagan's First Victory and the Decisive Turning Point in American Politics*（New York: Oxford University Press, 2000）を参照のこと。

＊14　Kotkin, *Armageddon Averted*, 67, 88; Raymond Garthoff, *The Great Transition: American-Soviet Relations and the End of the Cold War*（Washington, DC: Brookings Institution Press, 1994）, 390-91 を参照のこと。

＊15　Csaba Békés and Melinda Kalmár, "The Political Transition in Hungary, 1989-90," *Cold War International History Project Bulletin* 12-13（Fall-Winter 2001）: 78. 1968 年についての詳細は、Carole Fink, Phillip Gassert, and Detlef Junker, eds., *1968: The World Transformed*（New York: Cambridge University Press, 1998）を参照のこと。

＊16　記念日が軍隊を動員する要因となる重要性については、Steven Pfaff and Guobin Yang, "Double-Edged Rituals and the Symbolic Resources of Collective Action: Political Commemorations and the Mobilization of Protest in 1989," *Theory and Society* 30, no. 4（August 2001）: 539-89 を参照のこと。

＊17　Andrew J. Nathan, Perry Link, and "Zhang Liang," eds., *The Tiananmen Papers: The Chinese Leadership's Decision to Use Force against Their Own People—in Their Own Words*（New York: Public Affairs, 2001）, 359.

＊18　中国赤十字社の概算とゴルバチョフの反応については、Mark Kramer, "The Collapse of East European Communism and the Repercussions within the Soviet Union（Part 2）," *Journal of Cold War Studies* 6, no. 4（Fall 2004）: 33-34 とりわけ脚註 86 と 88 を参照のこと。Nancy Bernkopf Tucker, "China as a Factor in the Collapse of the Soviet Empire," *Political Science Quarterly* 110, no. 4（Winter 1995-96）: 501-19 も参照のこと。中国指導部についての詳細は、Renee Chiang, Adi Ignatius, and Bao Pu, eds., *Prisoner of the State: The Secret Journal of Zhao Ziang*（New York: Simon and Schuster, 2009）を参照のこと。

＊19　1989 年 6 月 10 日のエーリッヒ・ミールケの命令は、*Cold War International History Project Bulletin* 12-13（Fall-Winter 2001）: 209 に再録および英訳が掲載されている。

＊20　エゴン・クレンツは当時西ドイツの都市ザールブリュッケンを訪問していた。西ドイツ TV 局の報道記者に対して、中国共産党は「秩序を回復するために」必要な措置を取っただけであり、虐殺の映像は西側メディアがでっち上げたたんなる架空の悪夢にすぎないと述べた。エゴン・クレンツの自叙伝 Egon Krenz, *Wenn Mauern fallen*（Vienna: Neff, 1990）を参照のこと。

＊21　クレンツは、鄧小平の言葉を一言一句変えることなくそのまま引用した。問題は教育の欠如にあったが、いまやその問題に対しては適切に対処された。その結果、「禍を転じて福となすことができた」と。Egon Krenz, "Vorlage für das Politbüro des ZK der SED, Betr.: Besuch der Partei- und Staatsdelegation der DDR［Deutsche Demokratische Republik］unter Leitung des Genossen Egon Krenz in der VR China vom 25. September bis 2. Ok-

tober 1989," Bek. Protokoll Nr. 43/5 vom 17.10.1989, J IV 2/2A/3247, Stiftung/Archiv der Parteien und Massenorganisationen（後、SAPMO）.

＊22　Tucker, "China as a Factor."

＊23　Vladimir Putin, with Nataliya Gevorkyan, Natalya Timakova, and Andrei Kolesnikov, *First Person: An Astonishingly Frank Self-Portrait by Russia's President Putin*, trans. Catherine A. Fitzpatrick（New York: Public Affairs, 2000）, 69-76.

＊24　"East European Independent News Agency Report," July 13, 1989, samizdat, Czechoslovak Documentation Center, Scheinfeld, VIA Collection, copy translated and distributed as document 26 to the National Security Archive Prague Conference（後、PC）.

＊25　社会主義統一党（SED）共産党政治局によるライプツィヒやほかの場所で行われた抗議集会に対する評価については、IV 2/2.039/317, Büro Krenz, SAPMOを参照のこと。10月9日についての詳細は、Günter Hanisch et al., eds., *Dona nobis pacem: Fürbitten und Friedensgebete Herbst '89 in Leipzig*（Berlin: Evangelische Verlagsanstalt, 1990）; Martin Janowski, *Der Tag, der Deutschland Veränderte: 9. Oktober 1989*（Leipzig: Evangelische Verlagsanstalt, 2007）; Reiner Tetzner, *Leipziger Ring: Aufzeichnungen eines Montagsdemonstranten Oktober 1989 bis 1. Mai 1990*（Frankfurt: Luchterhand, 1990）を参照のこと。ホーネッカーが、ライプツィヒと同様に、1989年10月7日から8日にかけてベルリンにおいて「中国的解決策」を考えていたことを示唆するジャーナリストの洞察力のある説明については、Cordt Schnibben, "Chinesische Lösung," *Der Spiegel* 51, December 18, 1989, 42-44を参照のこと。

＊26　Hans-Hermann Hertle, *Der Fall der Mauer: Die unbeabsichtigte Selbstauflösung des SED-Staates*（Opladen: Westdeutscher Verlag, 1996）, 114-15; Gieseke, *Mielke-Konzern*, 257を参照のこと。

＊27　クリスチャン・フューラー牧師のインタヴューは、Ekkehard Kuhn, *Der Tag der Entscheidung: Leipzig, 9. Oktober 1989*（Berlin: Ullstein, 1992）. Christian Führer, *Und wir sind dabei gewesen*（Berlin: Ullstein, 2009）; Jürgen Grabner, Christiane Heinze, and Detlef Pollack, *Leipzig im Oktober*（Berlin: Wichern-Verlag, 1990）; Uwe Thaysen, "Wege des politischen Umbruchs in der DDR: Der Berliner und der Dresdner Pfad der Demokratiefindung," in *Berlin*, ed. Karl Eckart and Manfred Wilke（Berlin: Duncker and Humblot, 1998）, 69-90を参照のこと。Thaysenの論文は、ザクセンの抗議デモとベルリンの抗議デモの違いを論じた興味深いものである。Eckhard Jesse, ed., *Friedliche Revolution und deutsche Einheit: Sächsische Bürgerrechtler ziehen Bilanz*（Berlin: Links, 2006）も参照のこと。

＊28　1989年10月8日から9日にかけての西ドイツ第一放送ARDのニュース番組『ターゲスシャウ』（ハンブルクのドイツ公共放送・北ドイツ放送ビデオアーカイヴ）のなかの報道。数日前にベルリンのブランデンブルク門で撮影をしようとした報道記者たちは、当時、閉鎖されて一般公開されていない区域であり、撮影することはできないと言われた。http://www.chronik-der-wende.deのジークベルト・シェフケの経歴紹介も参照のこと。

＊29　なぜ、その夜にドイツ版天安門事件は生まれなかったのか、その全容解明はいまだに調査中である。調査を始めるのに手頃な場所はライプツィヒだけでなく、ザクセ

ン州の州都ドレスデンといった地方にあるアーカイヴであろう。ドレスデンのザクセン州立公文書館を訪れた時、筆者はAbt. Sicherheit, A 13155-13157, 60 20 00 20, Lageberichte Oktobertage 1989, Okt./Nov. 1989とA 13680, Sicherheitspolitik, Einschätzungen, 1987-89という有益な文書を見つけた。同じような文書はライプツィヒのライプツィヒ国立公文書館にもある。ドレスデン訪問の際に筆者の調査を助けてくれたThoralf Handke, Bestandsreferent für Parteien und Massenorganisationenに感謝している。Wjatscheslaw Kotschemassowの回想録*Meine letzte Mission*(Berlin: Dietz, 1994), 169も参照のこと。Wjatscheslaw Kotschemassowは、そのなかで、駐留していたソ連軍に兵舎に留まるように告げた責任者は自分であると主張しているが、この主張は中立で公正な第三者の証言を必要とする。

*30　ゴルバチョフはほかの共産党政治局員の前であからさまにホーネッカーを批判して、「遅れて来る者は命をもって償うことになるであろう」と言った。この批判の言葉が見落とされることはなく、むしろ、モスクワが変化を命じていることを気づかせた。"Из беседы М.С. Горбачева с членами ЦК СЕПГ," October 7, 1989, МГ, 209-14を参照のこと。英訳は、概説書"End of the Cold War in Europe, 1989 Conference," document 57, Musgrove, Saint Simons Island, Georgia, May 1-3, 1998(後、Georgia ConferenceはGC)で入手できる。「馬鹿な奴」というコメントは、証拠となる手紙は失われているが、ロシア語の原典にはある("Из дневника А.С. Черняева," October 9-11, 1989, МГ, 215-16)およびGCを参照のこと。CNN制作番組『東西冷戦』シリーズの第23話で放映された40周年記念式典の映像およびMark Kramer, "The Collapse of East European Communism and the Repercussions within the Soviet Union (Part 1)," *Journal of Cold War Studies* 5, no. 4 (Fall 2003): 201も参照のこと。

*31　ハンブルクのドイツ公共放送・北ドイツ放送ビデオアーカイヴにおいて入手できる1989年10月9日から10日にかけてのニュース番組『ターゲスシャウ』の映像を参照のこと。

*32　Kowalczuk and Sello, *Für ein freies Land,* 321-24; http://www.chronik-der-wende.deにおいて入手できるヤーン、ラダムスキー、シェフケに関する経歴紹介を参照のこと。東ドイツの反体制運動の歴史についての詳細は、Erhard Neubert, *Geschichte der Opposition in der DDR 1949-1989* (Bonn: Bundeszentrale für politische Bildung, 1997)を参照のこと。

*33　ハンブルクのドイツ公共放送・北ドイツ放送ビデオアーカイヴにおいて入手できる1989年10月10日のニュース番組『ターゲスシャウ』の映像を参照のこと。

*34　2006年8月30日にベルリンで行ったトム・セロとのインタヴュー。

*35　ティモシー・ガートン・アッシュによれば、東ドイツの革命を可能にした「決定的かつ飛躍的な進展」となる。彼の著書*In Europe's Name: Germany and the Divided Continent* (New York: Vintage Books, 1993), 345を参照のこと。

*36　Tucker, "China as a Factor."

*37　中国人研究者Tao Wenzhouが、Olav Njølstad, ed. *The Last Decade of the Cold War: From Conflict Escalation to Conflict Transformation* (London: Frank Cass, 2004), xvii-xviiiのなかで、わかりやすく要約している。

＊38　Schnibben, “Chinesische Lösung,” 44.

＊39　Olav Njølstad, *The Last Decade of the Cold War*, xvii を参照のこと。Geir Lundestad, “The European Role at the Beginning and the End of the Cold War,” in *The Last Decade of the Cold War: From Conflict Escalation to Conflict Transformation*, ed. Olav Njølstad (London: Frank Cass, 2004), 60-79 も参照のこと。

＊40　西ドイツが主導権を握ったことが米ソ二超大国にとって問題となった初期の時代については、Mary Sarotte, *Dealing with the Devil* (Chapel Hill: University of North Carolina Press, 2001) の最初の章を参照のこと。ヴィリー・ブラントの自主性が西側同盟諸国とのあいだに引き起こした対立については、Mary Sarotte, “The Frailties of Grand Strategies: A Comparison of Détente and Ostpolitik,” in *Nixon in the World: American Foreign Relations, 1969-1977*, ed. Fredrik Logevall and Andrew Preston (Oxford: Oxford University Press, 2008), 146-65 を参照のこと。

＊41　Robert L. Hutchings, *American Diplomacy and the End of the Cold War: An Insider's Account of US Policy in Europe, 1989-1992* (Washington, DC: Wilson Center, 1997), 6; Jack F. Matlock Jr., *Autopsy on an Empire: The American Ambassador's Account of the Collapse of the Soviet Union* (New York: Random House, 1995), 183 を参照のこと。20世紀のアメリカ外交政策に関する大局的な概観およびさまざまな政権交代の具体例については、Robert Schulzinger, *US Diplomacy since 1900* (New York: Oxford University Press, 2008) を参照のこと。

＊42　2008年7月27日に放送された米公共ラジオ局 (National Public Radio) のラジオ番組 “Massive Reorganization Awaits New President” のなかでポール・ライトが自著 *A Government Ill Executed* (Cambridge, MA: Harvard University Press, 2008) について述べたコメント。放送された会話を文字起こしした原稿は http://www.npr.org で入手できる。

＊43　Robert M. Gates, *From the Shadows: The Ultimate Insider's Story of Five Presidents and How They Won the Cold War* (New York: Touchstone, 1996), 460.

＊44　Note on “U.S.-Soviet Relatoins,” February 1989, box 108, folder 2, 8c monthly files, series 8, James A. Baker III Papers, Mudd Library, Pinceton University Press, Princeton, NJ (hereafter, BP); James A. Baker with Thomas A. DeFrank, *The Politics of Diplomacy: Revolution, War, and Peace, 1989-1992* (New York: G. P. Putnam's Sons, 1995), 70-75 から引用したチェイニーとシェワルナゼとのやりとり。ジャック・マトロックは、2月に、今後4年間のソ連の外交政策を予測して、「……ソ連の対外政策は近隣諸国を暴れ回るというより、隅ですねてむくれているようになる」と電報で伝えた。1996年3月29日から30日にかけて行われたプリンストン学会で配布された文書 “Amembassy Moscow to Secstate Washdc,” February 13, 1989 を参照のこと。

＊45　1988年12月にニューヨークで行われた非公式会談で、ゴルバチョフは元駐米ソ連大使 Anatoly Dobrynin に機密の非公式ルートの窓口となるように指示した。ブッシュは不安を抱きながらも、Dobrynin の長年の旧友かつ論敵であるキッシンジャーをアメリカ側の窓口として任命することが妥当であると判断した。キッシンジャーはジョージ・ブッシュとブレント・スコウクロフトについて、自著 *A World Transformed* (New York: Knopf, 1998), 26 のなかで、次のように説明している。「私は警戒した。私

たちがモスクワに誤ったシグナルを送らないことを確信したかった。別のルートで機密交渉を行っている最中に政権内部の人びとが何か言うことで矛盾したシグナルを送ってしまうことになるのを懼れた。非公式ルートは役に立つが、協力的な政策決定、あるいは大統領と外国の指導者のあいだの会話の詳細について批判的な人びとは何も知らないまま取り残されてしまうことがある」。キッシンジャー自身が在職中だった期間の非公式ルートの役割については、以下に挙げる著書を参照のこと。William Bundy, *A Tangled Web: The Making of Foreign Policy in the Nixon Presidency* (New York: Hill and Wang, 1998); Jussi Hanhimäki, *The Flawed Architect: Henry Kissinger and American Foreign Policy* (New York: Oxford University Press, 2004); Logevall and Preston, *Nixon in the World*; Sarotte, *Dealing with the Devil*; Jeremi Suri, *Henry Kissinger and the American Century* (Cambridge: Belknap Press, 2007).

*46 "Основное содержание беседы с Г. Киссинджером (США) 16 января 1989г.," 4, conversation between Kissinger and Yakovlev, Russian and East European Archival Documents Database, National Security Archive. その翌日にゴルバチョフとキッシンジャーのあいだで交わされた非公式会談からの簡潔な抜粋は、"Record of Main Conversation between M. S. Gorbachev and H. Kissinger," document 17, in GC, 4 として配布された。

*47 1989年1月21日の午前9時5分にヘンリー・キッシンジャーおよびキッシンジャーの側近が送信したファックスは、"Meeting with Gorbachev—January 17, 1989, 12:00-1:20 p.m." というタイトルで folder 1, box 108, 8c monthly files, series 8, BP にある。

*48 かつては役割が反対であったため、ベイカーはキッシンジャーに謝罪しなければならなかった。Baker with DeFrank, *The Politics of Diplomacy*, 22-29, 40;「昔ながらの」という引用は 23; 冗談めかした応答の引用は 29。ベイカーがキッシンジャーを出し抜いたことについては、Beschloss and Talbott, *At the Highest Levels*, 45-46 を参照のこと。

*49 1989年1月24日にヘンリー・A・キッシンジャーからジェイムズ・A・ベイカーIII世に送られた手紙は、folder 49, box 100, 8b Correspondence, series 8, BP.

*50 興味深いことに、レーガンとブッシュの外交政策チームのあいだに存在した緊張関係は、その時期に関する歴史書や回想録のなかでも再現されている。レーガン大統領の熱心な賞賛者であるギャディスは、レーガンが暗殺未遂で死ななかったことがアメリカ外交政策にとって非常に幸運だったと考えている。もし暗殺されていたなら、1989年ではなく、1981年にブッシュが大統領になっていた可能性があるからである。もしそうなっていれば、ブッシュの独創力の欠如が「アメリカの東西冷戦という現状に対する挑戦」を妨げたであろう、とギャディスは論じている。「ブッシュは、同世代の多くの外交政策専門家のように、対立を国際政治状況の不変的な要素と捉えていた」。ギャディスは、レーガンがそうは考えていなかったことを賞賛している。Gaddis, *The Cold War*, 188 を参照のこと。反対に、ブッシュの伝記作家はブッシュが大統領になる章に「レーガン政権の後片付けをする」というタイトルを付した。Timothy Naftali, *George H. W. Bush* (New York: Times Books, 2007) の第3章を参照のこと。Jack F. Matlock Jr., *Reagan and Gorbachev: How the Cold War Ended* (New York: Random House, 2004) も参照のこと。とりわけレーガンについては、Paul Lettow, *Ronald Reagan and His Quest*

*to Abolish Nuclear Weapons*（New York: Random House, 2005）を参照のこと。

＊51　コールとの非公式会談は "Gespräch des Bundeskanzlers Kohl mit Generalsekretär Gorbatschow, Bonn, 12. Juni 1989," document 2, DESE, 281. 西ドイツ大使館事務局とゴルバチョフの双方がこの会話の記録を公開している。どちらも些細な言葉遣いの違いとともに相互にその違いをコピーしている。"Беседа М.С. Горбачева с Г. Колем один на один," June 12, 1989, МГ, 156-65 を参照のこと。ゴルバチョフ財団によるこの会話の覚書の部分的な英訳は GC で配布され、アメリカ国家安全保障アーカイヴで入手できる。ミッテランとの会話の解釈については、ロシア語の要約に依拠している。ゴルバチョフはこの会話を公開した文書に含めないことにしたが、英訳は GC で配布された。

＊52　Garthoff, *The Great Transition*, 376.

＊53　スコウクロフトの見解は、Michael Beschloss and Strobe Talbott, *At the Highest Levels: The Inside Story of the Cold War*（Boston: Little, Brown, 1993), 45; Garthoff, *The Great Transition*, 377; Gates, *From the Shadows*, 460 に要約されている。

＊54　Bake with DeFrank, *Politics of Diplomacy*, 68.

＊55　Gates, *From the Shadows*, 460. ゲイツのアイディアの情報源に関する発言は、もし正確であれば、歴史家にとって役立つものである。なぜなら、ブッシュ大統領図書館とベイカーは 1989 年から 90 年に関する史料を公開し、大量の証拠史料に基づいた役立つ著書 Philip Zelikow and Condoleezza Rice, *Germany Unified and Europe Transformed: A Study in Statecraft*（Cambridge, MA: Harvard University Press, 1995）を含め、側近グループのほとんどのメンバーが報告を書き残しているからである。入手できないのはその基本となる政府文書だけだが、もしゲイツの発言が正しければ、これらの政府文書の公開はあまり重要ではなくなるだろう。

＊56　"Vermerk des Bundesministers Genscher über das Gespräch des Bundeskanzlers Kohl mit Ministerpräsident Németh und Außenminister Horn, Schloß Gymnich, 25. August 1989," document 28, DESE, 378 を参照のこと。

＊57　"Telephone Call from Helmut Kohl, Chancellor of the Federal Republic of Germany, June 23, 1989, 7: 26 a.m.-7:42 a.m. EDT, The Oval Office," NSC Pres. Telcons, 6/23/89, FOIA Request 1999-0393-F, BPL. 同一の電話会談のドイツ側の記録者おそらく通訳者は、より慎重にブッシュの意見を「人びとにとってはおそらく何の役にも立たないことにお金を費やすような間違いを犯すことは避けるべきである」と要約している。"Telefongespräch des Bundeskanzlers Kohl mit Präsidenten Bush, Bonn, 23.06.89, 13.30 bis 13.50 Uhr," document 10, DESE, 315 も参照のこと。

＊58　Point 13 in telegram, "Amembassy Warsaw to Secstate Washdc," June 27, 1989. 原稿のコピーは 2006 年 6 月 15 日から 17 日にかけて行われた冷戦史国際プロジェクト・パリ学会の「ヨーロッパにおける東西冷戦の終結」で配布された。

＊59　"President Bush's Address to the Polish Parliament," in *Europe Transformed: Documents on the End of the Cold War—Key Treaties, Agreements, Statements, and Speeches*, ed. Lawrence Freedman（New York: St. Martin's Press, 1990), 333-35; とりわけ 334 を参照のこと。

＊60　Robert Pear, "U.S. Aid for Poland: Long on Incentives, Short on Dollars," *New York Times*,

November 19, 1989, online. この記事は、最も多額の財政援助の申し出が1989年11月に22億ドルを約束した西ドイツからだったことも指摘している。ポーランドの債務状態は、やがてチェコスロヴァキアの大統領となるハヴェルにとって戒告的な教訓であった。チェコの通信社VIAによれば、財政援助についてハンス゠ディートリヒ・ゲンシャーに対して「ハヴェルは、金融機関から債務を負うことになるかもしれない恐怖を次のように表現した。ポーランドがいまそうであるように、チェコスロヴァキアの子どもたちが15年間にわたって供与された何十億ドルという対外債務を返済しなければならないことになれば、幸せとは言えないだろう」と述べた。"East European Independent News Agency Report," July 13, 1989, Samizdat, Czechoslovak Documentation Center, Scheinfeld, VIA Collection, 英訳されたコピーはPCで配布された。

＊61　Andrej Paczkowski, *The Spring Will Be Ours: Poland and Poles from the Occupation to Freedom*, trans. By Jane Cave (University Park: Pennsylvania State University, 2003), 507. 東欧における変化の射程の広い概観については、Piotr S. Wandycz, *The Price of Freedom* (London: Routledge, 1992) を参照のこと。

＊62　アンドレイ・グラチェフは、自著 *Gorbachev's Gamble: Soviet Foreign Policy and the End of the Cold War* (London: Polity Press, 2008) のなかで、さまざま点からこの見解を明らかにしている。

＊63　"Gespräch des Bundeskanzlers Kohl mit Präsident Bush, Bonn, 30. Mai 1989, 17.30 bis 18.30," document 1, DESE, 272.

＊64　扶養家族を合わせたドイツに駐留するソ連軍の正確な数は、1989年から90年にかけて論点だったが、結局、西ドイツとソ連のあいだの条約で明確に記された。"Zum Vertrag zwischen der Bundesrepublik Deutschland und der UdSSR über die Bedingungen des befristeten Aufenthalts und die Modalitäten des planmäßigen Abzuges der sowjetischen Truppen aus dem Gebiet der Bundesrepublik Deutschland," document 59 in Auswärtiges Amt, ed., *Deutsche Aussenpolitik 1990/91: Auf dem Weg zu einer europäischen Friedensordnung eine Dokumentation* (Bonn: Auswärtiges Amt, April 1991), 231-32 を参照のこと。Henry Ashby Turner Jr., *Germany from Partition to Unification*, 2nd ed. (New Haven, CT: Yale University Press, 1992), 174 も参照のこと。

＊65　Stephen Szabo, *The Diplomacy of German Unification* (New York: St. Martin's Press, 1992), 12.

＊66　GED, 4:34 からの引用。

＊67　"Proposed Agenda for Meeting with the President, Wednesday, March 8, 1989, 1:30-2:00 p.m.," folder 6, box 115, 8e White House Meetings and Notes, series 8, BP.

＊68　ベイカーは、前線防衛が「30年前であれば、アメリカにとって望ましい戦略ではなかった」と指摘しながらも、西ドイツにとってはきわめて重要であり、また「そのような通常防衛があらゆる種類の核反撃による後方支援によってのみ維持可能であるため」、アメリカは「前線防衛に固執している」と論じた。"JAB [James A. Baker] Notes from 4/24/89 meeting w/FRG FM Genscher & DM Stoltenberg, WDC," folder 4, box 108, 8c Monthly Files, series 8, BP.

＊69　GDE, 4:34.

＊70　サッチャーとゴルバチョフの協力関係については、Archie Brown, "The Change to Engagement in Britain's Cold War Policy: The Origins of the Thatcher-Gorbachev Relationship," *Journal of Cold War Studies* 10 no. 3（Summer 2008）: 3-47 を参照のこと。

＊71　"Record of Conversation between Gorbachev and Margaret Thatcher," September 23, 1989, notes of Anatoly Chernyaev, Archive of the Gorbachev Foundation は GC のためにコピーされ、英訳された。FOI を介してこの会話のイギリス側の記録のコピーを受け取った。その編集されていたコピーには、これらのコメントは含まれていなかった。FOI を介して CAB によって開示された "Prime Minister's Meeting with Mr. Gorbachev, 24 September 1989." Anatoly Chernyaev, October 9, 1989, Archive of the Gorbachev Foundation も参照のこと。そのコピーと英訳は、GIC で同様に配布された。サッチャーの見解をめぐる噂はボンの西ドイツ連邦首相府に届いていたようである。そのため、大使館事務局職員ペーター・ハルトマンは、サッチャーの側近チャールズ・パウエルに対して、サッチャーが9月にゴルバチョフを訪問した際のことを尋ねた。それに対してパウエルは質問をはぐらかして答えなかった、とハルトマンはボンに報告した。"Vermerk des MD Hartmann, Bonn, 13 Okt. 1989, Betr.: Meine Gespräche in London（FCO and Cabinet Office）," document 61, DESE, 450. "Беседа М.С. Горбачева с Вилли Брандтом," October 17, 1989, МГ, 228-29 のなかのサッチャーに関する論評も参照のこと。

＊72　Egon Krenz, "An alle Mitglieder und Kandidaten des Politbüros des ZK der SED," November 5, 1989, JIV 2/2A/3225, SAPMO. この文書は、ヤルゼルスキがクレンツに言ったことを要約している。

＊73　続く数頁にわたる分析は、Mary Elise Sarotte, "Elite Intransigence and the End of the Berlin Wall," *German Politics* 2（August 1993）: 270-87 に依拠する。ここに、この論文を本書に掲載することを許可してくれた *German Politics* の編集者の一人ウェイド・ジャコビーに感謝を述べる。Gareth Dale, *The East German Revolution of 1989*（Manchester: Manchester University Press, 2006）を参照のこと。また、Gareth Dale, *Popular Protest in East Germany, 1945-1989*（London: Routledge, 2005）および Padraic Kenney, *A Carnival of Revolution: Central Europe 1989*（Princeton, NJ: Princeton University Press, 2002）も参照のこと。

＊74　SED の厳格さについての詳細は、Catherine Epstein, *The Last Revolutionaries: German Communists and Their Century*（Cambridge, MA: Harvard University Press, 2003）, 262 を参照のこと。いろいろな場所で入手できる 1989 年 10 月 7 日の東ドイツ建国 40 周年記念のためにゴルバチョフが東ドイツを訪問した際の新聞・雑誌報道も参照のこと。そのうち、いくつかの報道を次に挙げる。記念式典でのゴルバチョフの主な演説は "Uns vereinen die Ideale des Sozialismus und des Friedens" というタイトルで公刊された（*News Deutschland*, October 9, 1989, 3-4）。報道記者たちの論評はさまざまな媒体に再録されている。とりわけ、Christian Schmidt-Häuer, "Die Widerspenstigen Lähmung," *Die Zeit*, October 13, 1989, 3 を参照のこと。この東ドイツ訪問中にゴルバチョフがブレジネフ・ドクトリンを放棄したことを示唆するほかの公的な証拠は "Die Geduld ist zu Ende," *Der Spiegel*, October 9, 1989, 18 に依拠する。Günter Mittag は、ゴルバチョフが東ドイツ共

産党政治局に向けた演説の原稿を Günter Mittag, *Um jeden Preis*（Berlin: Aufbau-Verlag, 1991）に再録して刊行している。最後に、ゴルバチョフの個人的な役割の同時代的な分析は、たとえば、Michael Howard, "1989: A Farewell to Arms?" *International Affairs* 65（Summer 1989）: 407 に見出すことができる。J.F. Brown, *Surge to Freedom*（Durham, NC: Duke University Press, 1991）, 55 も参照のこと。

＊75　Jonathan Zatlin, *The Currency of Socialism: Money and Political Culture in East Germany*（Cambridge: Cambridge University Press, 2007）, 155-56, 323. 1989 年後半の東ドイツ経済の状態についての詳細は、Hans-Hermann Hertle, "Staatsbankrott: Der ökonomische Untergang des SED-Staates," *Deutschland Archiv* 10（October 1992）: 1019-30 および *Fall der Mauer* を参照のこと。Jeffrey Kopstein, *The Politics of Economic Decline in East Germany, 1945-1989*（Chapel Hill: University of North Carolina Press, 1997）も参照のこと。

＊76　1989 年 5 月に行われた地方選挙の管理は、そのような問題事例の一つであった。反体制派グループによる監視や広範囲にわたる権力の濫用に関する報告にもかかわらず、選挙局長クレンツは法的手続きは「合法」であり、現職の政府が投票の 98.85% を獲得したと宣言した。"Zeugnis der Reife," *Der Spiegel*, May 15, 1989, 24-25 のなかの西側における同時代の新聞・雑誌報道を参照のこと。「自己満足の誇示もまた、東ドイツ指導部が 1980 年代後半に東ドイツを悩ませることになる明らかな異議申し立てにうまく対応することができず、事態を悪化させることになった要因と思われる」と論じている。A. James McAdams, *Germany Divided: From the Wall to Reunification*（Princeton, NJ: Princeton University Press, 1993）も参照のこと。

＊77　Albert O. Hirschmann, "Exit, voice, and the Fate of the German Democratic Republic: An Essay in Conceptual History," *World Politics* 45（January 1993）: 173-202. 東ドイツ市民の日常生活についての詳細は、Mary Fulbrook, *The People's State: East German Society from Hitler to Honecker*（New Haven, CT: Yale University Press, 2005）; Jeannette Z. Madarász, *Conflict and Compromise in East Germany, 1971-1989*（London: Palgrave Macmillan, 2003）を参照のこと。

＊78　1989 年 3 月 3 日に行われたゴルバチョフとネーメトの非公式会談は、"The Political Transition in Hungary, 1989-90," *Cold War International History Project Bulletin* 12-13（Fall-Winter 2001）: 77 に再録されている。

＊79　開放はすぐに、どちらかの国の市民の第三国への許可なき通行を禁じる、東ドイツとハンガリーが 1969 年に締結した二国間協定の条約違反となった。その重大性をめぐる同時代の論評については、Günter Schabowski, Frank Sieren, and Ludwig Koehne, eds., *Das Politbüro Ende eines Mythos: Eine Befragung Günter Schabowskis*（Reinbek bei Hamburg: Rowohlt Verlag, December 1990）, 51; "Ich bin das Volk," *Der Spiegel*, April 16, 1990, 90; "The Great Escape," *Time*, September 25, 1989, 30 を参照のこと。

＊80　ハンガリーの状況に関する同時代のジャーナリズム報道は "Eine Zeit geht zu Ende," *Der Spiegel*, September 4, 1989, 16-21 に見出せる。

＊81　Zelikow and Rice, *Germany Unified*, 66.

＊82　ネーメトの引用は、実質的にはコールとの長いインタヴュー Helmut Kohl, Kai Diekmann, and Ralf Georg Reuth, *Ich wollte Deutschlands Einheit*（Berlin: Ullstein, 1996）, 74 の

なかに見出せる。そのなかで、首相はネーメトの言葉を引用している。似たような描写はコールが出版した Helmut Kohl, *Erinnerungen 1982-1990*（Munich: Droemer, 2005), 922 のなかにもある。ネーメトが東ドイツ市民に国境を開くつもりだと宣言するのは、実際には、西ドイツ連邦首相府の公式会談の要約にはないが、コールのさまざまな発言のなかにはある。Documents 28 and 29 from August 25, 1989, in DESE, 377-82 を参照のこと。5億DMのハンガリーへの信用供与については、"Gespräch des Bundeskanzlers Kohl mit Präsident Delors, Bonn, 5. Oktober 1989," document 58, DESE, 443-47 を参照のこと。

＊83　Zelikow and Rice, *Germany Unified*, 68.

＊84　"Verleihung der Stresemann-Medaille an den Außenminister der Republik Ungarn, Gyula Horn, in Mainz, Rede des Bundesministers des Auswärtigen, Genscher, am 10.1.1990 (Auszüge)," document 1 in Auswärtiges Amt, *Deutsche Aussenpolitik*, 64-65.

＊85　"Information on the Security Situation in the CSSR," memorandum, Czechoslovak Federal Ministry of Interior, October 17, 1989, CWIHPPC, 5.

＊86　交渉については、"Gespräch des Ministerialdirigenten Duisberg mit dem Ständigen Vertreter der DDR, Neubauer, Bonn, 1 Oktober 1989," document 51, DESE, 429-30; "Telefongespräch des Bundeskanzlers Kohl mit Ministerpräsidenten Adamec, 3. Oktober 1989," document 55, DESE, 437; "Gespräche und Kontakte des Chefs des Bundeskanzleramtes Seiters und des Ministerialdirigenten Duisberg, 3-5 Okt. 1989," document 56, DESE, 438-41; Richard Kiessler and Frank Elbe, *Ein runder Tisch mit scharfen Ecken: Der diplomatische Weg zur deutschen Einheit*（Baden-Baden: Nomos Verlagsgesellschaft, 1993), 34-41 を参照のこと。2009年6月2日にヴァハトベルク町内のペヒ地区で行ったインタヴューのなかで、ゲンシャーは、1989年9月にニューヨークの国連総会の会議でシェワルナゼと話したことが、大使館の避難民を移送することで合意に達するうえできわめて重要だったことを回顧している。交渉が成立した後、ゲンシャーは彼自身が移送の列車に乗るつもりだった。しかし、プラハをまさに出立しようとした時、東ベルリンは彼が列車に乗車する許可を持っていないことを指摘した。その結果、ゲンシャーは代わりに列車に同乗した下位の外交官を見送ったのである。

＊87　これらの詳細は、2009年6月10日と11日のフランク・エルベとの電話でのやりとりに依拠する。

＊88　CNN制作番組『東西冷戦』ビデオシリーズの第23話のなかで放送された列車乗客のインタヴュー。"Fernschreiben des Staatssekretärs Bertele an den Chef des Bundeskanzleramtes Berlin (Ost), 2. Oktober 1989," document 52, DESE, 430-32 を参照のこと。フランツ・ベルテレはワルシャワ発の列車に同乗していた。乗り継ぎルートに沿った停車場所にさらに避難民が現れたといった出来事に関するベルテレの説明は、プラハ発の列車に同乗していたフランク・エルベの説明と一致する。

＊89　これらの出来事について意見を交わしたリヒャルト・キースラーに対して感謝する。大使館事務局は次のような報告を受け取った。「乗客の報告によれば、路線沿いに夥しい数の群集がいるとのことである」"Gespräche und Kontake des Chefs des

Bundeskanzleramtes Seiters und des Ministerialdirigenten Duisberg, 3-5 Okt. 1989," document 56, DESE, 440. 東ベルリンのアメリカ大使館によるワシントンへの報告については、"Amembassy Embberlin to Secstate Washdc," October 4, 1989, in CWIHPPC を参照。

＊90　10月9日、共産党政治局は、基本的に、東ドイツを出国した人びとのすべての所有物を没収することを決めた。このことについて政治局のために準備されたさまざまな文書JIV 2/2A/3245, SAPMOを参照のこと。2009年6月10日と11日両日にこれらの出来事について電話で答えてくれたフランク・エルベに感謝する。

＊91　"Vorlage des Ministerialdirigenten Duisberg an Bundesminister Klein, Bonn, 2. Oktober 1989," document 54, in DESE, 435-36.

＊92　以上の説明の多くは、Kiessler and Elbe, *Ein runder Tisch*, 42-44 に依拠する。Baker with DeFrank, *The Politics of Diplomacy*, 199 も参照のこと。

＊93　"Freedom Train," *Time*, October 16, 1989, 40.

＊94　"Из дневника А.С. Черняева," October 5, 1989, МГ, 204.

＊95　この論評はすでに引用したゴルバチョフ自身が公開した日記ではなく、GCで同日付の同じ情報源を英訳したコピーに記されている。

＊96　"Telefongespräch des Bundeskanzlers Kohl mit Generalsekretär Gorbatschow, 11. Oktober 1989," document 60, DESE, 449-50; "Телефонный разговор М.С. Горбачева с Г. Колем," October 11, 1989, МГ, 220-22.

＊97　非常に見事な動きで、官製放送メディアは移住者の一部は誘拐されたのだと思わせようとした。しかし、もし誘拐されたのであれば、誘拐されたことをとても幸せに思っているように見えた。1989年9月から10月にかけての党機関紙『ノイエス・ドイチュラント』のなかの移住に関する新聞報道を参照のこと。

＊98　東ドイツにおける教会の役割については、Gary Lease, "Religion, the Churches, and the German 'Revolution' of November 1989," *German Politics* 1 (August 1992): 264-73; Bernd Schäfer, *Staat und Katholische Kirche in der DDR* (Cologne: Böhlau, 1999) を参照のこと。

＊99　1989年10月12日のRIAS西ベルリン（ラジオ）放送のなかでのベアベル・ボーライの見解。このインタヴューの筆記録は秘密警察《シュタージ》のアーカイヴSED-KO 5009, 32-34, Ministerium für Staatssicherheit (後、MfS), Bundesbeauftragte für die Unterlagen des Staatssicherheitsdienstes der ehemaligen Deutschen Demokratischen Republik (以降、BStU) で入手できる。

＊100　"Fernschreiben des Staatssekretär Bertele an den Chef des Bundeskanzleramtes, Berlin (Ost), den 20 Sept. 1989," document 43, DESE, 409-10. "Fernschreiben des Staatssekretär Bertele an den Chef des Bundeskanzleramtes, Berlin (Ost), den 22 Sept. 1989," document 45, DESE, 413-16 も参照のこと。

＊101　Grabner, Heinze, and Pollack, *Leipzig im Oktober*, 150-51; Deutscher Bundestag, ed., *Bundestag Report* (Bonn: Bundestag, August 1, 1990), 47; "Von den Arbeitern verlassen," *Der Spiegel*, November 27, 1989, 19.

＊102　IV 2/2.039/323 Büro Krenz, SAPMO にある手紙を参照のこと。

＊103　Schabowski, Sieren, and Koehne, *Das Politbüro Ende eines Mythos*, 113; SED Bezirksleitung,

Leipzig, 20 30 30 10, 8 November 1989, in the Sächsisches Staatsarchiv, Leipzig; "Egon, Here We Come," *Newsweek*, November 13, 1989, 52 のなかの週刊誌『ニューズウィーク』の 11 月 4 日のデモの描写。

＊104　ドイツの反体制派系の日刊全国紙『ディー・ターゲスツァイトゥング』によって編集・刊行された *DDR Journal zur November Revolution August bis Dezember 1989, vom Ausreisen bis zum Einreißen der Mauer*, 1990, 73-75.

＊105　Chalmers Johnson は、自著 *Revolutionary Change* のなかで、「エリートが妥協しないことは……つねに革命の根本的な原因となる」と論じて、大衆の目的に迎合することに失敗したエリートが支払う代償について考察している。彼のこの洞察は、東ドイツのエピソードをうまく特徴づけている。Chalmers Johnson, *Revolutionary Change*, 2nd ed.（Stanford, CA: Stanford University Press, 1982）, 92.

＊106　ドイツのニュース週刊誌『デア・シュピーゲル』は、当時、（秘密警察《シュタージ》の用語で言う）「無許可の抗議デモ」の数が、10 月 16 日から 22 日のあいだには 14 万人が参加した 24 の抗議デモだったのが、10 月 30 日から 11 月 5 日のあいだには 135 万人が参加した 210 の抗議デモにまで膨れ上がった、と推定した。

＊107　Ilse Spittmann, "Eine Übergangsgesellschaft," *Deutschland Archiv* 22（November 1989）, 1204.

＊108　11 月 9 日の出来事の文書とその詳細な分析については、Hertle, *Fall der Mauer* と彼のドキュメンタリー映画 *When the Wall Came Tumbling Down,* Sender Freies Berlin, 1999 を参照のこと。Walter Süß, "Weltgeschichte in voller Absicht oder aus Versehen?" *Das Parlament*（November 9-16, 1990）: 9; Hartmut Zimmermann, *DDR Handbuch*, 3rd ed.（Cologne: Verlag Wissenschaft und Politik, 1985）, 975 も参照のこと。多面的な分析については、Gesamtdeutsches Institut, Bundesanstalt für gesamtdeutsche Aufgaben, *Analysen, Dokumentationen und Chronik zur Entwicklung in der DDR von September bis Dezember 1989*（Bonn: Bundesanstalt,1990）, 86 を参照のこと。

＊109　"Schreiben von Gerhard Schürer an Egon Krenz, 27.10.1989: Zur Zahlungsunfähigkeit der DDR," reprinted as document 8 in Hertle, *Fall der Mauer*, 461. ソ連では、ヴァレンティン・ファリンが Valentin Falink, *Konflikte im Kreml: Zur Vorgeschichte der deutschen Einheit und Auflösung der Sowjetunion*（Munich: Blessing Verlag, 1997）, 289-93 のなかに再録された "An A. N.［Jakowlew］, Zur Devisensituation in der UdSSR" というおおむね似たような文書を準備していたようである。

＊110　この影響に関する文書はさまざまな場所で見つけられるだろう。東ドイツ版は J IV 2/2A/3255, ZPA-SED, SAPMO で入手でき、Hertle, *Fall der Mauer*, 462-82 のなかに "Niederschrift des Gesprächs von Egon Krenz und Michail Gorbatschow am 01.11.1989 in Moskau," document 9 として再録されている。ロシア語版もまた、GC において英訳され、入手できる。東ドイツとソ連の貿易関係の分析については、Randall W. Stone, *Satellites and Commissars: Strategy and Conflict in the Politics of Soviet-Bloc Trade*（Princeton, NJ: Princeton University Press, 1996）; Angela Stent, *Russia and Germany Reborn: Unification, the Soviet Collapse, and the New Europe*（Princeton, NJ: Princeton University Press, 1999）, 125 も参照

のこと。フィリップ・ゼリコウは、この非公式会談はゴルバチョフが東ドイツとともに歩むことを計画していたことを示唆するものだ、と論じている。Fred I. Greestein and William C. Wohlforth, eds., *Cold War Endgame: Report of a Conference,* Center of International Studies Monograph Series No. 10（Princeton, NJ: Center of International Studies, 1997）のなかにあるゼリコウの見解を参照のこと。

＊111　Douglas J. MacEachin, *CIA Assessments of the Soviet Union: The Records versus the Charges: An Intelligence Monograph*（Washington, DC: Central Intelligence Agency, May 1996）, 8-9.

＊112　CNN 制作番組『東西冷戦』シリーズとドキュメンタリー映画 *When the Wall Came Tumbling Down* それぞれのカメラのなかに捉えられた論評。

＊113　この主題については、Sarotte "Elite Intransigence," 270-87; Detlef Nakath and Gerd-Rüdiger Stephan, eds., *Countdown zur deutschen Einheit: Eine dokumentierte Geschichte der deutsch-deutschen Beziehungen 1987-1990*（Berlin: Dietz, 1996）のなかの関連文書を参照のこと。

＊114　記者会見の筆記録には数多くのバージョンが存在する。たとえば、Albrecht Hinze, "Versehentliche Zündung," *Süddeutsche Zeitung,* November 9, 1990, 17 や Hertle, *Fall der Mauer*, 170-73 を参照のこと（同日に公表されたほかの重要な文書も、ヘルトレの著書のなかに同じように見出せるだろう）。ヘルトレのドキュメンタリー映画 *When the Wall Came Tumbling Down* は、自著に基づいて記者会見のビデオを収録している。ブロコウの引用はビデオに依拠する。英語の筆記録は CWIHPPC にあるが、上述のパラグラフは CWIHPPC ではなく、筆者自身の英訳に基づいている。Cordt Schnibben, "Diesmal sterbe ich, Schwester," *Der Spiegel*, October 8, 1990, 107; Schabowski, Sieren, and Koehne, *Das Politbüro Ende eines Mythos*, 136 も参照のこと。

＊115　Hinze, "Versehentliche Zündung," 17; Hertle, *Fall der Mauer*, 170-73. この出来事の総合的な重要性についての詳細は、Manfred Görtemaker, *Unifying Germany, 1989-1990*（New York: St. Martin's Press, 1994）を参照のこと。

＊116　異なる時代のメディアの強い影響に関する研究については、Todd Gitlin, *The Whole World Is Watching: Mass Media and the Making and Unmaking of the New Left*（Berkeley: University of California Press, 1980）を参照のこと。秘密警察《シュタージ》や TV についての詳細は、Jochen Staadt, Tobias Voigt, and Stefan Wolle, *Operation Fernsehen: Die Stasi und die Medien in Ost und West*（Göttingen: Vandenhoeck and Ruprecht, 2008）を参照のこと。

＊117　ブロコウのシャボウスキーとのインタヴューは、Hertle, *Fall der Mauer*, 173-74 のなかに、英語とドイツ語で再録されている。シャボウスキーはその後午後 8 時まで帰宅の途にあり、その夜遅く電話を受けるまで自分の発言がもたらした影響を知らなかった。Günter Schabowski, "Wie ich die Mauer öffnete," *Die Zeit*, March 13, 2009, online を参照のこと。この『ディー・ツァイト』に掲載された記事に注意を促してくれた Sylvia Gneiser Castonguay に感謝する。

＊118　*Tagesthemen*, November 11, 1989, ARD Video-Archiv Hamburg.

＊119　"Kohl-Gorbachev Conversation," June 12, 1989, notes by Anatoly Chernyaev, GC でコピーと英訳が配布されている。

＊120　John C. Torpey, *Intellectuals, Socialism, and Dissent: The East German Opposition and Its Legacy*（Minneapolis: University of Minnesota Press, 1995）, 97.

＊121　"Berlin Border Guards Stunned by the News," *New York Times*, November 10, 1989, A15を参照のこと。

＊122　国境を越える亡命者を射殺する訓練が廃止されたことについての詳細は、http://www.chronik.der.mauer.de の1989年4月3日の項目を参照のこと。

＊123　以上の5つのパラグラフにわたる説明はおおむね Hertle, *Fall der Mauer*, 380-89 のなかのハラルト・イエーガーのインタヴューの筆記録 "Kontrollen eingestellt—nicht mehr in der Lage.—Punkt"; Gerhard Haase-Hindenberg and Harald Jäger, *Der Mann, der die Mauer öffnete: Warum Oberstleunant Harald Jäger den Befehl verweigerte und damit Weltgeschichte schrieb*（Munich: Heyne, 2007）, 194-201 と、ヘルトレのドキュメンタリー映画 *When the Wall Came Tumbling Down* からの見解、映像、そして分析に依拠する。

＊124　一連の出来事の同時代の新聞・雑誌報道についての詳細は、"Einmal Ku'damm und zurück," *Der Morgen*, November 11-12, 1989; "Eine friedliche Revolution," *Der Spiegel*, November 13, 1989, 19 を参照のこと。『デア・シュピーゲル』は東ドイツ市民が国境を越える状況を次のように説明した。"Die Grenzer blieben zunächst stur. Jeder, so belehrten sie die Menge, müsse sich zunächst bei der Volkspolizei ein Visum besorgen, sonst gehe hier nichts. ... Dann geriet die Lage, wie so manches in der［*sic.*（正しくは、den）］vergangenen Wochen, der SED außer Kontrolle. Plötzlich war die Grenze offen—für alle. Hunderte stürmten, nach flüchtiger Kontrolle ihrer Ausweise durchs uniformierte Personal, hinüber"（「当初、国境警備隊は頑なな姿勢を崩さなかった。群衆に対し、まず人民警察からビザを取得しないかぎり、誰もここを通ってはならないとの一点張りだった。（中略）それから事態は、ここ数週間がすべてそうであったように、SEDの手に負えなくなった。そして突如、国境が開いた——すべての人びとに対して。制服姿の係官によるおざなりなIDチェックを受けた後、何百という人びとが押し寄せることとなった」）。Christoph Links and Hannes Bahrmann, *Wir sind das Volk*（Berlin: Links, 1990）: 91 も参照のこと。"Die Grenzsoldaten sind kulant, stellen angesichts des enormen Ansturms und der unklaren Regelungen einfach jede Kontrolle ein. DDR-Bürger können völlig ungehindert hinüber und wieder zurück."（「国境警備隊員たちはついに折れる。膨大な数の群衆の殺到とはっきりしないルールとに直面し、一切のコントロールを放棄してしまう。東ドイツ市民は、何ものにも遮られることなく往き来ができるようになる」）。

＊125　その夜のイエーガーの体験についての詳細は、Hertle, *Der Fall der Mauer*, 387-89; Haase-Hindenberg and Harald Jäger, *Der Mann* を参照のこと。イエーガーの著書を刊行することをめぐる報道議論については、Lothar Heinke, " 'Macht den Schlagbaum auf!' " *Tagesspiegel*, November 8, 2007, online; Peter Pragal, "Der Druck auf die Ventile," *Berliner Zeitung*, July 17, 2007, online も参照のこと。

＊126　以上の3つのパラグラフのなかの統計数値は、"Information über die Entwicklung der Lage an den Grenzübergangstellen der Hauptstadt zu Westberlin sowie an den Grenzübergangsstellen der DDR zur BRD, Berlin, 10. November 1989," Arbeitsbereich Mittig 30, 96-106,

BStU に基づく。

＊127　Hertle, *Fall der Mauer,* 232-40.

＊128　" 'Ein Alleingang der DDR war politisch nicht denkbar und militärisch nicht vertretbar': Gespräch mit Manfred Grätz," in Hertle, *Fall der Mauer,* 390-98; 230-40 も参照のこと。

＊129　"Opposition: DDR-Behörden von der Reisewelle überrollt," *Tagesspiegel,* November 14, 1989, 4. 結局のところ、案件は取り下げられた。Spittmann, "Eine Übergangsgesellschaft," 1204 を参照のこと。

＊130　"DDR-Reisebüro beklagt Mangel an Devisen," *Frankfurter Allgemeine Zeitung,* November 10, 1989, 4.

＊131　Spittmann, "Eine Übergangsgesellschaft," 1204.

＊132　軍事介入に対するソ連の態度の変化についての詳細は、Andrew Bennett, *Condemned to Repetition? The Rise, Fall, and Reprise of Soviet-Russian Military Intervention, 1973-1996*（Cambridge, MA: MIT Press, 1999）; Matthew J. Ouimet, *The Rise and Fall of the Brezhnev Doctrine in Soviet Foreign Policy*（Chapel Hill: University of North Carolina Press, 2003）を参照のこと。

＊133　Anton W. DePorte, *Europe between the Superpowers: The Enduring Balance*（New Haven, CT: Yale University Press, 1979）は、その合意の具体例だった。DePorte は「いまも、そして今後も、おそらく多くのヨーロッパの人びとが全体的に満足できる、あるいは少なくとも一応満足できる」方法でドイツ問題を解決しようとするために、ドイツとヨーロッパの分断は恒久的なものと受け止めていた。彼はまた、ソ連が「東欧における戦略的かつ政治的な支配を緊持するだろう」とも考えていた（243-44）。

＊134　「善き冷戦」（a good Cold War）という表現は、William I. Hitchcock, *The Struggle for Europe: The Turbulent History of a Divided Continent, 1945-2002*（New York: Doubleday, 2003）, 2 からの引用である。

## 第2章　旧占領四ヶ国の復権か国家連合の再生か

＊1　François Mitterrand, *Ma part de vérité: De la repture à l'unité*（Paris: Fayard, 1969）, 20. 翻訳は David Bell, *François Mitterrand*（Cambridge: Polity, 2005）, 7-8. Daniel Kehlmann, *Die Vermessung der Welt*（Reinbek: Rowohlt, 2005）, 13. 英語版は *Measuring the World*（New York: Pantheon Books, 2006）.

＊2　東ドイツの街頭《ストリート》の重要性は多くの研究者に認識されている。Samuel F. Wells は「自分たちの政治的かつ経済的状況を改善したいという抑えがたい願望を表現したドイツ民主共和国の人びとと国民の迅速な統一を成し遂げる機会に遭遇したヘルムート・コール首相は中心的なアクターだった」と言う。Samuel F. Wells, *The Helsinki Process and the Future of Europe*（Washington, DC: Wilson Center Press, 1990）を参照のこと。チャールズ・メイアーは「最初はどれほど躊躇していたとしても、そして後にどれほど疑念に満ちていたとしても」反体制派活動家と民衆に「決定的な和解を強いた、あるいは新しい主導権を容認した」集団行動だったと記している。メイアーは「勇敢さ《ヒロイズム》を主張す

るつもりはないが、政府機関を擁護する」と続ける。Charles S. Maier, *Dissolution: The Crisis of Communism and the End of East Germany* (Princeton, NJ: Princeton University Press, 1997), xiv. Lothar Probst, "Zu wenig 'wind of change' im fernen Westen," *Deutschland Archiv* (January 1994): 128-30 は、ゼリコウとコンドリーザ・ライスが東ドイツにほとんど関心を払っていない、と批判している。"Das revolutionäre Treiben auf den Straßen von Leipzig, Berlin und Rostock löste sich z.B. in dem Diskurs des Harvard-Historikers Philip Zelikow ganz in den gewohnten Bahnen der diplomatischen Strippenzieher auf, die hinter den Kulissen die eigentlichen Weichen für die deutsche Einheit gestellt hätten. Das Volk war in dieser Lesart eigentlich nur Manövriermasse im Spiel der führenden Politiker der Groß- und Mittelmächte und kam als eigenständig handelndes Subjekt nur am Rande vor, eine Sichtweise, die in der Diskussion u.a. von Konrad Jarausch (Univ. of NC) zu Recht wegen ihrer Einseitigkeit kritisiert wurde." (「ライプツィヒ、ベルリン、ロストックの街頭《ストリート》での革命的な騒ぎは、たとえばハーヴァード大学の歴史学者フィリップ・ゼリコウの言説では、実際のドイツ統一の方向性は外交交渉の舞台裏で「譲歩を積み重ねてゆくゴルバチョフ」たちによって決定づけられていったというありきたりの話の流れのなかに完全にかき消されてしまっている。このような言説のなかの民衆は、実際には、大国および中規模諸国(Groß- und Mittelmächte)の有力政治家たちが主導権を争う権力闘争のなかの単なる要因(Manövriermasse)にすぎず、独立した行為主体(eigenständig handelndes Subjekt)としては周縁的な存在でしかない。この見方が一面的であることは、とりわけコンラート・ヤラウシュ(ノースカロライナ大学)が的確に批判している」)。

*3 用語を明確に定義する必要性については、Stephen H. Haber, David M. Kennedy, and Stephen D. Krasner, "Brothers under the Skin: Diplomatic History and International Relations," *International Security* 22, no. 1 (Summer 1997): 34-43、とりわけ p. 40 を参照のこと。

*4 この定義はあきらかに既存の理論の影響を受けている。たとえば、Alexander Wendt は「目的のある人物のアイデンティティ《主体性》や興味・関心は……生まれつきというよりむしろ、共有された理念によって構築される」と主張する。Alexander Wendt, *Social Theory of International Politics* (Cambridge: Cambridge University Press, 1999), 1-2, 20. 他に役に立つ概念は Charles Tilly に由来する。Tilly は「信頼のネットワーク」が革命には欠かせないと考えている。Charles Tilly, *Contention and Democracy in Europe, 1650-2000* (Cambridge: Cambridge University Press, 2004), 257.

*5 中心的なアクターたちの経歴や文脈についての詳細は、Henry Ashby Turner Jr., *Germany from Partition to Unification*, 2nd ed. (New Haven, CT: Yale University Press, 1992), 175 を参照のこと。筆者は、ゲンシャーの役割について議論した Jürgen Chrobog にも感謝する。

*6 "Gespräch des Bundeskanzlers Kohl mit dem Vorsitzenden der Gewerkschaft 'Solidarität,' Wałęsa, Warschau, 9. November 1989," document 76, DESE, 492-96. コールの側近が作成した要約には、会談は午後6時5分から7時にかけて行われたと記されている。

*7 Eduard Ackermann, *Mit feinem Gehör: Vierzig Jahre in der Bonner Politik* (Bergisch Gladbach: Lübbe Verlag, 1994), 310; Helmut Kohl, Kai Diekmann, and Ralf Georg Reuth, *Ich wollte*

*Deutschlands Einheit* (Berlin: Ullstein, 1996), 126-27; Horst Teltschik, *329 Tage: Innenansichten der Einigung* (Berlin: Siedler, 1991), 14-16. Haans Jürgen Küsters, "Entscheidung für die deutsche Einheit," DESE, 54 も参照のこと。

＊8　コールの生涯について知るために役立つ伝記の要約は http://www.helmut-kohl.de/index.php?key=&menu_sel=15&menu_sel2=38 に見出せる。

＊9　1991年に書かれたテルチクの回想録と、1996年とその後のコールの見解のあいだには、コールが最初にボンへ行きたかったのか、それともベルリンへ行きたかったのかについて食い違いがある。コールは後に「ドイツの首都」へ行きたかったと述べた。この表現は、当時西ドイツの首都（ボン）と東ドイツの首都（東ベルリン）しかなく、厳密に言えば、ドイツの首都はなかった。そのため、曖昧な表現となる。Kohl, Diekmann, and Reuth, *Ich wollte*, 128 を参照のこと。テルチクの説明は当時から最も早い時期に書かれ、裏づけとなる詳細を提示しているために説得力がある。コールの時代についての詳細は、Clay Clemens and William E. Paterson, eds., *The Kohl Chancellorship* (London: Frank Cass, 1998) を参照のこと。

＊10　Philip Zelikow and Condoleezza Rice, *Germany Unified and Europe Transformed: A Study in Statecraft* (Cambridge, MA: Harvard University Press, 1995), 103.

＊11　Teltschik, *329 Tage*, 18-19.

＊12　公の発言の原文は、"Vor dem Schöneberger Rathaus in Berlin am 10. November 1989," in Auswärtiges Amt, ed. *Aussenpolitik der Bundesrepublik Deutschland: Dokumente von 1949 bis 1994* (Cologne: Verlag Wissenschaft und Politik, 1995), 618-22 にある。舞台裏についての詳細は、Kohl, Diekmann, and Reuth, *Ich wollte*, 132-33; Teltschik, *329 Tage*, 19-20 を参照のこと。その夜からの（活字および映像）報道はコンラート・アデナウアー財団報道アーカイヴ（後、KASPA）で入手可能である。ジェイムズ・ベイカーに送られた新聞・雑誌報道 folder 11, box 108, 8c monthly files, series 8, BP も参照のこと。Zelikow and Rice, *Germany Unified*, 103 は、民衆がシェーネベルク市庁舎の前で歓喜に満ちていたと述べている。これはコールが演説する前の正確な描写であって、演説が始まった後には該当しない。

＊13　"Auch für Herrn Kohl gilt: 'Wer zu spät kommt, den bestraft das Leben,' " *taz*, November 13, 1989, in KASPA. Harold James and Marla Stone, eds., *When the Wall Came Down* (New York: Routledge, 1992), 46 も参照のこと。

＊14　西ドイツのアイデンティティ《主体性》に関する世論調査や概念についての詳細は、Andreas Rödder, *Deutschland Einig Vaterland* (Munich: Beck, 2009) 第4章を参照のこと。

＊15　"Mündliche Botschaft des Generalsekretärs Gorbatschow an Bundeskanzler Kohl, 10. November 1989," document 80, DESE, 505. ゴルバチョフがブッシュ、コール、ミッテラン、そしてサッチャーにそれぞれ送った、よく似たメッセージのコピーは SED に寄贈され、DY 30/IV 2/2.039/319, SAPMO にある。

＊16　ドイツ統一をめぐる研究のなかで、チャールズ・メイアーは「個人的な見解を述べると、20世紀の歴史家として、服従による精神的な重圧の検証に深く関わる研究を数多くしてきた。そのため、この時の自由に重点を置く分析にはわくわくした」と

言及している。Maier, *Dissolution*, xv.

＊17　Claudia Rusch, *Meine freie deutsche Jugend* (Frankfurt: Fischer, 2003), 35, 75.

＊18　Note from J. Stapleton Roy to James A. Baker, November 9, 1989, folder 11, box 108, 8c monthly files, series 8, BP.

＊19　ベイカーは、11月9日以降のニュース報道資料のうえに「ヨーロッパ全体の自由」と書き留めた。Folder 11, box 108, 8c monthly files, series 8, BPを参照のこと。ブッシュのマインツでの演説の原文は、"A Europe Whole and Free, Remarks to the Citizens in Mainz. President George Bush. Rheingoldhalle. Mainz, Federal Republic of Germany, May 31, 1989," the U.S. Diplomatic Mission to Germanyのウェブサイト http://usa.usembassy.de/etexts/ga6-890531.htm で入手可能。

＊20　ベイカーのインタヴューの特定の筆記録はfolder 34, box 160, series 11, BPを参照のこと。

＊21　新聞・雑誌報道はfolder 11, box 108, 8c monthly files, series 8, BPを参照のこと。ブッシュ公認の伝記作家Timothy Naftaliは、大統領の自制心を称賛している。ブッシュとドイツの再統一について要約するなかで、Naftaliは「ジョージ・H・W・ブッシュは、たとえ一瞬であったとしても、偉大な大統領になった」と結論づけている。Timothy Naftali, *George H.W. Bush* (New York: Times Books, 2007) 第4章を参照のこと。

＊22　Zelikow and Rice, *Germany Unified*, 105.

＊23　ベイカーの論評は、press reports, folder 11, box 108, 8c monthly files, series 8, BPを参照のこと。ワシントンの考え方におけるNATOの重要性についての詳細は、Frank Costigliola, "An 'Arm around the Shoulder': The United States, NATO, and German Reunification, 1989-1990," *Central European History* 3, no. 1 (1994): 87-110を参照のこと。

＊24　ヴェルナーは1983年に西ドイツを訪れたブッシュを感動させた。当時、ヴェルナーは国防大臣でブッシュは副大統領だった。ブッシュは西ドイツと東ドイツの国境を目の当たりにして、その後ヴェルナーと長い列車の旅を一緒に過ごして、友だちづきあいが始まった。George Bush and Brent Scowcroft, *A World Transformed* (New York: Knopf, 1998), 184.

＊25　ミッテランの発言はドイツにおいて午後8時のニュース番組『ターゲスシャウ』で放映され（ARD Videoarchiv）、フランス語で書かれた回想録にも再録されている。François Mitterand, *De L'Allemagne, de la France* (Paris: Editions Odile Jacob, April 1996), 201.

＊26　2008年7月27日に筆者が行ったフィリップ・ゼリコウとの電話インタヴューとその後のメールのやりとり。

＊27　Fred I. Greenstein and William C. Wohlforth, eds., *Cold War Endgame: Report of a Conference*, Center of International Studies Monograph Series No. 10 (Princeton, NJ: Center of International Studies, 1997), 7.

＊28　この点については、ミッテランの戦略の機敏に関する意見の相違は本文のなかで論じるが、フレデリック・ボゾと意見が一致する。Frédéric Bozo, *Mitterrand, la fin de la guerre froide et l'unification allemande: De Yalta à Maastricht* (Paris: Odile Jacob, 2005) を参照のこと。仏独二国間関係についての詳細は、Georges-Henri Soutou, *L'alliance incertaine: Les*

*rapports politico-stratégiques Franco-allemands, 1954-1996*（Paris: Fayard, 1996）を参照のこと。

＊29　ブスケの評価については、Daniel Singer, "Death of a Collaborator," *The Nation*, July 19, 1993, online を参照のこと。

＊30　このパラグラフは David Bell, *François Mitterrand*（Cambridge, UK: Polity, 2005）のとりわけ p.165 に依存するところが大きい。Frédéric Bozo, "Mitterrand's France, the End for the Cold War, and German Unification: A Reappraisal," *Cold War History* 7, no. 4（2007）: 457-59; 死後に出版された Mitterrand, *De l'Allemagne* を参照のこと。

＊31　Eduard Shevardnadze, *The Future Belongs to Freedom*（London: Sinclair-Stevenson, 1991）, 13, 132. Pavel Palazchenko, *My Years with Gorbachev and Shevardnadze: The Memoir of a Soviet Interpreter*（University Park: Penn State University Press, 1997）を参照のこと。

＊32　2008年6月13日に筆者がホルスト・テルチクに行った電話インタヴュー。

＊33　Mikhail Gorbachev, *Memoirs*（New York: Doubleday, 1995）, 31.

＊34　ミッテランとドイツ統一については、Tilo Schabert, *Wie Weltgeschichte gemacht wird: Frankreich und die deutsche Einheit*（Stuttgart: Klett-Cotta, 2002）を参照のこと。

＊35　Stephen Szabo, *The Diplomacy of German Unification*（New York: St. Martin's Press, 1992）, 36は、「ソ連は東ドイツ指導部が公表する直前に決定について知らされていた」と論じている。そこでは、1992年の外務省職員のインタヴューが根拠として挙げられている。ゴルバチョフは、情報は何も受け取っていないと、矛盾するコメントを繰り返し述べている。たとえば、CNN制作のテレビ番組『冷戦』（*Cold War*）シリーズの第23話で放映されたインタヴューを参照のこと。外務省職員は、見当違いの旅行規則に関するさらなる最新情報について助言された時、初期の出来事を誇張して話したのかもしれない。東ドイツ外相オスカール・フィッシャーは、東ベルリン駐在のソ連大使V・I・コチェマソフに対して、SEDが1989年11月7日に旅行規則を自由化する計画があることを告げた。しかし一方で、国境は開かないことも明確に伝えた（"Die Grenze DDR/BRD werde nicht geöffnet, weil sie unkontrollierbare Wirkung hätte"（「東ドイツと西ドイツのあいだの国境は開かれないでしょう。なぜなら、コントロール不能な影響をもたらしかねないからです」）。"Vermerk über ein Gepräch zwischen Genossen Oskar Fischer und dem sowjetischen Botschafter Genossen W. I. Kotschemassow am 7.11.989, 11.45 Uhr, Berlin," DDR Staatsarchiv, DC20-4933 を参照のこと。Hans-Hermann Hertle, *Der Fall der Mauer: Die unbeabsichtigte Selbstauflösung des SED-Staates*（Opladen: Westdeutscher Verlag, 1996）, 487-88 のなかに document 13 として再録されている。

＊36　"Из дневника А.С. Черняева," November 10, 1989, МГ, 246. ここでは、1989年11月GCで配布された英訳 "Notes of Anatoly Chernyaev" を使用。

＊37　Gorbachev, *Memoirs*, 516.

＊38　"Telefongespräch des Bundeskanzlers Kohl mit Präsident Bush, 10. November 1989," document 82, DESE, 507; the U.S. version of the same document, FOIA 1999-0393-F, BPL を参照のこと。ゲレメクについては、彼の訃報について Nichols Kulish が記した *New York Times*, July 14, 2008 の記事を参照のこと。ポーランドの民主化運動についての詳細は、Bernd Schäfer, "The Catholic Church and the Cold War's End in Europe: Vatican Ostpolitik and

Pope John Paul II," in *Europe and the End of the Cold War*, ed. Frédéric Bozo, Marie-Pierre Rey, N. Piers Ludlow, and Leopoldo Nuti (London: Routledge, 2008), 64-77を参照のこと。

＊39　"Delegationsgespräch des Bundeskanzlers Kohl mit Ministerpräsident Mazowiecki, Warschau, 10. November 1989," document 77, DESE, 498.

＊40　Bernhard Kempen, *Die deutsch-polnische Grenze nach der Friedensregelung des Zwei-plus-Vier-Vertrages* (Frankfurt: Peter Lang, 1997), 288では、"Ungeachtet der Verpflichtungen, die der Bundesrepublik und der DDR aus den von ihnen mit Polen und der Sowjetunion abgeschlossenen Verträgen des Jahres 1970 erwachsen sind, hat sich an dem territorialen Status der Ostgebiete nach der Rechtslage von 1937 nichts geändert. Diese Gebiete sind aus der territorialen Souveränität des fortbestehenden deutschen Gesamtstaats zu keiner Zeit ausgegliedert worden. Es bestand kein Erwerbstitel zugunsten Polens und der Sowjetunion, als im Zuge der deutschen Vereinigung im Jahr 1990 grenzbezogenen Regelungen über die jenseits von Oder und Neiße gelegenen Gebiete getroffen worden sind."（「両ドイツはポーランドおよびソ連と締結した1970年の条約によって債務を抱えることになったにもかかわらず、その東部領土（Ostgebiete）の法的状態は1937年から何ら変わりはしない。つまり、ドイツがこの東部領土の領有を失ったことは一度もなかった。ポーランドおよびソ連に有利な領土の分割は行われなかったのである。1990年のドイツ統一の流れの中では、国境関係の〔不可侵・領土保全を約した〕取り決めはオーデル＝ナイセ線以東の領域〔を最終的な国境と定めること〕に関してだったからである」）と論じられている。

＊41　Mazowiecki press conference, February 21, 1990, reported to Condoleezza Rice, National Security Council（後、NSC）PRS files, 1989-1900 [*sic*] subject file, 2+4—Germany #1 [2], CR00721-009, FOIA 2001-1166-F, BPL.

＊42　マーガレット・サッチャー財団はFOIを介して数々の文書開示を確実なものとして、開示された文書をウェブサイトwww.margaretthatcher.orgに掲載している。ウェブサイト上で入手可能な、1989年後半に彼女の内政補佐官たちによって策定された文書は、サッチャーが国内で苦境に陥っていたにもかかわらず、外交政策に重点を置きすぎていることに懸念を示している。

＊43　John Campbell, *Margaret Thatcher* (London: Pimlico, 2004), 303.

＊44　この点については、Bozo, "Mitterrand's France," footnote 42; Douglas Hurd, *Memoirs* (London: Little, Brown, 2003), 383を参照のこと。

＊45　Peter Heinacher, "Parteoien obne Konzept," *Handelsblatt,* November 13, 1989, KASPA. Konrad Jarausch, *Die Umkehr: Deutsche Wandlungen, 1945-95* (Munich: Deutsche Verlags-Anstalt, 2004), 291を参照のこと。

＊46　"Telefongespräch des Bundeskanzlers Kohl mit Premierministerin Thatcher, 10. November 1989," document 81, DESE, 505-6; November 10 Bush-Kohl conversationは、上記の註38の引用を参照のこと。筆者が申請した同一の文書the British CAB copyの開示請求は、2009年に認められた。FOIを介してCABによって開示されたReport entitled "East Germany," from Charles Powell, 10 Downing Street, to J.S. Wall, FCO. November 10, 1989.

＊47　"Telefongespräch des Bundeskanzlers Kohl mit Staatspräsident Mitterand, 11. November

1989," document 85, DESE, 511; "Telefongespräch des Bundeskanzlers Kohl mit Staatsratsvorsitzenden Krenz, 11. November 1989," document 86, DESE, 513-15; "Telefongespräch des Bundeskanzlers Kohl mit Generalsekretär Gorbatschow, 11. November 1989," document 87, DESE, 515-17; "Из телефонного разговора М.С. Горбачева с Г. Колем," November 11, 1989, МГ, 247-50 でも入手可能。本文中の引用は、コールの会話版からである。

＊48　Teltschik, *329 Tage*, 22-27.

＊49　"Vorlage an Bundeskanzler Kohl, ohne Datum," document 95, DESE, 548-49; "Schreiben des Bundesministers Waigel an Bundeskanzler Kohl, Bonn, 10. November 1989," document 84, DESE, 510-11.

＊50　"Predigt des Bischofs von Oppeln (Opole), Alfons Nossel, während der Heiligen Messe, in Gegenwart von Bundeskanzler H. Kohl und Ministerpräsident T. Mazowiecki, Kreisau, 12. November 1989," document 135 in Hans-Adolf Jacobsen, ed., *Bonn-Warschau 1945-1991* (Cologne: Verlag Wissenschaft und Politik, 1992), 498-501; Kohl, Diekmann, and Reuth, *Ich wollte*, 144-46.

＊51　"Gemeinsame deutsch-polnische Erkläung vom 14. November 1989," in Auswärtiges Amt, *Aussenpolitik*, 623-31.

＊52　ブッシュにとって大切なことは明確だった。ソ連を挑発するようなことは何もしない、という一点だけであった。Küsters, "Entscheidung für die deutsche Einheit," 57 を参照のこと。

＊53　コールはこの夕食会の前日にすでに彼のために準備された一連の状況説明文書を持っていた。documents 94, 94a, and 94b, DESE, 541-48 を参照のこと。

＊54　"European Community Heads of Government Meeting in Paris 18 November," summary sent by C.D. Powell, 10 Downing Street, to Stephen Wall, FCO, released by CAB under FOI; Helmut Kohl, *Erinnerungen 1982-1990* (Munich: Droemer, 2005), 984; Jacques Attali, *C'était François Mitterrand* (Paris: Fayard, 1993), 317 と *Verbatim, Tome 3, Chronique des années 1988-1991* (Paris: Fayard, 1993), 342-45. アタリの回想録の信憑性については異議が唱えられているが（Bozo, "Mitterrand's France," 458 を参照のこと）、コールの回想録も根拠とすることはできない。どちらも完全に信頼できるわけではないが、イギリスの要約よりも当時の感情的な機微をうまく描き出している。

＊55　Kohl, Diekmann, and Reuth, *Ich wollte*, 151-52.

＊56　"Speech of President Mitterrand to the European Parliament, Strasbourg, 22 November 1989," in Lawrence Freedman, ed., *Europe Transformed: Documents on the End of the Cold War—Key Treaties, Agreements, Statements, and Speeches* (New York: St. Martin's Press, 1990), 367.

＊57　1945年の降伏とその後の法的な変更等に関する公文書のコピーは、Karl Kaiser, *Deutschlands Vereinigung: Die internationalen Aspekte* (Bergisch-Gladbach: Lübbe Verlag, 1991) に集録されている。

＊58　いわゆるドイツ条約（Deutschlandvertrag ないし Vertag über die Beziehungen zwischen der Bundesrepublik Deutschland und den drei Mächten in der Fassung des am 23. Oktober 1954 in Paris unterzeichneten Protokolls über die Beendigung des Besatzungsregimes. ...）は、その名

のとおり、厳密に言えば、占領統治に終止符を打つための条約である。DESE, 546n30を参照のこと。ドイツにおける戦勝4ヶ国の歴史については、Hanns Jürgen Küsters, *Der Integrationsfriede: Viermächte-Verhandlungen über die Friedensregelung mit Deutschland 1945-1990*（Munich: R. Oldenbourg Verlag, 2000）を参照のこと。とりわけアメリカについての詳細は、Klaus-Dietmar Henke, *Die amerikanische Besetzung Deutschlands*（Munich: Oldenbourg, 1995）を参照のこと。

＊59　Teltschik, *329 Tage*, 23; Zelikow and Rice, *Germany Unified*, 106-7, 140-41. 筆者がモスクワの構想に応用する「復元」という概念は、James Stevens Curl, *Oxford Dictionary of Architecture and Landscape Architecture*（Oxford: Oxford University Press, 1999), 634のわかりやすい言い換えである。

＊60　"Verbal Message from Mikhail Gorbachev to François Mitterrand, Margaret Thatcher and George Bush," November 10, 1989, in CWIHPPC, 原典は DY 30/IV 2/2.039/319, SAPMO. 興味深いことに、文書は MГ に再録されていない。

＊61　Zelikow and Rice, *Germany Unified*, 106-7; Teltschik, *329 Tage*, 23.

＊62　しかしながら、ソ連の復元モデルはすぐに復活した。Zelikow and Rice, *Germany Unified*, 140 を参照のこと。

＊63　R. W. Apple, Jr., "Possibility of a Reunited Germany Is No Cause for Alarm, Says Bush," *New York Times*, October 25, 1989, online. コールは1989年10月23日に電話で依頼した。アメリカの筆記録はCWIHPPCにおいて入手可能。

＊64　Bush and Scowcroft, *A World Transformed*, 187-88.

＊65　ベイカー直筆の覚書である"11/11," "Maggie" そして、11月10日からのメディア報道の要約は、folder 11, November 1989, box 108, 8c monthly files, series 8, BP.

＊66　"Guildhall Speech: Major Extract from Text of a Speech Made by the Prime Minster the Rt Hon Margaret Thatcher FRS MP at the Lord Mayor's Banquet Guildhall on Monday 13 November 1989," faxed from British Embassy, Washington, DC, to 202-395-5221, Zelikow files, NSC, FOIA 2001-1166-F, BPL. "Speech Made by Margaret Thatcher at the Lord Mayor's Banquet Guildhall," reprinted in Freedman, *Documents*, 359-60 も参照のこと。

＊67　"Message from Prime Minister to Gorbachev," and cover note from Charles Powell, 10 Downing Street, November 15, 1989, FOI を介して CAB が開示。

＊68　"Eastern Europe: Prime Minister's Talk with President Bush," note by Charles Powell, November 17, 1989, FOI を介して CAB が開示。

＊69　"Prime Minister's Meeting with President Bush at Camp David on Friday 24 November," summary sent by C. D. Powell, 10 Downing Street, to Stephen Wall, FCO, November 25, 1989, FOI を介して CAB が開示。

＊70　"11/12/89," folder 11, box 108, 8c monthly files, series 8, BP.

＊71　Letter from Gorbachev to Bush, received November 20, 1989, folder 12, box 108, 8c monthly files, series 8, BP.

＊72　"Schreiben des Ministers für Nationale Verteidigung, Heinz Keßler, an Egon Krenz vom 13.11.1989: Abschrift eines Fernschreibens des Chefs des Stabes der Westgruppe der Streitkräfte

der UdSSR, W. Fursin, an Generaloberst Fritz Streletz, 12.11.1989," Hertle, *Der Fall der Mauer*, 555-57 に document 35 として再録されている。

＊73 "Record of Telephone Conversation between Michael Gorbachev and President of France François Mitterrand, 14 November 1989," notes of Anatoly Chernyaev, document 66 in GC, GC の英訳に基づく。

＊74 Küsters, "Entscheidung für die deutsche Einheit," 61.

＊75 "Gespräch des Bundeskanzlers Kohl mit dem Regierenden Bürgermeister Momper, Bonn, 1. Dezember 1989," document 103, DESE, 578-86.

＊76 Zelikow and Rice, *Germany Unified*, 104, 119.

＊77 Vitoria DeGrazia, *Irresistible Empire: America's Advance through Twentieth-Century Europe* (Cambridge, MA: Belknap Press, 2005).

＊78 ドイツ占領のあいだの赤軍による強姦というテーマについては、Norman M. Naimark, *The Russians in Germany: A History of the Soviet Zone of Occupation, 1945-1949* (Cambridge, MA: Belknap Press, 1995) 第2章を参照のこと。

＊79 David Childs, "Beate Uhse," *Independent*, September 10, 2001, online.

＊80 "Da rollt eine Lawine," *Der Spiegel*, November 20, 1989, 21-27.

＊81 Küsters, "Entscheidung für die deutsche Einheit," 61.

＊82 Jonathan R. Zatlin, "Hard Marks and Soft Revolutionaries: The Economics of Entitlement and the Debate about German Monetary Union, November 9, 1989—March 18, 1990," *German Politics and Society* 33 (Fall 1994): 1-28.

＊83 モドロウの世界観についての詳細は、Hans Modrow, ed., *Das Große Haus: Insider berichten aus dem ZK der SED* (Berlin: edition ost, 1995) を参照のこと。

＊84 協議を呼びかけるやりとりは、東ドイツの中央円卓会議（後、ZRT）文書コレクション Ordner 1, RHG, Berlin のなかにある。

＊85 "m.s.," *Frankfurter Allgemeine Zeitung*, November 14, 1989, KASPA. Document 4 in Konrad H. Jarausch and Volker Gransow, eds. *Uniting Germany: Documents and Debates, 1944-1993* (Providence, RI: Berghahn Books, 1994), 109 も参照のこと。そこでグラスは「私たちは一つの民族である。しかし、歴史は私たちが2つの国家に分断されて生きることを命じた」と述べている。John C. Torpey, *Intellectuals, Socialism, and Dissent: The East German Opposition and Its Legacy* (Minneapolis: University of Minnesota Press, 1995), 171 も参照のこと。

＊86 以上のパラグラフの要約は、2008年6月13日に筆者がテルチクに行った電話インタヴューからの引用である。Teltschik, *329 Tage*, 42-44; 下記の註87に挙げた文書。

＊87 "SU und 'deutsche Frage,'" document 112A, DESE, 616-18.

＊88 Alexander von Plato, *Die Vereinigung Deutschlands—ein weltpolitisches Machtspiel: Bush, Kohl, Gorbatschow und die geheimen Moskauer Protokolle* (Berlin: Links, 2002), 113-15; Zelikow and Rice, *Germany Unified*, 118.

＊89 Zelikow and Rice, *Germany Unified*, 117-18; Jarausch, *Die Umkehr*, 292; Teltschik, *329 Tage*, 43 および筆者がテルチクに行ったインタヴュー。

＊90　“Zehn-Punkte-Programm zur Überwindung der Teilung Deutschlands und Europas: Rede von Bundeskanzler Kohl vor dem Deutschen Bundestag am 28. November 1989 (Auszüge),” in Auswärtiges Amt, *Aussenpolitik*, 632-38; Kohl, Diekmann, and Reuth, *Ich wollte*, 157-211; Teltschik, *329 Tage*, 42-54. 英訳は “Speech by Chancellor Kohl to the Bundestag on Intra-German Relations,” in Freedman, *Documents*, 372-76 において入手可能。

＊91　「再生の気運」(revivalism) という定義は、Curl, *Oxford Dictionary of Architecture and Landscape Architecture*, 636 からの言い換えである。

＊92　Mary Elise Sarotte, *Dealing with the Devil* (Chapel Hill: University of North Carolina Press, 2001).

＊93　冷戦時代以前のドイツ史については、Gordon Craig, *Germany, 1866-1945* (Oxford: Oxford University Press, 1978); Hajo Holborn *A History of Modern Germany*, 3 vols. (Princeton, NJ: Princeton University Press, 1959); James Sheehan, *German History, 1770-1866* (Oxford: Oxford University Press, 1989) を参照のこと。

＊94　“Zehn-Punke-Programm,” in Auswärtiges Amt, *Aussenpolitik*, 635; Teltschik, *329 Tage*, 52; memorandum from Harvey Sicherman to S/P—Dennis Ross, “Subject: Europe: Triumph or Tragedy?” December 14, 1989, 覚書の著者であるロスの個人蔵書コレクションから。この覚書のコピーについてロスに感謝する。

＊95　Zelikow and Rice, *Germany Unified*, 123. この電話会議は DESE にも、FOIA 1999-0393-F at the BPL にも残っていない。

＊96　“Schreiben des Bundeskanzlers Kohl an Präsident Bush, Bonn, 28 November 1989,” document 101, DESE, 568.

＊97　“Amembassy Bonn to Secstate Washdc,” December 1, 1989, “Subject: Kohl’s Ten-Point-Program—Silence on the Role of the Four Powers,” この電報は CWIHPPC に再録されている。

＊98　要するに、政府の下部組織どうしの国家を超えた関係は、Thomas Risse-Kappen が論じたように、実際には、国内の絆よりも強固だったのである。Thomas Risse-Kappen, “The Cold War’s Endgame and German Unification,” *International Security* 21, no. 4 (Spring 1997): online.

＊99　2008年6月13日に筆者がテルチクに行った電話インタヴュー。

＊100　“Zehn-Punkte-Programm,” in Auswärtiges Amt, *Aussenpolitik*, 633.

＊101　“Из беседы М.С. Горбачева с Дж. Андреотти,” November 29, 1989, МГ, 264-66; “Vorlage des Ministerialdirektors Hartmann an Bundeskanzler Kohl, Bonn, 1. Dezember 1989, Betr: Italienische Äußerungen zur deutschen Frage,” document 107, DESE, 595-96 も参照のこと。

＊102　“Soviet Spokesman,” *International Herald Tribune*, November 30, 1989, Freedman, *Documents*, 377 に再録されている。

＊103　この会談に関するチェルニャーエフの説明には、少なくとも2つのヴァージョンがある。ほぼ完全に近いヴァージョンは、“Из беседы М.С. Горбачева с Г.-Д. Геншером,” December 5, 1989, МГ, 273-84. 要約された英訳は GC の document 70 である。本文の引用は、GC の英訳に基づく。この会談については、Teltschik, *329 Tage*, 68;

Küsters, "Entscheidung für die deutsche Einheit," 70 も参照のこと。

＊104　Hans-Dietrich Genscher, *Erinnerungen*（Berlin: Siedler, 1995）, 683.

＊105　"Schreiben des Bundeskanzlers Kohl an Staatspräsident Mitterrand, Bonn, 27 Nov. 1989," document 100, DESE, 565-65; Bozo, *Mitterrand*, 145 も参照のこと。

＊106　Teltschik, *329 Tage*, 60-61.

＊107　"Vorlage des Ministerialdirektors Teltschik an Bundeskanzler Kohl, Bonn, 30. November 1989, Betr.: Reaktion aus den wichtigsten Hauptstädten auf Ihren 10-Punkte Plan," document 102, DESE, 574-77.

＊108　Zelikow and Rice, *Germany Unified*, 117.

＊109　大統領からの覚書 "JAB III, Brent, John S., cc VP Dan Quayle," November 18, 1989, with attachment of letter from Nixon to Bush, November 16, 1989, folder 10, box 115, POTUS notes, series 8, BP.

＊110　"Draft RBZ 11/27/89, Points for Consultation with European Leaders," filled with notes from "12/4/89 NATO Meeting following POTUS-Gorbachev Meeting," folder 12, box 108, series 3, BP.

＊111　マルタからのベイカーの覚書は、下記に挙げるように、BP のさまざまな場所で入手可能である。ゴルバチョフは、ドイツ語版として Michail S. Gorbatschow, *Gipfelgespräche: Geheime Protokolle aus meiner Amtszeit*（Berlin: Rowohlt, 1993）, 93-129 を出版した。チェルニャーエフの覚書には、さまざまなヴァージョンがある。ロシア語で出版されてから、その後英訳されハッチングスの個人蔵書コレクションにあるヴァージョンが、限定版の CNN 制作のテレビ番組『冷戦』シリーズの概要説明書に収録されている。このパラグラフはベイカーとチェルニャーエフが合意したいくつかの箇所をベイカーのヴァージョンから引用している。

＊112　Opening statement, "Used by G. B. at initial session. 10 am to 11 am on board Soviet Cruise Ship MAXIM GORKI," handwritten on top by Baker, folder 9, box 176, 12c chapter files, series 12, BP.

＊113　マルタの米ソ首脳会談から送られたベイカーの手書きの覚書 "Page 4 of 2 Day 12/3," folder 12, box 108, series 8, BP. 筆者はロバート・ブラックウィル大使に対して首脳会談の回想を共有してくれたことに感謝する。

＊114　"Memorandum of Conversation, Subject: Meeting with Helmut Kohl, Chancellor of the Federal Republic of Germany, Participants: the President, John H. Sununu, Chief of Staff, Brent Scowcroft, Assistant to the President for National Security Affairs," December 3, 1989 in FOIA 1999-0393-F, the NSA "End of the Cold War" boxes でも入手可能。"Gespräch des Bundeskanzlers Kohl mit Präsident Bush, Laeken bei Brüssel, 3. Dezember 1989, 20:30-22:30," document 109, DESE, 600-609.

＊115　Alexander Moens によれば、アメリカ外交は次の 4 つの点でかぎを握っていた。まず 1 つ目は 1989 年 12 月のこの時点でコールの 10 項目提案に対する批判の大合唱に加わらなかった点、2 つ目に「2 + 4」会議に賛成した点、3 つ目に NATO についてその見解をボンと調整した点、そして最後の 4 つ目に 1990 年夏に NATO を改革する

手助けをした点である。Alexander Moens, "American Diplomacy and German Unification," *Survival* 33, no. 6 (November-December 1991): 531-45 を参照のこと。

＊116　2008 年 9 月 19 日にワシントンで筆者がブレント・スコウクロフトに行ったインタヴュー（スコウクロフトは、インタヴューのなかで、この非公式会談がマルタ会談よりも重要であったことに同意した）。Bush and Scowcroft, *A World Transformed*, 199, 213. 2008 年 7 月 27 日に筆者がフィリップ・ゼリコウに行ったインタヴュー、電話でのやりとり、それにつづくメールでのやりとり。

＊117　Bush and Scowcroft, *A World Transformed*, 255.

＊118　"Memorandum of Conversation" and document 109, DESE（上記註 114 で引用）. "UK-Del NATO, to Deskby 04213OZFCO, Tel No 375," December 4, 1989, p. 3, FOI を介して FCO が開示。東ドイツから西ドイツへの移住がもたらした経済的かつ社会的影響についての詳細は、A. James McAdams, *Germany Divided: From the Wall to Reunification* (Princeton, NJ: Princeton University Press, 1993), 204-6 を参照のこと。

＊119　Letter from Shevardnadze to Baker, December 8, 1989, folder 12, box 108, 8c monthly files, series 8, BP.

＊120　"General Secretary Mikhail Gorbachev's Speech to Central Committee, 9 December 1989," in Freedman, *Documents*, 384-91; report entitled "Germany" from C.D. Powell to J.S. Wall, FCO December 8, 1989, FOI を介して CAB が開示。"Vorlage des Ministerialdirigenten Hartmann an Bundeskanzler Kohl, Bonn, 18. Dez. 1989," document 127, DESE, 660-61. Vojtech Mastny, ed., *The Helsinki Process and the Reintegration of Europe, 1986-1991: Analysis and Documentation* (New York: New York University Press, 1992), 194-96 も参照のこと。

＊121　"12/9," folder 12 box 108, 8c monthly files, series 8, BP. 上記で引用した 12 月 8 日付シェワルナゼからの手紙の余白に書かれている。

＊122　"Information von Wjatschleslaw Kotschemassow, UdSSR-Botschafter in der DDR, an Hans Modrow, DDR-Ministerpräsident, über ein Treffen mit den Bonner Botschaftern der USA, Großbritanniens und Frankreichs am 11. Dezember 1989 in Westberlin (Auszüge)," document 10 in Detlef Nakath, Gero Neugebauer, and Gerd-Rüdiger Stephan, *"Im Kreml brennt noch Licht" Spitzenkontakte zwischen SED/PDS und KPdSU 1989-1991* (Berlin: Dietz, 1998), 93-97 に再録されている。"Gespräch des Bundesministers Seiters mit den Botschaftern der Drei Mächte, Bonn, 13. Dez. 1989," document 121, DESE, 641-42. この協議の文脈についての詳細は、GED, 4: 179-87 を参照のこと。

＊123　Zelikow and Rice, *Germany Unified*, 140-41; GDE, 4:922.

＊124　この訪問にまつわるベイカーの資料は、folder 12, box 108, 8c monthly files, series 8, BP を参照のこと。ベイカーのコールについての回想は、*Politics of Diplomacy*, 171-72 を参照のこと。ベイカーの演説は CFO1337-010, December 12, 1989, Susan Koch files, NSC, FOIA 2001-1166-F, BPL で入手可能である。"A New Europe, a New Atlanticism: Architecture for a New Era," address by James A. Baker, Berlin Press Club, Berlin, December 12, 1989, from State Department press release, reprinted as document 59 in Mastny, *Helsinki Process*, 196-97; "Speech by US Secretary of State James Baker to Berlin Press Club," in Freedman, *Documents*,

397-98も参照のこと。フリードマンは誤って記者会見の日付を1日遅く記しているが、ベイカーの記者会見が12月12日に行われたというスケジュールは立証されている。

＊125　ベイカーの覚書はドイツ語版のみ入手可能である。上記の英文は、筆者が“Schreiben des Außenminister Baker an Bundeskanzler Kohl,” document 125, DESE, 658を英訳したものである。ベイカーの記者会見のメディア報道の要約のためのこの文書の註1も参照のこと。ダン・ラザーのCBS報道を含むベイカーの東ベルリン訪問のテレビ報道は日付に基づいてBPで入手可能である。

＊126　Mitterrand, *De l'Allemagne*, 205-11, ライプツィヒにおける、「大学生や知識人《インテレクチュアル》、芸術家」との会談からも覚書を再録している。

＊127　“Из беседы М.С. Горбачева с Ф. Миттераном,” December 6, 1989, МГ, 286-91. GCで英訳が配布されている。

＊128　“Gespräch des Bundeskanzlers Kohl mit Präsident Delors, Bonn, 5. Okt. 1989,” document 58 in DESE, 443.

＊129　Bozo, *Mitterrand*, 145-66; Küsters, “Entscheidung für die deutsche Einheit,” 71-72; Zelikow and Rice, *Germany Unified*, 137-38を参照のこと。フランスについての詳細は、Robert L. Hutchings, *American Diplomacy and the End of the Cold War: An Insider's Account of US Policy in Europe, 1989-1992*（Washington, DC: Wilson Center, 1997）, 15ff. を参照のこと。

＊130　Kohl, *Erinnerungen 1982-1990*, 1012-13.

＊131　Kohl, *Erinnerungen 1982-1990*, 1015-16; “European Council: European Political Cooperation Declaration on Central and Eastern Europe, 10 Dec. 1989,” in Freedman, *Documents*, 395-96; Kaiser, *Deutschlands Vereinigung*, 171-73. この契約の重要性は、Bozo, *Mitterrand*, 25を参照のこと。

＊132　“Schreiben des Staatspräsidenten Mitterrand an Bundeskanzler Kohl, vom 1. Dez. 1989,” document 108A, DESE, 599-600; “Vorlage des Vortagenden Legationsrats I Bitterlich an Bundeskanzler Kohl, Bonn, 2/3. Dezember 1989,” document 108, DESE, 596-98; “Schreiben des Bundeskanzlers Kohl an Staatspräsident Mitterand, Bonn, 5 Dez. 1989,” document 111, DESE, 614-15. 筆者が2008年6月13日にホルスト・テルチクに行った電話インタヴューを参照のこと。GDE, 4: 422-23; Gerhard A. Ritter, *Der Preis der deutschen Einheit: Die Wiedervereinigung und die Krise des Sozialstaats*（Munich: Beck, 2006）, 60; Hans Stark, *Helmut Kohl, l'Allemagne et l'Europe: La politique d'integration européenne de la République fédérale 1982-1998*（Paris: L'Harmattan, 2004）, 151も参照のこと。

＊133　“European Council: Conclusions of the Presidency, 10 December 1989,” in Freedman, *Documents*, 392-94. 政府間協議のタイミングについての詳細は、Rawi Abdelal, *Capital Rules: The Construction of Global Finance*（Cambridge, MA: Harvard University Press, 2008）, 78-79を参照のこと。ECの展開についての詳細は、Barry Eichengreen, *The European Economy since 1945: Coordinated Capitalism and Beyond*（Princeton, NJ: Princeton University Press, 2007）を参照のこと。

＊134　ミッテランと彼の側近の態度については、とりわけ、パリにあるフランス国立中央文書館にある次のファイル——1989年12月からの文書を含む5 AG 4/4160と、

旧占領4ヶ国方式を復元する議論を含む 5 AG 4/CDM 36, dossier 2 と CDM48 を参照のこと。ドロールの態度については、Zelikow and Rice, *Germany Unified*, 138 を参照のこと。

＊135 Bozo, *Mitterrand*, 26. ここでのボゾの次の問いかけは、正当である。"La transition démocratique et économique en Europe de l'Est, le retour de l'Allemagne à l'unité et à la pleine souveraineté, la désintégration de l'URSS et la recomposition de l'ordre européen: tout cela aurait-il pu se produire de manière ordonnée et stable sans la contribution majeure de la construction européenne et de la relation franco-allemande?"（「東欧の民主主義・資本主義経済への移行、ドイツ統一および完全な主権回復、ソ連解体、そしてヨーロッパ秩序の再構築は、はたしてヨーロッパ統合と仏独関係が果たした多大な貢献なくして、秩序と安定性をもって起こりえただろうか」）。

＊136 ヨーロッパ単一通貨ユーロへの通貨統合をめぐる評価についての詳細は、Andrew Moravcsik, *The Choice for Europe: Social Purpose and States Power from Messina to Maastricht* (Ithaca, NY: Cornell University Press, 1998); and David Marsh, *The Euro* (New Haven, CT: Yale University Press, 2009) を参照のこと。

＊137 "Gespräch des Bundeskanzlers Kohl mit Außenminister Baker, Berlin (West), 12. Dez. 1989," document 120, DESE, 636-41. DESE版からは削除されている添え書きを含む Bundesarchiv Koblenz版文書のコピー。テルチクからの添え書きは次のように読める。"Anliegend lege ich Vermerk über o.a. Gespräch zur Billigung vor. Ich gehe davon aus, daß dieser Vermerk nicht weitergegeben werden soll."（「先の承認に関する談話について、メモを添付します。このメモは公開すべきではないと考えます」）。コールは返答としてその頁に手書きで"Ja"（「了解」）と書き込んでいる。

＊138 A State Department memorandum, from S/P Harvey Sicherman to S/P—Dennis Ross and C—Robert Zoellick, "Subject: Europe: Triumph or Tragedy?" May 1, 1990（覚書の執筆者の個人蔵書コレクション）からは、ミッテランがヨーロッパ連邦国家という構想を検討し始めたことがわかる。

＊139 "Gespräch des Bundeskanzlers Kohl mit Mitgliedern der Rüstungkontroll-Beobachtergruppe des amerikanischen Senats, Bonn, 1. Dezember 1989: Senatoren Pell, Lugar, Chafee, Warner, Sarbanes, Garn, Moynihan, Nickles," document 104, DESE, 586-90; Küsters, "Entscheidung für die deutsche Einheit," 75; Teltschik, *329 Tage*, 82. コールは1988年に私的に東ドイツを訪れたことはあったが、当時、公の場に姿を現すことはなかった。Jan Schönfelder and Rainer Erices, *Westbesuch: Die geheime DDR-Reise von Helmut Kohl* (Thuringia: Verlag Dr. Bussert and Stadeler, 2007) を参照のこと。

＊140 Kohl, *Erinnerungen 1982-1990*, 1020. ドイツ語の原文は、"die Sache ist gelaufen" である。

＊141 ドレスデンでのコールのさまざまな会談の記録は DESE, 668-75 で入手可能である。"Arbeitsbesuch von Bundeskanzler Kohl in Dresden am 19./20. Dezember 1989," in Auswärtiges Amt, *Aussenpolitik*, 647-51 も参照のこと。

＊142 コールとテルチクの回想録のあいだには矛盾がある。コールは演説を行う計画はなかったが、その場で即興で演説を行うことを決めたと言っている。しかしテルチ

クは、出発の前日の夜に演説草稿の準備をするためにボンで会談したことについて詳しく述べている。Kohl, *Erinnerungen 1982-1990*, 1020; Teltschik, *329 Tage*, 86.

＊143　コールの演説のビデオ映像は、KASPAにあるARDとZDF双方で入手可能である。ビデオの抜粋と演説原稿はhttp://www.2plus4.deで入手可能である。

＊144　"Schreiben des Bundeskanzlers Kohl an Premierminister Shamir, Bonn, 1. Dezember 1989," document 106, DESE, 594-95; "Schreiben des Premierministers Shamir an Bundeskanzler Kohl, Jerusalem, 10. Dez. 1989," document 118, DESE, 632を参照のこと。

＊145　Vladimir Putin, with Nataliya Gevorkyan, Natalya Timakova, and Andrei Kolesnikov, *First Person: An Astonishingly Frank Self-Portrait by Russia's President Putin*, trans. Catherine A. Fitzpatrick (New York: Public Affairs, 2000), 76.

## 第3章　一九九〇年に生まれた壮大なヴィジョン

＊1　Federalist Papers, no. 4, in James Madison, Alexander Hamilton, and John Jay, *The Federalist Papers*, ed. Isaac Kramnick (New York: Penguin Books, 1987), 100. "I am not one of those who left the land," in *Poems of Akhmatova*, trans. Stanley Kunitz and Max Hayward (New York: Houghton Mifflin, 1973), 75. Robert Havemann, *Fragen Antworten Fragen: Aus der Biographie eines deutschen Marxisten* (1990; repr., Berlin: Piper, 1970), 270.

＊2　ハーヴェマンは2005年に「諸国民の中の正義の人」に加えられた。Yad Vashem, the Martyrs' and Heroes' Remembrance Authorityについてはhttp://www.yadvashem.orgで入手可能。

＊3　ハーヴェマンの息子フロリアンは、後に、論争を巻き起こすロベルトの息子であることの重荷について*Havemann*という回想録を書いた。フロリアンの人生と経歴についての詳細は、彼のウェブサイトhttp://www.florian-havemann.deで入手可能。

＊4　Robert Havemann, *Fragen Antworten Fragen: Aus der Biographie eines deutschen Marxisten* (Berlin: Piper, 1970), 7-16; Dieter Hoffmann, "Robert Havemann—eine deutsche Biographie," in Havemann, *Fragen*, 281-93; John C. Torpey, *Intellectuals, Socialism, and Dissent: The East German Opposition and Its Legacy* (Minneapolis: University of Minnesota Press, 1995), 58-59. ハーヴェマンという人物の生きた時代——つまり、20世紀のドイツ史——を概観するには、Eberhard Jäckel, *Das deutsche Jahrhundert* (Stuttgart: DVA, 1996) を参照のこと。

＊5　Ilko-Sascha Kowalczuk and Tom Sello, eds., *Für ein Freies Land mit freien Menschen: Opposition und Widerstand in Biographien und Fotos* (Berlin: Robert-Havemann-Gesellschaft, 2006), 136-39, 306-9; Torpey, Intellectuals, 96. 財団ないしRHGはベルリンにある。そこで、アーカイヴの維持管理、東ドイツの抗議デモを記念するイベントを主催している。

＊6　ここまでの内容は主にHavemann, *Fragen*特にp. 280とTorpey, *Intellectuals*特にpp. 90, 124, 144, 156に基づく。

＊7　Uwe Thaysen, *Der Runde Tisch, order: Wo blieb das Volk? Der Weg der DDR in die Demokratie* (Opland: Westdeutscher Verlag, 1990), 28. 東ドイツにおける政党の創設や再建の重要性については、Gerhard A. Ritter, *Der Preis der deutschen Einheit: Die Wiedervereinigung und die*

*Krise des Sozialstaats* (Munich: Beck, 2006), 35ff. を参照のこと。SPDの再建はとりわけ、1940年代にSPDを実質的に強制合併して以降、東ドイツにおけるSPDの正統な継承者であることを自認していたSEDをきっぱりと拒絶するものであった。

＊8　RHGはすべての円卓会議とその出席者リストの記録を保管管理している。ZRT Ordner 9, "Sonstiges," RHGを参照のこと。

＊9　RHGは『グレンツファル』が刊行した出版物のコピーをすべて保管している。Ilko-Sascha Kowalczuk, ed., *Freiheit und Öffentlichkeit: Politischer Samisdat in der DDR 1985-1989* (Berlin: Robert-Havemann-Gesellschaft, 2002); Ilko-Sascha Kowalczuk, *Endspiel: Die Revolution von 1989 in der DDR* (Munich: Beck, 2009) も参照のこと。教会と反体制運動の過去の緊密な関係の断絶をめぐる議論については、Reinhard Schult, "Offen für alle—das 'Neue Forum,' " in *Aufbruch in eine andere DDR: Reformer und Oppositionelle zur Zukunft ihres Landes*, ed. Hubertus Knabe (Rowohlt: Hamburg, 1989), 163-70 を参照のこと。

＊10　Kowalczuk and Sello, *Für ein freies Land*, 297-301, 310-13; Erhard Neubert, *Geschichte der Opposition in der DDR 1949-1989* (Bonn: Bundeszentrale für politische Bildung, 1997); Ulrike Poppe et al., eds., *Zwischen Selbstbehauptung und Anpassung* (Berlin: Links, 1995) も参照のこと。

＊11　Thaysen, *Der Runde Tisch*, 40-45.

＊12　円卓会議の会合の筆記録は5巻本で刊行されている。Uwe Thaysen, ed., *Der Zentrale Runde Tisch der DDR: Wortprotokolle und Dokumente* (後、ZRT-WD), (Wiesbaden: Westdeutscher Verlag, 2000).

＊13　ZRT-WD, 1. Sitzung, 56-60; Thaysen, *Der Runde Tisch*, 50.

＊14　ZRT-WD, 1. Sitzung, "Selbstverständnis," 62.

＊15　ZRT-WD, 1. Sitzung, 66-89. 決定は1989年12月18日に開催された2回目の会合でなされた。続いて、旧秘密警察《シュタージ》を解体するための独立統制委員会の役割が決められた。ZRT-WD, 2. Sitzung, 131 を参照のこと。Friedrich Schlomann, *Die Maulwürfe: Die Stasi-Helfer im Westen sind immer noch unter uns* (Frankfurt: Ullstein, 1994), 66-68 も参照のこと。

＊16　"Ausführungen von Ministerpräsident Hans Modrow anläßlich der Dientseinführung von Generalleutnant Wolfgang Schwanitz als Leiter des Amtes für Nationale Sicherheit in Berlin am 21. November 1989," document 54 in Gerd-Rüdiger Stephan and Daniel Küchenmeister, eds., *"Vorwärts immer, rückwärts nimmer!"* (Berlin: Dietz, 1994), 253-67.

＊17　Vladimir Putin, with Nataliya Gevorkyan, Natalya Timakova, and Andrei Kolesnikov, *First Person: An Astonishingly Frank Self-Portrait by Russia's President Putin*, trans. Catherine A. Fitzpatrick (New York: Public Affairs, 2000), 76-78.

＊18　"Fernschreiben des Staatssekretärs Bertele an Bundesminister Seiters, Berlin (Ost), 7 Dezember 1989," document 114, DESE, 621. この時にはすでにボーライは東ドイツで最も著名な人物の一人となっていた。そのため、彼女は自分の伝言が注意を引くことがわかっていた。

＊19　"Telegram to MfS Berlin Stellv. des Ministers, Gen. Generaloberst Mittig, Information ueber das Stimmungsbild unter den Mitarbeitern der Bezirksverwaltung fuer Staatssicherheit Karl-Marx-Stadt, insbesondere in den Kreisdienstellen," November 10, 1989, 76-78, in Arbeitsbereich Mittig

30, BStU.

＊20　"Arbeit für 10 000 Staatsanwälte: Die Auflösung des Stasi-Überwachungsapparates stellte die DDR-Regierung vor kaum lösbare Probleme," *Der Spiegel*, December 18, 1989, 35-42.

＊21　ZRT-WD, 1. Sitzung, 62; Torpey, *Intellectuals*, 157.

＊22　円卓会議の創設に関する基本的な情報は、ZRT-WD, 1: xii を参照のこと。

＊23　ZRT-WD, 1. Sitzung, 48-53. ポッペの意見は53にある。Thaysen, *Der Runde Tisch*, 52-53も参照のこと。（電話サービスが普及していない国に共通のコミュニケーション形式である）一般市民からの手紙は、円卓会議が会合を始めるや否やすぐに寄せられ始めた。その多くは、円卓会議の正当性を疑問視するポッペに同意するものであった。DA 3-67, Briefe der Bevölkerung, letters from December 28, 1989, SAPMO を参照のこと。東ドイツ政府もまた、SEDの特権をなくし私有地を認めることで既存の東ドイツ憲法に修正を加えようとした。しかし、もはや国民が真剣に受け容れるに値する権威が政府にも、既存の憲法にもすでにまったく残っていなかった。Bundeszentrale für politische Bildung のウェブサイト http://www.bpb.de で入手可能な Ursula Münch, "1990: Grundgesetz oder neue Verfassung?" も参照のこと。

＊24　円卓会議におけるSEDの主要メンバー、グレゴール・ギジは、委員会や議論にうまく入り込んで、そこに居座った。SEDは、また、依然としてほぼすべてのメディアを支配していた。Thaysen, *Der Runde Tisch*, 56, 136.

＊25　興味深いことに、この「交渉」が検討中であったことは11月6日の西ドイツ連邦首相府とSEDの舞台裏の交渉者アレクサンダー・シャルク＝ゴロトコフスキとのあいだの非公式会談という形で表面化した。しかし、この交渉はうまくいかなかった。なぜなら、コールは自由選挙を含む完全な東ドイツ国内の改革が実施されなければ、いかなる財政支援も行わないことを決めていたからだった。彼は、11月8日のドイツ連邦議会で、このことを発表した。翌日の出来事は、その後、交渉を完全に無効にした。11月6日の会話についての詳細は、部分的な英訳がCWIHPPCにある"Schreiben von Alexander Schalck an Egon Krenz, 6.11.89, mit der Anlage: 'Vermerk über ein informelles Gespräch des Genossen Alexander Schalck mit dem Bundesminister und Chef des Bundeskanzleramtes der BRD, Rudolf Seiters, und dem Mitglied des Vorstandes der CDU, Wolfgang Schäuble, am 06.11.1989,' " document 11, in Hans-Hermann Hertle, *Der Fall der Mauer: Die unbeabsichtigte Selbstauflösung des SED-Staates*（Opladen: Westdeutscher Verlag, 1996）, 483-6を参照のこと。コールの11月8日の演説についての詳細は、"Bericht der Bundesregierung zur Lage der Nation, Erklärung von Bundeskanzler Kohl am 8. November 1989 vor dem Deutschen Bundestag（Auszüge）," in Auswärtiges Amt, *Aussenpolitik der Bundesrepublik Deutschland: Dokumente von 1949 bis 1994*（Cologne: Verlag Wissenschaft und Politik, 1995）, 605-16を参照のこと。

＊26　Thaysen, *Der Runde Tisch*, 51.

＊27　ZRT-WD, 2. Sitzung, 126.

＊28　"Gespräch des Bundeskanzlers Kohl mit Staatspräsident Mitterand, Latché, 4. Jan. 1990," document 135, DESE, 682-90; Frédéric Bozo, "Mitterrand's France, the End of the Cold War,

and German Unification: A Reappraisal," *Cold War History* 7, no. 4 (2007): 455-78; Hanns Jürgen Küsters, "Entscheidung für die deutsche Einheit," DESE, 79-80; Hélène Miard-Delacroix, "Latché," in *Tour de France*, ed. Armin Heinen and Dietmar Hüser (Stuttgart: Franz Steiner Verlag, 2008), 283-92 も参照のこと。

＊29　Ritter, *Der Preis der deutschen Einheit*, 21.

＊30　Thaysen, *Der Runde Tisch*, 57.

＊31　Stephen Szabo, *The Diplomacy of German Unification* (New York: St. Martin's Press, 1992), 55-56.

＊32　"*Neues Deutschland,*" January 3, 1990, document 19 in Konrad H. Jarausch and Volker Gransow, eds., *Uniting Germany: Documents and Debates, 1944-1993* (Providence, RI: Berghahn Books, 1994), 96-98.

＊33　"Fernschreiben vom 9.12., 11.00h," authored by "das kollektiv des bezirkamtes für Nationale Sicherheit Gera und die Kreisämter," discussed in ZRT, 6. Sitzung, January 8, 1990, reprinted in Thaysen, *Der Runde Tisch*, 60-61.

＊34　ZRT-WD, 6. Sitzung, 334-35, 343. ZRT-WD, 5. Sitzung, January 3, 1990, 290-95; Thaysen, *Der Runde Tisch*, 58-62 も参照のこと。

＊35　"Vermerk über ein Gespräch zwischen Hans Modrow und UdSSR-Ministerpräsident, Nikolai Ryshkow am 10. Januar 1990," document 58 in Detlef Nakath and Gerd-Rüdiger Stephan, eds., *Countdown zur deutschen Einheit: Eine dokumentierte Geschichte der deutsch-deutschen Beziehungen 1987-1990* (Berlin: Dietz, 1996), 271-73.

＊36　Thaysen, *Der Runde Tisch*, 64-66（モドロウの引用は 64 にある）.

＊37　"Stellungnahme der Bürgerkomitees 'Auflösung der Kreis- und Bezirksämter des ehemaligen MfS/AfNS' zur Vorlage der Arbeitsgruppen des ZRT," January 15, 1990, in ZRT Ordner 2, RHG. 1989年12月にフランクフルト・アム・オーデル支局において秘密警察《シュタージ》の文書破棄を止めるのに成功した事例に関する興味深い説明は、Christoph Links, Sybille Nitsche, and Antje Taffelt, *Das wunderbare Jahr der Anarchie* (Berlin: Links, 2004), 109-14 に見出せるだろう。

＊38　抗議デモを呼びかける資料は DA 3/8, SAPMO にある。

＊39　Memorandum from Harvey Sicherman to S/P—Dennis Ross, "Subject: Europe: Triumph or Tragedy?" December 14, 1989, from Sicherman's personal collection; interview with Charles Powell, London, March 19, 2009.

＊40　ZRT-WD, 7. Sitzung, 346-48, 408-9; Thaysen, *Der Runde Tisch*, 66-67.

＊41　東ドイツ内務省と新フォーラムが各々作成した1月15日に事態が悪化したことに関する報告書には、若干の矛盾がある。このパラグラフは両者の意見が一致すると見受けられるところから引用した。"Erklärung NF: Zur Demonstration am 15. Januar 1990," in ZRT-WD, 8. Sitzung, 412-13; "Ergebnisse des Rundtischgesprächs am 18. Januar 1990," DA 3/8, SAPMO; "MdI, Betr.: Gewaltsame Besetzung der Zentrale des ehemaligen Amtes für Nationalen Sicherheit in Berlin-Lichtenberg," DA 3/8, SAPMO を参照のこと。

＊42　ドイツのプライバシー法に則って、私的な文書であることから、手紙の差出人の

名前をここに記すことはしないが、RHG において入手可能である。"Randale oder Provokation???" 日付なし、ZRT Ordner 8, Korrespondenz, RHG; 1990 年 1 月 18 日のさまざまな手紙、ZRT Ordner 8, Korrespondenz, RHG; 1990 年 1 月 22 日の円卓会議で取り上げられた "Zur Demonstration in der Normannenstraße," ZRT-WD, 5; 126-29 を参照のこと。民衆のなかにいた秘密警察《シュタージ》の諜報員が暴力行為を始めたという議論についての詳細は、Anne Worst, *Das Ende des Geheimdienstes* (Berlin: Links, 1991), 38 を参照のこと。

＊43　1 月 15 日に起きた一連の出来事をめぐるさまざまな資料は ZRT, Ordner 2, RHG を参照のこと。Armin Mitter and Stefan Wolle, eds., *Ich liebe euch doch alle! Befehle und Lageberichte des MfS Januar-November 1989* (Berlin: BasisDruck, 1990); Jens Gieseke, *Der Mielke-Konzern: Die Geschichte der Stasi 1945-1990* (Munich: Deutshe Velags-Anstalt, 2006), 261; Worst, *Das Ende*, 49-60 も参照のこと。

＊44　"Beschluß über den Bericht und Schlußfolgerungen über die Begegnung des Vorsitzenden des Ministerrates der DDR, Hans Modrow, mit dem Bundesminister für besondere Aufgaben und Chef des BRD-Bundeskanzleramtes, Rudolf Seiters, am 25.1.1990," DDR Ministerrat. この文書のコピーについてハンス＝ヘルマン・ヘルトレに感謝する。

＊45　"Niederschrift des Gesprächs zwischen Hans Modrow und KPdSU-Generalsekretär und Vorsitzender des Obersten Sowjets der UdSSR, am 30. Januar 1990," in Nakath and Stephan, *Countdown*, 288-98; "Из беседы М.С. Горбачева с Х. Модровым," January 30, 1990, МГ, 312-24.

＊46　モドロウが 1990 年 1 月 29 日に行った発表は、the Volkskammer der DDR, 9. Wahlperiode, Okt. 89-März 90; DESE, 712n12. モドロウの所感のコピーについてハンス＝ヘルマン・ヘルトレに感謝する。

＊47　"Gespräch des Bundeskanzlers Kohl mit Botschafter Walters, Bonn, 24. Januar 1990," document 141, DESE, 699-701.

＊48　"Gespräch des Bundeskanzlers Kohl mit Ministerpräsident Modrow, Davos, 3. Februar 1990," document 158, DESE, 753-56 を参照のこと。

＊49　"Gespräch des Bundeskanzlers Kohl mit Ministerpräsident Modrow, Davos, 3. Februar 1990," 756.

＊50　"Vorlage des Ministerialdirigenten Hartmann, Bonn, 29. Januar 1990," document 151, DESE, 727-35. テルチクは、何か有益な情報が見つかるのではないかと考え、東ドイツにソ連軍が駐留する法的な正当性を詳しく調べ始めた。"Vorlage des Ministerialdirektors Teltschik an Bundeskanzler Kohl," n.d., document 166, DESE, 771-76 を参照のこと。ハルトマンは外交政策の改善に取り組んでいたが、コールの側近のうち内政の専門家と世論の専門家は次の点で意見が一致していた。それは、コールが事態の進展の最前線を行く必要はあったが、彼のリーダーシップが重要人物に反感を抱かせないようにする必要もあるという点である。Documents 157, 157a, and 157b, all February 2, 1990, DESE, 749-53 を参照のこと。

＊51　Robert Keatly, Glynn Mapes, and Barbara Toman, "Thatcher Sees Eastern Europe Progress as More Urgent Than Germans' Unity," *Wall Street Journal*, January 26, 1990, A12.

＊52　"President François Mitterrand, interviewed on Italian television, January 27, 1990," in Law-

rence Freedman, ed., *Europe Transformed: Documents on the End of the Cold War—Key Treaties, Agreements, Statements, and Speeches* (New York: St. Martin's Press, 1990), 428-29.

*53 "Vorlage des Ministerialdirektors Teltschik an Bundeskanzler Kohl, Bonn, 25. Januar 1990, Betr.: Interview der britischen Premierministerin Margaret Thatcher in der Wall Street Journal am 25. Jan 1990," document 148, DESE, 719-20.

*54 "Speech by UK Foreign Secretary Douglas Hurd, Bonn, 6 February 1990," in Freedman, *Documents*, 458-61.

*55 Douglas Hurd, *Memoirs* (London: Little, Brown, 2003), 384. FOIを介してFCOによって開示された "Internal Minute," February 1, 1990. FCOは、サッチャー首相にドイツ統一について肯定的な見解を述べるように勧告することすらしていた。FOIを介してCABによって開示された "Note from J.S. Wall, Private Secretary, FCO to Charles Powell," February 5, 1990を参照のこと。Pyeongeok Anは、ハードとFCOがサッチャーの信用を低下させようとしていたと論じている。Pyeongeok An, "Obstructive all the Way? British Policy toward German Unification, 1989-90," *German Politics* 15, no. 1 (March 2006): 111-21を参照のこと。Patrick Salmon, "The United Kingdom and German Unification," in *Europe and the End of the Cold War*, ed. Frédéric Bozo, Marie-Pierre Rey, N. Piers Ludlow, and Leopoldo Nuti (London: Routledge, 2008), 177-90; Küsters, "Entscheidung für die deutsche Einheit," DESE, 83-84も参照のこと。

*56 FOIを介してCABによって開示されたReport entitled "Germany" from C.D. Powell to J.S. Wall, February 8, 1990.

*57 Horst Teltschik, *329 Tage: Innenansichten der Einigung* (Berlin: Siedler, 1991), 102.

*58 CIAは、1990年1月29日の時点で、ゴルバチョフがリトアニアをソ連に繋ぎ止めるために武力介入することはないと推測していた。FOIAを介してCIAによって開示された "Executive Brief," Director of Central Intelligence (後、DCI), National Intelligence Council (以降、NIC) 00095/90を参照のこと。Robert L. Hutchings, *American Diplomacy and the End of the Cold War: An Insider's Account of US Policy in Europe, 1982-1992* (Washington, DC: Wilson Center, 1997), 360も参照のこと。

*59 GDE, 4: 215と非公式文書によれば、ソ連は1990年1月10日にほかの3ヶ国にふたたび4ヶ国協議を行いたいという要望を送付していた。

*60 この会談の正確な日時をめぐっては論争がある。その出典はすべて、チェルニャーエフによる一連の手書きの覚書である。冒頭には「GDR-FRG」と書かれ、27.1.90のように見えるはっきりしない日付が手書きで書き込まれている(これらの覚書は、ニーナ・フルシチョワによる1990年1月27日という日付の翻訳に沿って、CNN制作のテレビ番組『冷戦』シリーズの概説書のなかに手書き原稿として再録されている)。覚書は、1990年1月26日の日付ではあるが、ロシア語でも "Обсуждение германского вопроса на узком совещании в кабинете Генерального секретаря ЦК КПСС," МГ, 307-11のようにタイプされた形式で再版された。最後に、ドイツ研究者Alexander von Platoとのインタヴューのなかで、チェルニャーエフは正確な日付は1990年1月25日だったと言っている。Alexander von Plato, *Die Vereinigung Deutschlands—ein weltpolitisches Macht-*

*spiel: Bush, Kohl, Gorbatschow und die geheimen Moskauer Protokolle*（Berlin: Links, 2002）, 188 を参照のこと。あいにくチェルニャーエフは家族の病気のために予定していた筆者とのインタヴューをキャンセルした。そのため、この点を彼に直接訊くことはできなかった。チェルニャーエフの考えについての詳細は、Anatoly Chernyaev, "Gorbachev and the Reunification of Germany: Personal Recollections," in *Soviet Foreign Policy, 1971-1991*, ed. Gabriel Gorodetsky（London: Routledge, 1994）, 166 を参照のこと。ゴルバチョフのパーソナリティや考え方についての詳細は、Stephen Kotkin, *Armageddon Averted: The Soviet Collapse, 1970-2000*（New York: Oxford University Press, 2001）, 67-88; Vladislav Zubok, *A Failed Empire: The Soviet Union in the Cold War from Stalin to Gorbachev*（Chapel Hill: University of North Carolina Press, 2007）, 326-27 を参照のこと。

＊61　DESE, 747n4; http://www.chronik-der-mauer.de で入手可能な年代記で 1990 年 2 月 9 日当日の記述も参照のこと。

＊62　このテーマについては、Raymond Garthoff, *The Great Transition: American-Soviet Relations and the End of the Cold War*（Washington, DC: Brookings Institution Press, 1994）, 423; Jack F. Matlock Jr., *Autopsy on an Empire: The American Ambassador's Account of the Collapse of the Soviet Union*（New York: Random House, 1995）, 382; Angela Stent, *Russia and Germany Reborn: Unification, the Soviet Collapse, and the New Europe*（Princeton, NJ: Princeton University Press, 1999）, 104-8 を参照のこと。ステントは、秩序を回復するために武力を行使するという選択肢が真剣に検討されていなかった、と指摘している。とりわけ、ファリンについての詳細は、Hannes Adomeit, *Imperial Overstretch: Germany in Soviet Policy from Stalin to Gorbachev*（Baden-Baden: Nomos Verlagsgesellschaft, 1998）, 567-68 を参照のこと。

＊63　ブレインストーミング・セッション後に書かれた西ドイツとソ連の関係の要約のなかで、テルチクはコールにゴルバチョフがコールとともに対応に臨むことを決心したように思われると助言した。しかし、その印象が会談に基づいたものかどうかは、はっきりとはしない。"Vorlage des Ministerialdirektors Teltschik an Bundeskanzler Kohl, Bonn, 29. Januar 1990, Betr.: Stand und Perspektiven der deutsch-sowjetischen Beziehungen," document 150, DESE, 722-26.

＊64　2 月 2 日にコールに手交されたゴルバチョフからの親書は、2 月 9 日の夜、その日に予定されているベイカーとの会談が終わるまではモスクワに招待できない、という内容だった。コールは、その後、2 月 9 日ではなく 10 日から 11 日の週末に訪問したい旨を伝えた。ゴルバチョフはその要請を受け容れた。"Schreiben des Generalsekretärs Gorbatschow an Bundeskanzler Kohl, 2. Februar 1990," document 156, DESE, 748-49; "Gespräch des Bundeskanzlers Kohl mit Botschafter Kwizinskij, Bonn, 2. Februar 1990," document 155, DESE, 747-48 を参照のこと。

＊65　ゴルバチョフは、モスクワ駐在の西ドイツ大使クラウス・ブレッヒに対して、コールの演説は多くの疑問を投げかけて終わった、と不満を表明した。"В.В. Загладин о беседе с послом ФРГ в СССР К. Блехом," February 1, 1990, МГ, 327-29.

＊66　"Schreiben des Ministerpräsident Mazowiecki an Bundeskanzler Kohl, Warschau, 30. Januar 1990," document 154, DESE, 744-47.

＊67　1945年から75年までの関連条約と協定のコピーについては、Karl Kaiser, *Deutschlands Vereinigung: Die internationalen Aspekte*（Bergisch-Gladbach: Lübbe Verlag, 1991）を参照のこと。

＊68　Ritter, *Der Preis der deutschen Einheit*, 31; Wolfgang Schäuble, *Der Vertrag: Wie ich über die deutsche Einheit verhandelte*（Munich: Knaur, 1991）, 293.

＊69　"Rede des Bundesministers des Auswärtigen, Hans-Dietrich Genscher, zum Thema 'Zur deutschen Einheit im europäischen Rahmen,' bei einer Tagung der Evangelischen Akademie Tutzing, 31. Jan. 1990" は、Richard Kiessler and Frank Elbe, *Ein runder Tisch mit scharfen Ecken: Der diplomatische Weg zur deutschen Einheit*（Baden-Baden: Nomos Verlagsgesellschaft, 1993）, 245-46 に再録されている。英訳は筆者自身が行ったが、同じ見解の英訳は Freedman, *Documents*, 436-45 にも見受けられる。Szabo, *Diplomacy*, 57-58; GED, 4:256 も参照のこと。

＊70　"JAB notes from 2/2/90 press briefing following 2 ½hr meeting w/FRG FM Genscher, WDC," folder 14, box 108, 8c monthly files, series 8; Hans-Dietrich Genscher, *Erinnerungen*（Berlin: Siedler, 1995）, 716-19; Philip Zelikow and Condolezza Rice, *Germany Unified and Europe Transformed: A Study in Statecraft*（Cambridge, MA: Harvard University Press, 1995）, 174-77. 記者会見の引用は Al Kamen, "West German Meets Privately with Baker," *The Washington Post*, February 3, 1990, A20 に見受けられる。

＊71　"Gespräch des Ministerialdirektors Teltschik mit Botschafter Walters, Bonn, 4. Februar 1990," document 159, DESE, 756-57.

＊72　国務長官時代のベイカーの予定表は、BP で入手可能である。彼は 1990年2月5日月曜日にアンドリュー空軍基地からハヴェル大統領に会うためにチェコスロヴァキアに向かった。彼は、それから、2月7日水曜日にモスクワに向けて飛び立った。

＊73　"Konstituierende Sitzung der Arbeitsgruppe Außen- und Sicherheitspolitik des Kabinettausschusses Deutsche Einheit（後、KADE）, Bonn, 14. Februar 1990," document 182, DESE, 830-31 における彼の見解を参照のこと。おそらくはそのような見解のために、ドイツ統一に関する西ドイツ内閣委員会は2回目の会合でその議事録を機密扱いとすることを決定した。"Zweite Sitzung der Arbeitsgruppe Außen- und Sicherheitspolitik des KADE, Bonn, 19. Februar 1990," document 189, DESE, 854 を参照のこと。Stent, *Russia and Germany Reborn*, 117-19; GDE, 4: 256-62 も参照のこと。

＊74　David Childs, "Gerhard Stoltenberg," *Independent*, November 27, 2001, online.

＊75　Richard A. Falkenrath, *Shaping Europe's Military Order: The Origins and Consequences of the CFE Treaty*（Cambridge, MA: MIT Press, 1995）. Andrei Grachev, "From the Common European Home to European Confederation," in *Europe and the End of the Cold War*, ed. Frédéric Bozo, Marie-Pierre Rey, N. Piers Ludlow, and Leopoldo Nuti（London: Routledge, 2008）, 207-19 も参照のこと。

＊76　Valentin Falin, *Konflikte im Kreml: Zur Vorgeschichte der deutschen Einheit und Auflösung der Sowjetunion*（Munich: Blessing Verlag, 1997）, 160; Vojtech Mastny and Malcolm Byrne, eds., *A Cardboard Castle? An Inside History of the Warsaw Pact*（New York: Central European University Press, 2005）, 70-71.

＊77　“За Германию, единое отечество (концепция к дискуссии о спути к германскому единству),” МГ, 325-26. ワシントンはアメリカを排除する「ヨーロッパの共通の家」というスローガンを好ましく思わなかった。しかし、シェワルナゼは2月6日の中央委員会でふたたびこの観測気球を打ち上げた。“Shevardnadze's Remarks at Central Committee Plenum February 6,” folder 13, box 176, 12b chapter files, series 12, BP. FOIを介してCABによって開示されたReport entitled “German Unification: The Wider Consequences,” from Charles Powell to J.S. Wall, February 23, 1990を参照のこと。

＊78　Falin, *Konflikte im Kreml*, 187; Vladislav Zubok, “New Evidence on the End of the Cold War: New Evidence on the ‘Soviet Factor’ in the Peaceful Revolutions of 1989,” *Cold War International History Project Bulletin* 12-13 (Fall-Winter 2001): 5-14.

＊79　Memorandum from S/P Harvey Sicherman to S/P—Dennis Ross and C—Robert Zoellick, “Subject: Europe: Triumph or Tragedy?” May 1, 1990, from Sicherman's personal collection.

＊80　NATO拡大のその後の影響については、Ronald D. Asmus, *Opening NATO's Door: How the Alliance Remade Itself for a New Era* (New York: Columbia University Press, 2002), 4-5を参照のこと。

＊81　Mikhail Gorbachev, *Memoirs* (New York: Doubleday, 1995), 24-26. ゴルバチョフは、あきらかに、この話を記憶に基づいて書いている。そのため、記憶違いと思われる点もあるかもしれないが、大まかな概要はスターリンの粛清を受けた囚人の体験の数多くの話と一致する。Zbigniew Brzezinski, *The Grand Failure: The Birth and Death of Communism in the Twentieth Century* (New York: Charles Scribner's Sons, 1989), 24-26; Robert Conquest, *The Great Terror* (New York: Oxford University Press, 1968); Stéphane Courtois et al., *Le livre noir du Communisme: Crimes, terreur, répression* (Paris: Laffont, 1997)、英語版は*Black Book of Communism* (Cambridge, MA: Harvard University Press, 1999)を参照のこと。

＊82　James A. Baker, with Thomas A. DeFrank, *The Politics of Diplomacy: Revolution, War, and Peace, 1989-1992* (New York: G.P. Putnam's Sons, 1995), 61-62.

＊83　Gorbachev, *Memoirs*, 56-66.

＊84　Archie Brown, *The Gorbachev Factor* (New York: Oxford University Press, 1997), 29-40; Gorbachev, *Memoirs*, 59.

＊85　Baker with DeFrank, *The Politics of Diplomacy*, 18, 37-38, 72-77.

＊86　Garthoff, *The Great Transition*, 420; Baker with DeFrank, *The Politics of Diplomacy*, 79. ナショナリズムの影響については、Mark R. Beissinger, *Nationalist Mobilization and the Collapse of the Soviet State* (Cambridge: Cambridge University Press, 2002); Garthoff, *The Great Transition*, 419-20; Ronald Grigor Suny, *The Revenge of the Past: Nationalism, Revolution, and the Collapse of the Soviet Union* (Stanford, CA: Stanford University Press, 1993)を参照のこと。Sunyは、ソ連の民族意識がたんに74年間の眠りから覚醒したのではなく、むしろソ連時代に絶えず育まれていた、と洞察力に満ちた指摘をしている。「彼らの過去は構築され、再構築された。伝統は選ばれ、創られ、そして謳われた。そして血統という偉大なる歴史をともなう過去でさえ、過去の権化とはかなり異なるものとなった」。

＊87　Robert M. Gates, *From the Shadows: The Ultimate Insider's Story of Five Presidents and How*

*They Won the Cold War* (New York: Touchstone, 1996), 456; Baker with DeFrank, *The Politics of Diplomacy*, 80, 134.

＊88　Mastny and Byrne, *A Cardboard Castle?* 63. ソ連の核兵器保有をめぐる情報についての詳細は、Pavel Podvig, ed., *Russian Strategic Nuclear Forces* (Cambridge, MA: MIT Press, 2004) を参照のこと。

＊89　"President George Bush: State of the Union Address, 31 January 1990 (抜粋)," in Freedman, *Documents*, 446-47. NBCのニュース番組『トゥディ』の1990年2月8日木曜日の朝のテレビニュースのハイライト。FOIAを介して開示されたtelegram, "Secstate Washdc to USDEL Secretary Immediate," State Department. ブッシュは、国務長官補佐官Lawrence Eagleburgerをゲイツとともにヨーロッパに行かせることで、前もって、このことを主導する旨をNATO同盟国に伝えた。"Gespräch des Bundeskanzlers Kohl mit dem stellvertretenden Außenminister Eagleburger Bonn, 30. Januar 1990," document 153, DESE, 739-43を参照のこと。この会話については、Falkenrath, *Shaping Europe's Military Order*, 62-63; Gates, *From the Shadows*, 463-64, 485-88も参照のこと。

＊90　Garthoff, *The Great Transition*, 413-14. 会談が終わるまでに、彼らはある領域の「未配備大陸間弾道ミサイルと、その大陸間弾道ミサイルに搭載できる弾頭」の保有数を制限することに合意したという声明も公表した。"Soviet-American Joint Statement, 10 February 1990," in Freedman, *Documents*, 469-71.

＊91　Baker with DeFrank, *The Politics of Diplomacy*, 204; CFEについては、Falkenrath, *Shaping Europe's Military Order*を参照のこと。

＊92　ドイツ統一に対するソ連の態度に関する綿密な研究としては、Rafael Biermann, *Zwischen Kreml und Kanzleramt: Wie Moskau mit der deutschen Einheit rang* (Paderborn: Ferdinand Schöningh, 1997) を参照のこと。

＊93　"JAB notes from 2/7-9/90 Ministerial Mtgs., w/ USSR FM Shevardnadze, Moscow USSR," note "GERMANY 2/8/90," folder 14, box 108, 8c monthly files, series 8; folder 13, box 176, 126, chapter files, series 12で入手可能なコピーも参照のこと。これらの文書のうちいくつかは、ベイカーの自伝を執筆するチームによって使われたファイルのなかに入っていることは事実ではあるが、自伝の最終稿ではこのことについて言及がない。2月7日から9日の議論については、Baker with DeFrank, *The Politics of Diplomacy*, 202-6を参照のこと。

＊94　"Из беседы М.С. Горбачева с Дж. Бейкером," February 9, 1990, МГ, 333-34, 338. 抜粋はGCで刊行され、英訳されている。原書は、Gorbachev: Разумеется, ясно, что расширение зоны НАТО является неприемлемым. Baker: Мы согласны с этим (これらの文書は、Gorbachev, *Memoirs*, 528-29にも要約されている)。翌日ベイカーがコールと行った会談の要約においても、彼らは意見が一致している。"Schreiben des Außenministers Baker an Bundeskanzler Kohl, 10. Februar 1990," document 173, DESE, 793-94を参照のこと。"JAB notes from 2/9/90 mtg. w/USSR Pres. Gorbachev, Moscow, USSR," folder 12, box 176, 12b chapter files, series 12も参照のこと。ベイカーに同行してモスクアを訪れたゲイツも、ゴルバチョフがいかなる「NATOの領域拡大も受け容れられない」と言ったことを覚

えている。Gates, *From the Shadows*, 490. 同様の見解は、ソ連の情報源へのアクセスに基づいた von Plato, *Die Vereinigung Deutschlands*, 244 にもある。Asmus, *Opening NATO's Door*, 4-5 も参照のこと。

＊95　Gorbachev, *Memoirs*, 529.

＊96　Asmus, *Opening NATO's Door*, 4; Stent, *Russia and Germany Reborn*, 140-41 は、「記録は NATO 拡大に関する明確な約束がなされていないことを示しているが、交渉のあいだに含意されていたことは究極的には目撃者の観点による」と、アメリカの立場が不変であったことを述べている。

＊97　2008年11月17日に筆者がワシントンでデニス・ロスに行ったインタヴュー。Baker with DeFrank, *The Politics of Diplomacy*, 206; Helmut Kohl, Kai Diekmann, and Ralf Georg Reuth, *Ich wollte Deutschlands Einheit* (Berlin: Ullstein, 1996), 268-69; Teltschik, *329 Tage*, 137. 手紙の最終稿は DESE, 793-94 に英語で掲載されている。いくつかの文章の引用は、関連原稿をめぐる議論に関する巻末の註に掲載してある。

＊98　"Schreiben des Außenministers Baker an Bundeskanzler Kohl," 793-94. この私的な覚書は、ベイカーが同日の真夜中の状況説明でジャーナリストに要約した詳細を叙述したものである。『ニューヨーク・タイムズ』紙のトーマス・フリードマンによれば、ベイカーは「統一された国家が NATO の完全な加盟国とはならない場合でも、ワシントンには東ドイツと西ドイツの再統一を受け容れる準備があることを、初めて示唆した」。Thomas Friedman, "Some Link to NATO," *The New York Times*, February 10, 1990, A1.

＊99　"Schreiben des Präsidenten Bush an Bundeskanzler Kohl, 9. Februar 1990," 英語では、document 170, DESE, 784-85 としてコピーされた。"Speech by NATO Secretary General Manfred Worner [*sic*], Hamburg, 8 February 1990," in Freedman, *Documents*, 462-66、特に 466. ゼリコウは、ベイカーが「特別な軍事的地位」という表現をゴルバチョフとの非公式会談の折に好んで用いた事実を「内在化」しなかったが、後に内在化したことを覚えている。Zelikow and Rice, *Germany Unified*, 186-87、特に 423n62.

＊100　2008年7月27日に筆者がフィリップ・ゼリコウに行ったインタヴューおよびその後のメールのやりとり。

＊101　Teltschik, *329 Tage*, 135. 2008年6月28日に筆者が J・D・ビンディナーゲルに行った電話インタヴュー。

＊102　この会談に関するロシアと西ドイツの記録は入手可能である。両国は以上に引用した部分について意見が一致している。"Из беседы М.С. Горбачева с Г. Колем один на один," February 10, 1990, МГ, 339-55; "Gespräch das Bundeskanzlers Kohl mit Generalsekretär Gorbatschow, Moskau, 10. Februar 1990," document 174, DESE, 795-807 を参照のこと。コールの声明は、正確には、"Natürlich könne die NATO ihr Gebiet nicht auf des heutige Gebiet der DDR ausdehnen."（「もちろん、NATO がその領土（ihr Gebiet）を現在の東ドイツの領土（Gebiet）にまで拡大することはできないでしょう」）であった。彼はゴルバチョフに自分たちの会談は次のように要約できるか、と尋ねた。"Sie seien sich darüber einig, daß die Entscheidung über die Einigung Deutschland eine Frage sei, die die Deutschen jetzt selbst entscheiden müßten"（「あなたのご質問は、ドイツ統一の決定につ

いてであるということに同意した、ということですね。つまり、今やドイツ統一はドイツ人が自ら決めなければならないことである、と」)。ゴルバチョフはコールの要約は“sehr nahe an seinen Ausführungen”(「自分が述べたことに非常に近い」)とだけ答えた。これは同意ではなかった(DESE, 805も参照のこと)。そのため、コールがこのことを公開することでいまだ不確実だった利益を確定しようとしたのは何も驚くべきことではない。原子力計画がうまくいかなかった事例としてのチェルノブイリへの言及については、Scott Sagan, *The Limits of Safety: Organizations, Accidents, and Nuclear Weapons* (Princeton, NJ: Princeton University Press, 1993)を参照のこと。

*103　*Tagesschau* and *heute journal* spezial, February 10, 1990, ZDF, KASPA. “Soviet-German Joint Statement, 10 February 1990,” in Freedman, *Documents*, 472-75; “Delegationgespräch des Bundeskanzlers Kohl mit Generalsekretär Gorbatschow, Moskau, 10. Februar 1990,” document 175, DESE, 808-11も参照のこと。

*104　1990年2月10日にモスクワで行われた記者会見におけるコールのコメントの原稿は、DESE, 812-13に再録されている。GDE, 4:247; Teltschik, *329 Tage*, 141-43も参照のこと。

*105　2009年2月11日に筆者がヒューストンでジェイムズ・A・ベイカーに行ったインタヴュー。Philip Zelikow, “NATO Expansion Wasn't Ruled Out,” *International Herald Tribune*, August 10, 1995; Zelikow and Rice, *Germany Unified*, 182-87(引用は187から)。

*106　NATO拡大の起源とその影響についての詳細は、Asmus, *Opening NATO's Door*, 4-5; Gates, *From the Shadows*, 490; John Kornblum and Michael Mandelbaum, “NATO Expansion, a Decade On,” *American Interest* 3-5 (May-June 2008): 56-62; von Plato, *Die Vereinigung Deutschlands*, 244を参照のこと。

*107　東ドイツの代表団は、ドレスデンでの会談から、ゆるやかな国家連合という仕組みに向けて協議しているあいだは西からかなりの財政援助があるはずだという想定で、なお改善に取り組んでいた。しかし、コールはもはやドレスデンで議論したことに関心を持っていないという報告が、訪問前に代表団にもたらされた。“Anlage, Ergebnisse der 12. Sitzung des Rundtischgesprächs am 12. Februar 1990,” in DA 3-12, and Ergänzung, DA 3-94, SAPMOを参照のこと。円卓会議の準備については、ZRT-WD, 12. Sitzung, 703-20; GDE, 4:211も参照のこと。

*108　反体制派活動家は「基本法第23条――この数字のもとでの併合《アンシュルス》はありえない」という語呂あわせのスローガンのもとで選挙キャンペーンを行った。しかし、有権者のあいだにはうまく浸透していかなかった。彼らの選挙キャンペーンについての詳細は、Andreas Rödder, *Deutschland Einig Vaterland* (Munich: Beck, 2009)第4章を参照のこと。

*109　“Gespräch des Bundeskanzlers Kohl mit Ministerpräsident Modrow, Bonn, 13. Februar 1990,” document 177, DESE, 814-19; “Gespräch des Bundesministers Seiters mit den Ministern ohne Geschäftsbereich der DDR, Bonn, 13. Februar 1990,” document 178, DESE, 819-20; “Delegationsgespräch des Bundeskanzlers Kohl mit Ministerpräsident Modrow, Bonn, 13 Februar 1990,” document 179, DESE, 821-26; “Positionen des RUNDEN TISCHES für die Verhandlungen Modrow/Kohl am 13./14. Februar 1990,” Antrag 12/6, 12. Sitzung, 12.02.1990, in RHG,

ZRT, Ordner 3.

＊110　Thaysen, *Der Runde Tisch*, 16, 91; ZRT-WD, 10. Sitzung. “Beschluß der AG Sicherheit des ZRT zur weiteren Auflösung der Hauptverwaltung Aufklärung,” RHG, ZRT, 14. Sitzung, Ordner 4も参照のこと。

＊111　決議の草稿は“Vorlage 13/14, 13 Sitzung, 19. Februar,” RHG, ZRT, Ordner 3; ZRT-WD, 13. Sitzung, 839で入手可能である。

＊112　第三の道というヴィジョンが東ドイツの反体制運動において果たした役割については、Christof Geisel, *Auf der Suche nach einem dritten Weg: Das Politische Selbstverständnis der DDR-Opposition*（Berlin: Links, October 2005）を参照のこと。近代化を競い合うヴィジョンという概念は、序章の註14で述べたように、オッド・アルネ・ウェスタッドによる解釈に基づくジェイムズ・C・スコットからの引用である。Odd Arne Wetad, “Bernath Lecture: The New International History of the Cold War: Three（Possible）Paradigms,” *Diplomatic History* 24, no. 4（Fall 2000）: 551-65を参照のこと。第三の道を考案するという目標に加えて、結果として生じた憲法草案や議会および立法機関の設計の実現にも取り組んだ。将来の議会をめぐる情報を含む草案項目は、ZRT-WD, document 16/8, 5: 679-711を参照のこと。

＊113　ZRT-WD, 16. Sitzung, March 12, 1990, 1100.

＊114　憲法草案のこれらの項目は、ZRT-WD, document 16/7, 5: 673-78に保管されている。

＊115　“Arbeitsgruppe ‘Neue Verfassung der DDR’ des Runden Tisches, Brief an alle Abgeordneten, 04.04.1989,” RHG, ZRT, Ordner 9.

＊116　SEDはアーカイヴに人びとから届いた数通の手紙を保管している（以下の引用を参照）。しかし、そのコレクションがどの程度完全なものであるかはわからない。ただ、当時の一般的な人びとの態度を反映していることは確かである。

＊117　最初の2通の手紙は、1990年2月8日付と9日付でDA 3-69, SAPMO, Briefe der Bevölkerung zur Wiedervereinigungに保管されている。差出人の名前は、ここでは、公人ではない個人を保護するドイツのプライバシー法を遵守して削除しているが、アーカイヴでは入手可能である。最後の手紙は匿名で、DA 3-71, SAPMOにおいて1990年2月15日付であることがわかる。

＊118　1990年2月9日と1990年2月13日付のDA 3-69, SAPMO。

＊119　1990年2月5日付のDA 3-71, SAPMO。

＊120　1990年2月2日付のDA 3-71, SAPMO。匿名で日付のないDA 3-69, SAPMO。

＊121　Joachim Scholtyseck, *Die Aussenpolitik der DDR*（Munich: R. Oldenbourg Verlag, 2003）, 45-46. そこでは、次のように論じられている。“Immer klarer zeichnete sich ab, dass Gorbatschow seine politischen Visionen nicht einmal ansatzweise in die Tat umsetzen konnte”（「ゴルバチョフが自らの政治的ヴィジョンの実践に取り掛かることすらできないことが、ますますはっきりしてきた」）。David Pryce-Jonesとのインタヴューにおけるヴァレンティン・ファリンの批判的な見解は、David Pryce-Jones, *The Strange Death of the Soviet Empire*（New York: Metropolitan Books, 1995）, 291に再録されている。

＊122　Jacques Lévesque は、自著 *The Enigma of 1989: The USSR and the Liberation of Eastern Europe*（Berkeley: University of California Press, 1997), 257 のなかで、「プラハとベルリンでの転換がもう少し緩やかなもので、ソ連の政策がより現状改革的でそれを支持できるようなものであったなら、ゴルバチョフは彼のヨーロッパ政策をもっと有利に推し進めることができただろう。彼の見通しは 1989 年の夏の時点では素晴しかった」と論じた。

＊123　Charles S. Maier, *Dissolution: The Crisis of Communism and the End of East Germany*（Princeton, NJ: Princeton University Press, 1997), 57.

＊124　これらの洞察について Jan-Werner Müller に感謝する。*Cambridge History of the Cold War* において知識人とドイツの分割の終焉について彼が執筆した章は、非常に興味深い。